全面课程 校本特色

校本课程的区域管理与指导

孙赤婴◎主编

上海三联书店

编　委

序　言

　　校本课程是我国基础教育课程改革的一项重要策略。虽然校本课程强调学校根据自己的办学思想自主进行课程开发活动，但《基础教育课程改革纲要（试行）》强调，"教育行政部门要对课程的实施和开发进行指导和监控"。因此，教育研究部门有必要从区域教育实际出发，对校本课程开发、实践进行有效的指导和管理。从调查数据来看，在我区中小幼学校已经有一批具有学校特色、有利于学生个性发展的校本课程，但随着实践的深入矛盾也开始凸显，如学校内部的课程管理缺乏规范性，课程内容整体性、结构性、科学性不到位等等；区域课程指导、管理滞后的矛盾也开始"浮出水面"，如管理的组织架构不完善，区域课程发展的长远规划不足，管理方式单一、管理制度不全，研究力量分散、教师培训滞后，课程共享机制缺乏等等。

　　因此，针对学校的规划方案、教材编写、实施过程、成果评价以及师资培训等方面进行区域管理与指导的实践研究，制定评价标准，规范管理程序，形成比较系统的符合区情又具有引领作用的管理机制和指导策略，有利于促进学校的校本课程在规范实施中不断彰显特色。

2012 年奉贤区教师进修学院教育研究中心成立了课题研究组,同时,吸纳 16 所学校作为子课题研究基地,2013 年《区域中小学校本课程管理与指导的实践研究》立项为上海市教委课题。课题研究每年围绕一项核心工作开展,做到三年上三个台阶:2013 年,结合课题推进立项了上海市教委教研室区县合作项目——《奉贤区中小学校本课程管理与指导的实践研究》;2014 年,初步建成《区域中小学校本课程实施评价平台》;2015 年立项市教委城乡一体化项目——《中小学校本特色课程资源平台与体验式培训中心》。

一、多端切入

(一) 培育区域课程资源

1. 编写区本课程

为了打造有郊区特色的校本课程,发挥地区课程的引领作用,我区积极挖掘传统资源,编写了《贤文化》、《拓展型课程课程方案与科目设计》等区本课程。2014 年为了进一步提升教研部门的课程指导力,我们以"健康美丽奉贤"为主线,结合区域特点,编写、出版了一套涵盖小学、初中、高中三个学段的《环境教育读本》,将奉贤区的环境资源转化为环境教育的学习资源。《环境教育读本》在市教研室组织的乡土课程评比中荣获二等奖。

2. 指导校本课程

选择课改意识强、有特色资源的学校,课题组蹲点指导编写课程实施方案和校本课程。目前已指导编写了 50 多个课程实施方案,实验小学的《我爱我家——校园生活探究》、古华小学的《中华节文化探究》等十多门校本课程成为了区级特色课程。通过和基层学校的互动,既指导教师在校本课程设计中的困惑,同时也提升了教研员自身的课程设计能力。

3. 建构资源平台

为了更好地在区域内共享各校课程资源,2014 年起开展了奉贤区中小幼学校校本课程特色网站建设,将评选出的区 101 门特色课程从课程介绍、课程资源、活动新闻和成果展示等几个板块,在区域特色课程信息化资源平台上进行宣传,进一步充实、整合了区域课程资源。

(二) 引领区域课改实践

1. 开展主题式课程研究

校本课程质量的关键在于学校管理者的课程领导力。16 所试点学校围绕总课题并结合学校自身特点,分别选择"开发、实施、管理、评价"等研究主题开展主题式的课程实践研究。课题组从每月召开的进程交流和阶段性专题研讨中,发现试点学校校本课程管理的优秀案例,其中奉教院附小、古华中学的管理经验刊登在《现代教学》。

2013 年围绕区第十八届教学节"优化教育资源共享机制,提升校本课程建设水平"主题,举行了 6 场中小幼校(园)长、分管领导论坛活动。各校领导呈现了许多基于实际问题、通过行动研究来推进校本课程建设的鲜活案例,专题论坛促使学校领导进一步更新课程理念,逐步实现课程理论与实践的融合。

2. 现场展示促进课程交流

2013 年起通过区教学节等工作平台展示成熟课程的特色经验,促进区域校本课程资源的共建共享。比如:古华小学的《中华节文化》展示活动,经过实践与探索,已经从当初的德育主题活动发展成一门凸显实践与体验的校本探究型课程,形成了比较成熟的教材与教学配套资源。江海一小《撕纸》、育秀实验学校《童心花泥画》、塘外小学《刻纸》、实验小学《陶艺》、解放路小学《环保创意设计》参加了 2013 年举行的首届上海市小学校本课程展示活动,奉教院附小的学习准备期课程《静心慢养,迈好入学第一步》和江海一小学的快乐拓展日课程《让梦想在指尖升华》在现场进行了微报告交流,另有 10 多所学校的 50 多本校本课程教材及其宣传册、师生作品吸引了络绎不绝的参观者。

(三) 建构课程共享网络

为了解决薄弱学校的课程资源短缺问题,奉贤区教育研究中心因地制宜建构了多元化的共享网络,开展课程的共享和培训。

1. 依托资源联盟体的"教研中心—盟主学校—盟员学校"共享网

根据区域划定的"A + X + Y"办学资源联盟体,指导盟主学校将成熟的特色课程辐射到整个盟体内的学校,从师资培训、教学资源、课程管理等方面全面共享。比如：古华小学的"节文化"课程，已经在青村小学、泰日学校、光明学校移植与发展。

2. 依托镇教管办的"教研中心—镇教管办—镇域学校"共享网

为了解决学校在特色课程建设上各自为战、不同学段间缺乏系统连贯性的问题，发挥镇教管办的作用，协同镇区内不同学段的学校整体参与特色课程的建设与实施。如洪庙地区的"贤文化"课程，幼儿园、小学、初中均围绕主题由浅入深、循序渐进地展开，形成了一条龙的镇域课程特色。

3. 依托示范校的"教研中心—示范校—面上学校"共享网

2013 年区域评选出了区"校本特色课程实施示范校"，在教研员带领下，开展校本特色课程的规划设计与实施研究，促进学校的特色课程建设规范、有序，将点上学校的经验通过现场展示等大型活动辐射到面上学校。比如：奉教院附小，将"武术操"、"集体舞"、"绳操"、"功夫扇"的课程与洪庙小学、塘外小学、明德小学、民办星光小学、民办致和小学等共享，并开展校本课程管理与评价的专题研讨与指导。

4. 依托特色教师的"特色教师—联盟学校—志愿学校"共享网

运用区特色教师资源开展课程共享，在特色教师的主持下开展教学技能培训、课堂教学研讨，并将成熟的科目方案、教学设计、校本教材、配套资源等共享到其他学校。

2016 年起依托立项的市级项目《中小学校本特色课程资源平台与体验式培训》，把已经在共享的课程资源以"区域校本特色课程资源平台"的形式集中成形到教育学院，并依托平台开展面向全区教师的体验式培训。

二、多点深化

（一）特色课程评选——规范开发设计

为了进一步规范课程设计，引领学校不断优化校本课程的管理与指导，奉贤区教育研究中心开展了区特色课程的评选。评选分"德育实践"、"文化艺术"、"工艺美术"、"音乐舞蹈"、"科普与制作"、"体育与健身"等板块。经历三年三个阶段，最终共 101 个特色项目在区第 19 届教学节进行了表彰。

在此基础上课题组分析了 300 多项校本课程案例，从中提炼出课程设计的要素，设计了《奉贤区中小学校本课程科目教学活动记载手册》供全区学校使用，组织学校开展科目方案设计撰写的专题培训，引导学校校本课程规范有效地实施。

（二）先进校评选——规范课程管理

为了促使学校提高校本课程的规范化实施水平，开展区校本课程实施先进校（示范校、优秀校）评选活动，从实施方案、科目建设、过程管理、评价机制、保障机制、教研活动、实施成效等方面制定评价指标开展实地评估。将"校本课程实施综合评估活动"列入"奉贤区中小幼素质教育三级校整体评估方案"之中,与区域课程教学奖励机制紧密挂钩。

通过评估调研,既向全区学校传播辐射了评估学校的成功经验,又进一步规范了校本课程管理。教育局还推出了《关于深入推进基础教育紧密型办学资源联盟工作的实施意见》,使特色课程在盟主学校和盟员学校之间逐步实现"教师流动、课程走动、教研联动"。行政的保障支持带动了学校深入开展校本课程建设的积极性。

（三）特色教师评选——优质资源共享

为进一步促进优质资源共享,开展了特色教师评选活动。对申报教师进行课程及相关配套材料的审核,然后面试答辩,要求参选教师从课程目标、内容、实施以及取得成效方面进行说明介绍。两轮选拔脱颖而出的教师进行课堂教学评比。综合三项成绩,评选出一批在校本课程开发、建设与实施中成绩突出的特色教师。区教育研究中心为这些特色教师提供共享平台,协调他们组建区级共享课程项目组,为全区相应的教师进行课程培训,使特色教师的优秀课程和经验在区域层面得到最大程度的共享。

在特色教师的辐射下,一批普适性较强的课程在其他学校得到移植与再生,比如,古华小学的《中华节文化》在外来民工子弟占85%的青村小学、头桥小学呈现了另一番生命活力。

通过上述三项评选工作,进一步加强了校本课程的指导与管理,同时也构建了相应的评选流程和评价指标,形成了校本课程管理的评价体系。在此基础上,将校本课程管理评价体系融入区中小幼校本课程评价网络平台,逐步实现科学的区域校本课程的管理与指导。

三、实践成果

(一) 形成管理与指导的基本规范

在分析校本课程开发、建设、实施特点的基础上,结合课程管理经验,根据校本课程的主体教育需要、资源适合条件、师生情趣协调等实际,制定了指导性文件。

1.《奉贤区中小学校本课程建设的指导意见》

文件明确教研员开展校本课程指导工作时的主要任务,实施这些任务时应注意的具体内容,指导任务要达到的目标及要求。

2.《奉贤区中小学校本课程建设九条建议》

根据本区中小学校本课程建设与实施存在问题,提出中小学解决问题的具体要求和方法。本文件以"建议"的方式给学校在工作中提供相应参考的依据,又尊重学校实际情况。

3.《奉贤区中小学校本课程指导手册》

主要是供区教研员在工作指导过程中,为制订计划,落实工作,开展过程管理,进行工作总结的参考性依据。本指导手册也是区教育研究中心对教研员工作状况进行评估的主要依据。

4.《奉贤区校本课程综合评估方案》

对中小学校本课程项目开发建设、开展实施、条件保障、教育效果予以综合评估的工作方案。不仅有校本课程评估指标，还包括了评估活动的主客体构成、评估程序、评估要求、评估结论、评估结果的后续反馈要求等等。

5.《奉贤区中小学校本课程实施综合评估细则》

"评估细则"主要包括评估的指标体系、指标所辖具体内容、评估的参照事例、事实结果的权重分配、评估结果层次划分、结果与反馈所涵盖的具体指标和内容细则。该细则尽可能地考虑到发挥现代评估应有的导向、辨实、分层、反馈、增值功能。明确了两听（听汇报、点面结合听课）、两查（查各类计划、总结，查备课本、成果作品）、两开（开师生座谈会）的评估程序。以《校本课程评估指标》为评价工具，区课程管理领导小组组织评估专家组对本区中小学校进行校本课程建设工作评估。

（二）建立成果共享平台

为充分利用现有信息技术方便管理指导过程中主、客体之间的互动，我们建立了内容丰富、内外相连的校本课程成果交流平台。

1. 资源培训平台：围绕校本课程建设师资培训的实际需要，在原有师资培训平台基础上，为学校校本课程建设开辟了资源培训平台，该平台功能主要通过主题式课程研究平台、优质资源共享的联盟体、镇际联盟体等方式实现。

2. 成果展示平台：成果展示平台功能主要是通过区级校本课程评选、教育现场成果展示活动、《奉贤教育》设特色课程专栏等方式积累校本课程资源，提炼区域校本课程成果，培养区域校本课程教师，激发学生学习潜能。

3. 互联网＋教研平台：校本课程互联网＋教研平台营造了一个开放式的教、学、管三位一体的综合环境，该平台通过区中小学校本课程实施共享与评价网络平台、区域 FTP 共享资源网、QQ 群、微信群、微信公众号等多种方式实现。借助这些方式进行信息交流、资源共享，有利于彰显学校办学特色，展现校本课程成果经验，促进教师专业发展。

四、推进思考

（一）指导与管理的出发点

本课题研究所要突破的是如何使得区域的管理和指导能够对学校校本课程建设与发展起到良好的促进作用，所以，以校为本是出发点。课题研究的主体是管理和指导的业务部门，而校本课程开发与实施的主体是管理和指导的对象，双方对待同一事物的看法还是有所差异，而且由于基层学校长期来习惯于从上至下的管理模式，大多沉浸于被动接受的状态，所以，我们在利用区内课程资源共享，推进校本课程建设活动的时候，建立起一校一档案的指导方法。

教研员以平等的身份站到学校队伍里。把指导对象按一定元素进行划分,然后根据发展需要进行组合,把管理指导队伍进行分配,组合进入到相应的发展团体中。指导人员与这些学校团体一起制定发展目标,确定工作内容,形成工作方案,在方案实施中共同前进。

(二) 改善条件促进资源开放

校本课程建设,要突出学校主体在课程建设实践中的自主地位,从自主需求(教育价值、教育资源需求)的角度,与客观环境发生互动,满足从主题开发到内容选择,从资源利用到过程落实,从接受评价到完善成熟,这么一系列的建设过程。指导者(教研员)应当成为学校的伙伴,发挥自身作用,协助学校开发,实现指导者的价值需要。

校本课程的初创阶段,往往存在课程开发和实施所需条件上师资人才、教具设备、教学场所、结果评价等方面的困难。作为指导者来说,在给学校带去思路、方法、资源的同时,要将基层校本课程建设中存在的困难带回来,并通过自己的努力,帮助学校解决实际困难。

实践证明,指导者可以通过自己的努力,利用自己的工作条件,为基层学校送去有效的帮助,这些帮助包括:

1. 通过向上级领导部门建议,根据需要加大校本课程建设的经费投入,将校本课程资源在网络平台上固化,对校本课程实行区域性管理,完善管理制度。有序开展评选活动,通过评选交流发挥资源辐射功能,解决校本课程资源的有序共享问题,使更多的学校和学生共享到优质的校本课程资源。

2. 通过文件形式,进一步明确区域校本课程建设的工作价值和意义。我区出台了《区域特色课程建设指导意见》等一系列工作文件、工作条例,通过教研员在工作中贯彻和指导,这样,区域学校对校本课程建设的工作价值认识、工作的主要内容和方式等,就有了比较清晰的目标和相应实践方向。

(三) 后续研究的考虑

本课题在开展过程中,"管理与指导"可以清晰到何种程度,而校本课程的建设成效,到底有多少可以归到"管理与指导"的功效,以什么方式来归因才有说服力,也同样面对定性与定量之间的模棱两可。但是我们认为,一项带有实践性质的课题研究,其价值的落脚点非常重要,课题研究过程中伴随的工作成效的提高,是看得见的显性效果;而参与实践研究的人员,在研究过程中学习了经验方法,锻炼了工作意志,增加了合作经验,这个隐形价值实际要比看得见的成果高得多。

在本课题进行的四年时间里,我们眼光比较多专注于广大学校校本课程建设的成效,区域对学校的投入保障也有明显增加,但这种投入和增加,还很难回报到花费大量精力参与开发的人员方面。教育活动是一种精神性质的脑力和体力的综合,尤其在需要创造性劳动的工作当中,如何使创造活动带来自信的同时,也让这种"自信"既获得精神鼓励,又得到经济上的,并非是商业经济价值意义上的支撑,这也是管理部门需要创造性突破的重要方面。

　　校本课程萌芽于教育价值的多元,成长于改革的东风,得益于思想的创新。在这么一种环境之下,基础教育领域的学科教育,也在不断打破学科壁垒,在凿通学科知识体系的基础上,逐渐给中小学生还原整体发展的机会。如何通过校本课程建设,使广大学生在掌握基础知识的同时,获得知行统一,并因此而塑造良好的人格,这或许是校本课程最大的价值所在。

　　《区域中小学校本课程管理与指导的实践研究》课题组研究教研员:孙赤婴、王朝平、孙群英、吴志群、张世杨、褚克斌、蒋新群、夏君、朱玲、翁丽华、项青青、刘亚梅。

　　本书稿由孙赤婴、王朝平、孙群英、吴志群、张世杨、褚克斌、方英、沙秀宏等同志编写,最后由主编审定。

孙赤婴

2017 年 5 月

目　　录

第一章 概论全球视野下的校本课程

本章分三节,第一节"校本课程管理与指导问题的提出"在对校本课程有关核心概念界定作理性思考的基础上,简述了"校本课程管理与指导"研究的背景与价值;第二节"校本课程国内外实践与研究"在收集了国内外有关校本课程开发实施等方面的情报资料和调研本区域校本课程开展情况的现实基础上,简述了我们在区域校本课程管理与指导方面的初步成效;第三节"校本课程管理与指导的体系"初步探索了校本课程由规范走向后规范时代管理与指导的实践原则与模式。

本章从区域学校校本课程建设中存在的普遍性问题出发,梳理了本区域校本课程管理与指导中取得的初步成效,对校本课程的管理与指导作出理性思考与实践研究,从而进一步调整区域的指导策略和方法,形成区域校本课程管理与指导的实践原则和模式,在新型管理体制的实践中推进区域校本课程建设,力争取得科学、有序、特色、创造性的发展。

第一节　校本课程管理与指导问题的提出

国家、地方和学校的中小幼三级课程管理，像一张大网，遍布全国各地，直至乡村山坳每一所学校。国家课程以贯彻党的教育方针为宏观，新中国成立以来，历经数次改革，在 1993 年《中国教育改革和发展纲要》中指出："谁掌握了面向 21 世纪的教育，谁就能在 21 世纪的国际竞争中处于战略主动地位。"教育改革的思想，需要落脚在具体行动上，课程及其教材，就是教育实践的第一线，起到纲举目张指挥行动的作用。

21 世纪的世界，国际竞争日益激烈，而支撑竞争的首要条件就是人才。为此，在培养人才的教育领域，围绕人才培养的改革，一波未平一波又起。教育领域改革，各种社会学理论的滥觞，也如大小潮汐，后浪推着前浪，汹涌澎湃，咆哮拍岸。

上海，本来就是各种思想和理论潮来潮往的前沿阵地。在以耗散结构（社会学应用）理论为前行的改革开放试点引导下，所有针对社会繁荣，关涉百姓福祉的想法，都可以突破传统窠臼，以上到政策到下到行动的姿态，走在全国的前头。以课程教材改革为主要内容的中小幼教育改革，也是上海率先扛起这面大旗，在二十多年中，从一期到二期，乃至进一步深化，成为全国同行当中第一个敢吃螃蟹的榜样。

占地七百多平方公里，一百多万人口，含有一百多所中小幼学校的奉贤区,在改革开放各项政策引领下,传统的农耕吴越文化渐渐由显性转为隐性。在信息技术革命浪潮的影响下,教育也为市场化所推动,备受社会各方面的关注。孩子从一出生,就被家长早早注入竞争的强心剂,围绕升学步步紧逼。在公平竞争的大旗下,学校教育价值也常常不得不收窄成为升学考试的"一线天"。

站在基础教育管理第一线,总结回顾上海市中小幼学校课程教材改革的二十多年发现:以课程教材为主线的改革为两轮,第一轮重点在融合社会人才需求、知识传承和个性发展三方面需要,由高校、科研、教研专家为主,构成课程编撰组,重点将学科内容按循序渐进、学用一致的原则编撰成学科教材体系,实现三方面教育需求的融合与渗透;并在局部可能的条件下,打碎透空一部分传统学科之间壁垒,解决知识与人文,人才与社会之间的牵手问题。但是,短时内旧习受多重掣肘而难改,加上社会转向经济发展为中心以后,改革所希冀的结果还未明显,而应试教育的成功案例则以农村包围城市的姿态,从外地开始影响上海。在彷徨和动摇之中,以认知、能力和情感为三维目标,以基础、拓展、探究为课程形态的第二轮课改,在一波接一波的改革浪潮中换位登场。国门打开,西式思想传入以后,尤其当基础教育改革也踏上竞争轨道以后,汗牛充栋的教育改革思想和理论,使基础教育改革成为他们的实验工场,尤其是在课程校本化口号之下,让区域内负责中小学课程管理的专业教研部门也面临一种前所未有的考验。

就在基础教育改革的各种理论和思潮潮起潮涌之时,校本课程,一个新颖的名称,出现在区域基础教育管理的舞台上。

在面对校本课程开发、指导、管理的实际需要中,我们发现区域内中小幼学校存在着学校内部课程管理难以规范,课程主题不够突出,课程内容整体性、结构性不够完善,教育价值出现矛盾等问题。追索成因,除了学校自身方面原因,区域存在的管理体制不够健全,管理要求(课程建设要求)不甚明确,指导和协调不到位,监督与评价不及时是造成问题的一大来源。为此,作为区一级的教研机构,于 2012 年起,在奉贤区教育局支持下,成立了由奉贤区教育研究中心(教研室)和基层学校管理人员共同参与的课题组,经过大量准备之后,提出了《区域中小学校本课程管理与指导的实践研究》课题,申报并获批准为 2013 年度的市教委研究课题。经过四年多来的实践研究,课题组基本达成了研究目标,取得了比较理想的研究成果。

一、校本课程有关概念与特征

近年来,我国基础教育的改革重点转向课程研究,并在政策层面上提出了实施"三级课程"的设想。1999 年 6 月颁布的《中共中央国务院关于深化教育改革全面推进素质教育的决定》指出:试行国家课程、地方课程与学校课程。2001 年 6 月教育部颁布的《基础教育课程改革纲要(试行)》提出的新课程的目标之一是"改变课程管理过于集中的状况,实行国家、地方、学校三级课程管理,增强课程对地方、学校及学生的适应性。"

这些政策既给校本课程开发提供了保证,也给我们的教育理论和教育实践提出了前所未有的挑战。那么,什么是校本课程,校本课程有哪些特征,校本课程是否等同于"学校或教师自编教材",中小幼学校目前"校本课程"的开发与实施现状如何,区县级教研机构如何进行校本课程指导与管理? ……这些问题都需要我们去思考、去研究、去实践。

课程一般是指学校为实现一定的教育目标而选择和组织的全部教育内容及其进程。作为课程有三层含义:一是总体的课程计划,或者说课程设计、课程设置;二是分学科的课程标准,或者说教学大纲;三是课程内容,也就是各学科的教材。显然,课程不仅仅是指教材,但从调研反馈的情况来看,普遍存在着一个现象,一提校本课程建设就是简单地等同于编写校本教材。

校本课程:校本(school-based),从英文的字面分析,其大意是"以学校为本"、"以学校为基础"。"校本课程"是一个外来语,最先出现于英美等国,已有几十年的历史了。一般认为:校本课程是由某一类学校或某一级学校的个别教师、部分教师或全体教师根据国家制定的教育目的,在分析本校外环境和内环境的基础上,针对本校、本年级或本班级特定的学生群体编制、实施和评价的课程。按照现代课程分类理论来考察,校本课程并不是一种课程类型,而是属于课程管理方面的一个范畴,是正在形成之中的同我国三级课程管理体制相适应的基础教育新课程体系中一个组成部分。

校本课程是 21 世纪教育改革与发展的全新的教育理念。实际上"校本"有多种涵义,郑金洲教授的观点比较具有代表性,他从三个方面解读"校本":一是一切为了学校;二是一切在学校中;三是一切基于学校。课程是教育者(包括教育机构)有计划分步骤开展教育活动的依据,课程不是简单属于教材内容或表现类型,课程隶属于一种范畴。学校是贯彻国家教育思想要求而实施教育的专业机构,由于受各种因素影响,学校在贯彻国家和地方课程要求的过程中,要根据自身特点,通过选择、改编、整合、补充、拓展等方式,对国家和地方课程进行再加工、再创造,甚至组织设计开发新的课程,使之更符合学生和学校发展的需要,这些具有本校特点的课程,就是校本课程。

校本课程形态:依据上述概念内涵,校本课程形态主要有两类,一是在国家和地方课程基础上加以改编、补充、拓展为表现形式的校本化课程;二是以自行设计、开发为主的,兴趣发展、才艺(能力)培养为主的校本课程。

校本课程特性:主要有三种——关联性、校本性和可选择性。关联性指校本课程在内容主题等补充和拓展方面,必须和国家、地方课程的本质属性具有内在关联;校本性指的是课程内容与表现形态,在符合本校办学宗旨的基础上,具有与本校资源和环境相匹配的独特方面;可选择性是指校本课程在更符合实际需要的情况下,可供师生根据自己需要而进行选择的特性。

集合多地校本课程建设资料分析后发现如下几个比较明显的特点。

1. 课程主题(科目)的地方特征比较显著。有的带有地方自然地域色彩,有的带着地域人文历史色彩,有的具有当地经济发展特点,相近科目比较多。譬如:奉贤素有"桥乡"之称,奉贤区一所小学的校本课程《桥》,就是以当地水乡桥梁为素材而建立的一门集探桥、观桥、画桥、说桥为一体的课程。再如《剪纸》,就是本地一所小学早期开发的一门集手工、技能、文化为一体的兴趣活动课,后来从兴趣课演变成为校本课程,并逐渐蔓延到区域内其他小学,传播过程中,又从"剪纸"延伸出"撕纸"和"折纸"等课程。类似这样的情况不胜枚举。

2. 课程内容(教材)的实用性特征比较明显。实用性主要体现在学习、生活、艺术、思维训练等各种技能方面。譬如:奉贤区解放路小学的《变废为宝大家来》课程,就是在日常生活环境中,如何集思广益变废为宝的一门课程。再如《会唱歌的葫芦丝》课程,也是由学校音乐教师发现葫芦丝表达中的语言特征,经与学生共同研究开发的一门通过趣味教学手段,培养学生艺术技能、艺术语言、艺术素养的校本课程。

3. 课程活动的开放性特征比较突出。几乎所有校本课程在课程的名称主题(科目)、课程内容的选择、课程实施的方式方法、课程效果评价、课程的环境要求、课程的目标价值等诸方面均具有明显的开放性。例如,奉贤区实验小学的校本课程《玩泥巴》,早于十几年前就已具雏形,早期开发时注重的是以泥巴作为农村特有的材料,配上儿童恰逢玩泥巴的年龄特征,将田野搬进课堂,在人与自然的互动中,让野趣携带上情趣,让活动过程成为儿童享受艺术的过程。《玩泥巴》课程一路走来,有高潮也有低落,课程主题名称也随着不断翻新变化。为此,学校建立了专门研究"如何让泥巴活起来"的课题组,用开放的思维来挖掘课程的主题和内容:如何让课程活动形式活起来,让课程的价值更加多元,让更多的主体参与到课程的创造和开放中来。

校本课程的开放性,还包括了一门课程与多门课程相联系、相衔接、相融合的情况。比方说,奉城第二小学的《粉彩奉城》课程,是学校美术课程主题表达地域化的延伸,又与《地方史》内容发生衔接,还结合了走出校门参与社会实践课程的实施。《粉彩奉城》在内容、形式上与向其他课程的开放、融合,实现了课程教育价值的多元化。

校本课程的开放性,不但体现在上述涉及的各个方面,除此以外,还包括了资源利用方面的开放性。就以《粉彩奉城》为例,课程实施中,为了增强生动性,有时还邀请曾经经历过奉城镇变迁的居民,充当教师现身说法,给学生讲解当地环境、生活等方面的变化。

概念定位过程:应该说,国内关于课程的概念,在各种语言环境中有异样百态表述,但所指内容则大相相同。最常见诸如:

课程表——在学生、教师、校长和家长眼里，似乎是关于课程最简洁的存在形态，这种简洁，或者说朴素的课程概念，代表了社会大众关于教育——课程之间可转换的面孔；教材——或者说课本，从科目到主题，从主题到内容，似乎比课程表更具课程色彩，这个色彩所代表的人群往往具有一种关于学科知识的自信，他们过去或当今，仍在从事与某一学科知识相关联的教学，这也包括了大多数教育工作者；教学计划——代表专业教育活动的工作逻辑，将课程从外显简单转入专业复杂的大门，逐渐将课程作为一种范畴，但是，倘若要追究教学计划与课程的关系，遂又开始变得扑朔迷离起来。

校本课程也有地域性特点，这种思想往往驻足于"校与非校"的诠释方面，但是，时间和人交互嬗变中，总是需要刺激本性中的创造，校本课程也在时间的推移中，特定于人的时间中书写历史的新奇。与过去的学校课程对比，今天校本课程项目和内容的特征一目了然：过去（或称"传统"）的课程比较"单调"，而今天的校本课程则"相当丰富"；过去统一的多，今天差异性大；过去的课程比较稳定而相对封闭，今天的校本课程则充满变化而相对开放。

两相比较结果，其中最大不同点是：以往课程结构及其教材内容相对比较稳定，乃至课程实施条件也相对固定而保守，甚至在一些条件简陋而偏远的地带，课程实施只要依赖一本书、一支粉笔、一块黑板即可，配以固定的教辅书，非常适宜乡村教师的教学;今天的课程(尤其是校本课程)的主题丰富了,随之带来了内容的不确定性、开放性也明显增加,往往因为需要向着社会变迁的开放,向着儿童发展需要的开放,给今天校本课程的实施带来了巨大的变化,也给教师实施课程增添了很大难度。

回到实践层面去看,校本课程是实实在在教育进行时中存在的,有教育目标的,有丰富教育内容的,有开展有序的教育依据、来源、过程、效果。它包括了今天我们遇到的拓展型课程、探究型课程、"快乐星期五"、学生兴趣活动、学生社会实践活动、特色课程等等不一而足。

综上所述,中小学校本课程最大的特征,就在于课程建设开发与实施的开放性。开放,赋予了灵活,开放,促进了创造。开放和创造,满足了学生主体发展需要,为满足学生个性健康发展提供了前进之路。

二、校本课程管理与指导研究的缘起

(一) 平缓中的突变

上海市基础教育第一期课程教材改革之前,几乎所有中小学内的课程,就语文、数学、外语、自然、物理、化学、生物、政治、历史、地理、体育、音乐、美术等这几门,各区县教研室,也就那么几个老气横秋的夫子领衔一门课程,在所有学校的课堂上,共同围绕"双基"(基础知识基本能力)目标,探讨课堂教学结构,研究有效教学方法,在讲讲、做做、想想、练练中,思考如何提高课堂教学效益。

二期课改后,"双基"发生裂变,成了"三维"(认知、能力、情感目标),传统的学科教育体系有点被跨越的味道。以往讲讲、做做、想想、练练的教学形式不能再继续全盘延续了,以学科教学打底,形式上的探究(课)或研究(课)开始闪亮登场了,个性品质培养就此亮身。过去讲德智体美劳,那是统一目标下一个培养标准,不管进校门前个子高矮,能力大小,都以一个标准认定结果,这是基础教育、基础课程所要达至的目标;现在讲个性发展,课程总体一分为三——基础、拓展、探究(研究);所有中小学校课程出现裂分,可原来的学科教学还以基础课程名头保留着,而且考试还没见着压缩,那么,拓展——探究——研究之类的,就等于在学科教学以外又增设了学校教育内容。

由此学校管理者、教师更是"忙得不可开交"。试想想,学校原来的基础学科教学没有减少,各种兴趣活动也要坚持,教师除课堂内的教学以外,还要承担拓展、探究等一系列活动任务。学校课程只有做加法,没见到做减法的。

传统教学的时间是平缓的,日子在春夏秋冬的转换中,学习的知识和生活的节奏是一致的,学生和老师,都可以将读书、教书、生活、游戏融合进平静的生命当中,但自从互联网到来(其实在互联网到来前就已经开始转变了)以后,平静开始不再,一切都被推着朝前走。

以往的区县教研员,一年到头,大概三分之一时间在办公室处理工作材料,其余时间跑基层,大致可以跑遍辖区域内所分担有工作任务的学校,完成自己设计和计划的听课、评课,或分析教材,借以帮助学校提高教学质量。如今倒过来了,各种需要处理的事务纷至沓来,需要书写的材料总是压在案头,那个显示屏上不断滚动着新的信息,传播着新的想法,布置新的工作任务,跑基层的时间大大被压缩。为了不脱离实际,教研员们也是施展出全身解数,有私家车的,可以采用蜻蜓点水式,一天转上几个学校;没有便利交通设施的,采取分点集中而各点击破的办法;或再分层,设置层层传达的模式;要么充分利用互联网,将部分工作放到网上进行。

就这样进入滚动式工作状态之后,我们发现,不但基层学校自主办学的空隙被压缩了,就连本来独当一面,且很有个性的教研员,由于他们的个体空间受到严重压缩而变得没有了个性。

(二) 校本时代到来

风起于青萍之末,从高等教育改革到高考升学考试制度改革,然后再影响到基础教育改革,一条直线,自恢复高考制度以来一直未变,也没有给基础教育带来根本性的变化。倒是社会环境在科技革命和互联网技术发展中,推波助澜而左右基础教育的育人方向。高校尚处在同质化办学与个性化生存风潮余势的难分难舍之中,无暇顾及基础教育领域。在社会和政府的关注下,催生了广大中小学、幼儿园内部的"校本课程"建设。建设从星星点点开始蔓延,当那些老牌基础教育"名校"开始穿上新装的时候,渐渐地,整个上海地区,基础教育以学校为主体的各类课程建设渐渐露了头角,"校本课程"遂风生水起成一片时尚。

回顾当年关于校本课程说法,归结起来大致有三:一是由学校自己需要而设置,不属于基础型课程、拓展型课程和探究型课程的其他课程;二是除国家和地方规定的基础型课程以外,学校所开设的其他课程;三是学校内所有课程的总和。仔细分析,三种说法所持立场不同,都有一定的合理之处,如同修禅"看山"(刚开始时看山就是山,渐次看山不是山,最后看山还是山)之说,因为境界或视域不同,看到的内容当然也有不同。问题是当一个涉及行为特征的名词,如果还没有形成共识的话,那么,这个名词所关乎的行为对象,以及行为内容都将不可避免遇到困难。

课题研究之初就曾发生争辩,三种说法均有其道理,可是,说法上的道理,如何成为做法上的指引,这还是一场不可能轻易得到结论的争讼。

(三) 面对的困境

曾经因为专门人才缺乏的缘故,新中国成立之初,全国各地均有非教育专业人员从事教育管理岗位工作的现象。由于缺乏专业,所以在人才不足的情况下,管理重在用行政手段,规范或约束被管理对象,导致被管理对象一潭死水的现象比比皆是。而今天的教育管理,从上至下,几乎清一色都是科班出身。实际从事教育管理的人员,一般还兼带着指导的责任,尤其在关涉教育改革与教育发展的关口上,指导所具有的牵引(评价导向)作用甚至要重于管理的约束。

或者说,在教育系统内部,从事教育管理岗位的人员,其所具备的指导能力要远重要于其行政管理能力。处在教育管理岗位上的人员,应具备良好的教育业务指导能力,有以专业指导来涉事管理的基本意识。

校本课程时代来了,以学科知识体系、学科教学体系为核心的学校课程教学工作,边界忽然模糊起来,一本书一支粉笔一块黑板,突然成了老土。一直以为的专业大厦仿佛一夜之间摇摇欲坠。原来的那点专业管理办法,那点行业内部采用的术语,今天好像有点生涩起来。

怎么办,如何弥补内里不服但底气不足的缺陷,在经验范畴内也没法解决,只好从外部寻找支撑。于是乎,只好跟人家学,什么"摸着石头过河"、"短板理论"、"从问题出发"、"在实践中摸索"、"精细化管理"……不一而足。结果是"短板"不断,"问题"无穷,每天在按倒葫芦起来瓢当中度过。"办人民满意教育"口号洪亮,但不满意的人和事始终不断。一时间,基础教育总处在一收就死一放就乱的两端间来回摇摆。

比如校本课程概念的三种解释,用统一管理方法,要求各校必须开设拓展、探究实践课程,各校都按要求去做了,但结果是千篇一律,课程表上有设置,教学时段有人进课堂,该清晰的,可以用检查手段作答复的,每所学校都不含糊。但课程的教学效果怎样呢,模糊评价用语在此大行其道。再如,要把自主权放给办学者,督导部门也改了话调,在原来学校发展规划之前,加上一个定语,叫做"自主发展规划"。督导评价手段也作了改进,起初评价规划方案,过若干时间,再来评价落实情况,到末期,再来一个效果评价(或称绩效评价)。被评价者认认真真准备,评价者逐条逐字逐句过关,汗水浸透那一张又一张指标和材料当中。但收效如何,督导评价双方都沉浸在云雾之中。

关于校本课程,尤其是基础课程以外那部分,却总是存在要求明确但条件不足,希望继续加强的状态之中。很明显,管理者、指导者经验大海中,也大都缺这一块内容。问题症结似乎在熟悉业务和有专业的指导方面,但等待管理人员掌握业务,再回来从事管理,这又不符合实际。今天的基础教育,外行管理道路已经封死,但内行们的嗓音还不如外行的大。过去中小学教师拥有的学科知识体系,尚可以在普通百姓面前摇头晃脑地摆摆谱,在遍地都是大学生的今天,教师相对于社会的职业优势在哪里呢,这里是否就可以找到当今教师职业上的一块"短板"呢,值得探究一番。

以专业指导方法为主开展基础教育管理,帮助被管理对象提高教育水平,道理上好像说得通,问题是实践(指导)中怎么去操作呢? 这是一个需要得到明确解答的问题,在一个相对封闭的行政管理区域内,这是一个可以通过实践尝试,得到答案的一项研究。如果我们把专业指导和学校需要结合起来,有针对性地解决基层学校校本课程建设难题,这样的研究肯定是大受欢迎的。这或许也属于在发现问题、解决问题中提高工作效率,提升工作能力的范畴吧。

(四) 理论与思考重建

纵观人类教育史,前两百年为繁荣期,再往前,那几乎就是没有什么变化的自然状态。就身边所见所闻,进入二十一世纪以来,基础教育改革几乎年年有变,新话题、新思想、新做法层出不穷。

建构主义曾经将人的认知归于新旧认知结构的更替,耗散结构理论以"熵"作为平衡与打破平衡的标志,其他如人文学派、认知学说等等,也都需要研究者先把整个巨人迎进来,然后再行分拆,采用令人怀疑的,或断章取义的方法,把校本课程管理与指导与它们放到一起,再从区域环境中找出实践做法的经验,形成一个所谓的"理论指导下的实践研究"项目。

自从互联网盛行以后,理论这个巨人的脚步开始变得蹒跚起来,倒是思想轻骑兵纷纷登场,占领了教育改革实践的舞台。鉴于校本课程建设管理与指导,限定于一个地域内的个性化研究,比起大范围的大兵团作战,又有了比较突出的优势。通过互联网,循着社会管理学理论基础,借助思想轻骑兵,用头脑风暴式开路。研究发现:进入实践研究领域,有生命价值的社会学理论大都需要用事实来做注解。问题是:今天的社会实践常态环境,和当初的已相去十万八千里远了。

一个区域的校本课程建设管理和指导工作的思考,缺少理论基础,那会是苍白空洞的,缺少实践经验的谋划,遇到动手就会显得无力。一项主题比较明确的科学研究,如果实践做法占据主要地位的话,理论只好站到注解的一边,给实践增添一些精神;而思考的力量,则成为课题的主心骨,支撑并贯穿于始终。

面对所要解决问题,当所有理论都显得若即若离之时,我们已经可以不再需要把一个与我们时代无关的"口号",以断章取义的方式套住自己的脚步。我们认为,在现实中关注自我进步,关注我们与学校追求的教育价值,追求与时代条件相吻合的师生发展需要,这或许是可以为未来创造价值的做法,这是一个什么理论呢? 结论需要时间。

(五) 课题研究假设

按照常规的科学研究习惯,或是国内教育科学研究领域辨别课题的一个基本做法,所谓一项科学研究,必须建立一个还未曾证明的因果联系,这就是所谓的"假设"。

善于思考的研究者发现,一般而言,一项研究的生成,大都从直觉上起疑开始,再从认知深处,或者说从别的什么地方进行反复比对,初步建立一个大致上的轮廓,再从起疑的那些地方去理清一些必要的枝叶,直到形成一个相对清晰的假定为止。

按习惯中的教育课题研究假设概念去看,一个教育研究假设大致包含这么几方面构成:一是主要变化的对象及其对象所表现的某些方面,如教育对象、管理对象、事物对象的某些方面,这一方面也有称此为"因变量"的;二是作用于因变量之上的主动性变量,也有称之为"自变量"(或称"控制变量")的;三是除前述两种变量以外,对"因变量"也会产生影响的其他变量,常规上称之为"其他变量",如果这种变量对"因变量"作用很小,处于次要地位而可以忽略的话,通常也称之为"无关变量"。将这几种"变量"联系在一起,形成一个带有一定条件变化的结构,就是我们这里所说的"假设"了。

本课题研究中的"因变量"是"区域学校校本课程建设发展水平";"自变量"是"区域学校校本课程的有效管理和指导";显然,除这里所谓的"自变量"和"因变量"以外,区域内外其他影响学校校本课程建设发展水平,影响管理和指导的因素无法以数计,但在可能的情况下,大多数较显性的影响因素均可以归入自变量之中,那些相对隐性而处于边缘或次要的因素,则大多属于"无关变量"。

基本假设:在相对封闭的区域范围内,控制"自变量"于相当时间作用之下,可以使得"因变量"发生较明显变化,即"自变量"与"因变量"之间具有相对密切的关联。

变量因素细分:"自变量"——这里的自变量均属于区域教育行政和业务管理的范围之内,以区域内所有中小幼学校课程建设管理与指导工作为主要构成,大致可以分成:1.区教育行政管理机构出台的政策性文件、工作条例,区教育行政和业务管理机构出台的专业性条例,区域教育行政和业务管理部门制定的会议制度、培训制度、评价制度、奖惩制度等;2.区教育行政和业务管理部门围绕课程建设组织开展的各种活动,包括定时定项目,以及不定时落实政策的执行活动等;3.区教育业务管理部门与区域内中小幼学校围绕课程建设开展的具体指导、切磋、研究、培训活动等;4.增设专门以区域学校课程建设为主题的网站(网页),通过网络围绕课程建设开展的各种活动等等。

"因变量"——以区域内学校校本课程建设、实施情况为主要指标的内容,大致可以包括:1.学校课程建设领导管理组织功能得到明显提高,学校课程领导和管理水平有明显提高;2.所有中小幼学校自主办学思想意识有了明显转变,大部分学校建立起与本教育年段匹配的,具有现代特征的办学思想体系;3.所有学校均建立起基础和发展,认知与行为,条件与目标,计划与行动初步协调的课程体系,建立起与计划实施相一致的课程落实系统;4.所有学校均创设了符合学生发展需要的,满足学校教育条件的,能够促进师生之间关系发展的,有益学生个性品质良好发展的学校教育教学工作的课程实施环境。

三、校本课程管理与指导为指向的研究

理论的光辉,多在于瞻前而顾后。大凡成功的理论,一般带有一定地域、一段时间的特殊痕迹;更重要的,还带有先知的特征,在大多数人未知未觉之际,划出一片新的天地。在本课题研

究中,当从一个阶段走向下一个阶段的时候,总是伴随过程中曾经历的一些大事件和大举措,而伴随这些大事件与大举措完成之后的回顾总结,总是会为我们产生一些带有别开生面的思想认识。就如同爱因斯坦所说的,"提出问题比解决问题还要有意义"。

教育领域内部,课程教材改革,此前一直处于"顶层设计"状态,学校是拿着"设计"图纸,从事工程操作的教育(技术)工人。这话放在十几年前,曾经遭遇教育大家的诟病,尤其不屑于做工匠式的普通教师。但在今天,一些基础教育领域的"工匠型教师",甚至已经可以享用"正高"的职称待遇了。

不过,很多情况下事情还是在悄悄发生变化。课程改革及其管理在颠覆以往的规范,颠覆最大的特征来自于校本课程存在许多不确定性和创造性。今天的"技术工人"们手里拿到的不再是完整的操作图纸了,除了少数结构相对完整的基础学科"图纸"以外,其他项目,从项目主题,到项目内容,直至项目操作,都要自行思考、设计、编排、操作了,用一个比较时髦的话来说,那就是基础教育领域的"创新"。

过去,经验非常重要,基础教育领域内师傅带徒弟的内容中,多半是常规经验的传承。今天,"创新"好像与经验较劲,在较劲中考验那些深潜在内部的能力,在调动以往不曾动用的能力领域,独创的火花才可能映红那一片自由的天地。

学校校本课程的建设工作,是近年来以考验学校课程创造能力为主要特征的，从教育专业管理业务上放还学校自主办学权的一个标志性举措。就拿一个区域的学校校本课程建设看，校本课程把自主办学权送还学校，好像一夜之间来到了千树万花的春天，其实人性内部好挑战自我的性格，早就让在一些不甘人后的管理者，利用"擦边球"技术，在管理政策的边缘地带，利用良好的嗅觉，在自己学校里开辟了一片又一片试验田，成为万紫千红的报信使者。

（一）指导与服务的问题

鼓励支持广大学校根据新型社会人才特点，进一步发展学生健康良好个性，梳理、明确学校的办学思想，根据所在学校办学条件，努力建构完善的学校课程体系，以使学校成为广大学生生活成长的乐园。道理很清晰，指导做法的依据也很充足。但是当道理和做法发生关系的时候，当需要在课程这个范畴内说清楚这里关系的时候，学校管理者总觉得有些茫然。按习惯照要求去执行，已顺理成章，今天突然开始倡导校本课程，而且关涉到学校主体发展的大问题，紧迫感陡然增加了。

比方说，校本课程到底是什么，已有课程和校本课程是什么关系，新的课程从哪里来，谁来制定，课程目标如何定、内容（教材）谁来编撰、师资队伍哪里来……问题一大堆。当基础教育课程建设悄悄发生改变的季节里，大部分学校的校长们，开始将注意力从传统意义上基础学科的教育研究，转到新的课程领域，开始思考基础型课程和拓展型课程关系，与研究型课程关系，从问题的一般性转入到问题的特殊性方面去了。

很显然，今天大家眼光更关注未来，过去已经成为历史，学校更欢迎会变脸的教研指导，希望课程管理不仅有规范要求，而且还能够带来专业的教研指导，能够为内容庞杂、系列错综的学校管理、课程建设，带来抽丝剥茧式的条分缕析，给学校注入上清下透的能量。

区教育研究部门和所有学校一起围绕学校课程改革，摸爬滚打几十年，对基层学校课程建设的苦衷是再清楚不过了。奉贤区教育研究中心，是建立在学科知识教学课程体系之上，协助教育行政管理机构，帮助学校提高课程落实水平，提升教育教学质量，偏重于业务管理和指导的部门。已有工作经验，长于学科课堂教学研究和指导，伴随课程教材改革发展需要，在课程目标从"双基"（基本知识、基本能力）到"三维"（认知、情感、能力）过渡中，边学习、边实践，和基层学校一起，磨砺前行，渡己渡人。应该说，从"双基"到"三维"，除了情感目标稍嫌抽象而难以把握以外，这一过渡还算得上比较顺利。然而当"课程设计"的开发与指导任务摆在面前的时候，区教育研究中心的教研员们没有"金刚钻"，怎么去揽"瓷器活"。

大纲、教材、教参、考纲、试卷，把教研定格成为一套特别而固定的工作程式。这套程式把教研划分为指导和被指导两个对立面，指导者是"君权神授"，被指导者天生只能是牵线木偶。时代变了，校本课程来了，木偶被赋予神魂，需要甩脱那根牵了几十年的"线",按照自己的意愿"跳舞",那么,在这过程中,过去的指导者,就是那个给木偶还魂的神助。

对教研指导任务经过一番对照之后,我们发现,为了让基层学校,在课程建设管理与实施的"牵线木偶"式传统中解放出来,区教研部门的功能要脱胎换骨,要在形式、内容日复一日的不断重复更替中,找回失落了的自我,在属于价值的位置上重新定位区域教研工作。

（二）手段内容与价值

从表现形式的丰富性方面看问题,因为现代社会的价值多元,生活方式多样,因此基础教育的复杂性不但超过了以往的任何时期,而且就学生本质的研究上,远远超过已知的人性。

在揭示事物存在和本质的关系问题中,我们常采用一个常识性思维逻辑:即形式为内容服务——如采用的交通工具应该与出行的任务相关联;而执行的任务和内容,往往与所需要达到的价值相关联——如对于持时间就是金钱价值的采用坐飞机是合逻辑的。依靠常识性逻辑来进行判断,并非是绝对完美的,不过,在面对事物常态的情况下,还是比较精简有效的。

就校本课程建设工作来看,来自各种手段的调查结果表明:广大基层中小幼学校在课程建设方面,虽然发展水平参差不齐,但自觉朝前看的本性已被唤醒,然而,真正的思想技术和经验积累还没过关,因此大都处在心有余而力不足的状态,什么是课程、什么是课程的技术关键、学校如何进行课程开发、课程实施方案、学校课程管理等,各种问题接踵而来。学校已经不再简单关注传统教研的雨润,不再为获得一堂什么级别的公开课而惊喜,需要在关于新的课程发掘,学校课程与办学理念方面获得更大范围认可的帮助。

广大学校校本课程建设情况大同小异,共性问题也很突出,对成因作进一步深入分析以后,我们发现:国内课改从一开始关注教材改革,关注对于教材结构、内容变动背后的价值意义所在;关于教材变动的价值追随,主要还是偏于学科范畴之内;直到近年来社会科学技术领域在社会应用层面的突破,多领域技术合作下的创造成为社会主流之后,教育领域内学科间的壁垒渐渐出现被突破的现象;学科领域的打破,是当课程出现基础、拓展、研究,乃至出现跨学科之后,在重新审视以往曾经有过的社会实践、兴趣活动的基础上,学校课程实施的一般性问题开始发酵成为带有个性化的"学校课程"或"校本课程"问题。

创造,总是个性在得以张弛的环境领域,在没有束缚的情况下,个体内素养获得艺术铺张条件而呈现的结果。遍揽上海那些发展比较成功而出名的中小幼学校课程建设成功的例子可以发现:具备个性特征的校本课程,大都是在社会政策宽松,学校主动积极,利用有效资源,满足学生发展(家长希冀)之下,以自圆其说的方式,通过积极努力而渐成体系的。

今天的教研,一条腿站在传统的轨道上,继续着说课、听课、评课的形式,另一条腿站在"同课异构"、"异地教研"、"微课"……新型手段当中。当然,层出不穷的新名词、新做法还在可能迷乱一部分指导人员思路的同时,让学校一线教师在各种手段和形式中迷失了内容的本质,淹没了内容所指达的目的,失落了教育活动中的自我。

研究和实践相结合的深入发现:从学科课堂教学为主的研究,转向学校(学科)课程发展的指导,对大部分教研员来说,在指导内容熟悉和掌握方面,总需要一个漫长的过程,而在形式上,则可以在原有工作经验基础上,利用现代互联网技术条件的改善,引进新手段,创造新方法。课程发展指导是一项高难度工作任务,在学校这一头,课程建设和实施的理想目标,总在虚无缥缈中抓握不住。

问题出在哪里呢? 我们也在研究和实践的进程中,被没有达到目的过程所困惑,被这样或那样的问题表象遮蔽了看问题的基本方法。在研究行进到中期时,对过程和结果进行回溯,发现了预期和现实的差距,并发现了造成问题的主要原因。

课程是教育者(或教育机构——学校)在教育过程中落实教育目标,实现教育价值的执行参照体系,对教育者(或教育机构——学校)来说,要实现课程的教育目标,首先要在主体上认同自己所施行的课程目标,然后要熟知课程目标系统所涵盖的内容系列,能根据学习者的学习基础,采取符合学习者特点的,生动而有效的教育方法与手段,以实现课程所预先设定的教育目标。

因为长期以来基层第一线教研员处在被动执行课程目标，处在帮助学校完成教学任务的位置上，所以在没有机会对课程目标及其配套内容进行质疑的情况下，眼光总是放在如何"高质量"（或"高效"）完成教育任务的方法、手段、途径、形式等方面，总是在课程实施的阶段里指导摸爬滚打的技术，关于学校和教师在实施课程中的"自我发展价值"、"自我教育价值"，被失去自我的教研所淹没。

找回自我，让所有教研员先从自我身上发现教育价值取向，让教研工作的眼光从手段方法的指导中跳出来，回到课程教材改革之初，站在教育改革的位置上，坚持"以学生发展为本"的原则，根据社会发展需求、时代环境特点，对教育价值取向来一番讨论和思考。

让教研员成为课程教育价值取向的指导和服务者；让教育研究中心成为区域基础教育课程发展与实施的指导和服务机构；让学校以主体的身份，把课程建设和实施成为教师和学生可以自由选择，自主享受过程的专门教育机构。在教研员，学校和师生三者关系中，师生是主体，学校是主体的集合，教研员是通过学校与主体融合，起到积极促进主体发展功能的服务者。

特别需要关注的是：首先，价值高于内容，形式和手段是为内容服务的；其次，师生是教育发展的主体，一切其他的内容和形式，都要为实现主体发展价值而服务；此外，一切离开主体发展价值的内容和手段，无论其外表有多么漂亮，手段有多么新颖,均不能脱离主体发展价值需要而单独存在。

第二节　校本课程国内外实践与研究

一、校本课程开发的研究

(一) 国外的相关研究

"校本课程开发(School-based Curriculum Development)"的思想源于20世纪60—70年代的西方发达国家,针对课程开发的弊端,要求政府应明确在国家课程计划框架内的权力分配,把一部分权力下放给学校,强调学校、地方一级的课程运作,主张学校的教师、学生、学生家长、社区代表等参与课程的决策,以学校为基地进行课程开发,实现课程决策的民主化。

20世纪60年代末期,对于国家课程开发策略的反思推动了校本课程开发策略的兴起。此后,校本课程开发的历史轨迹大致可以划分为三个发展时期,即兴盛时期、回落时期和转型时期。(1)兴盛时期。20世纪70年代至80年代,校本课程开发成为课程开发的一股强大思潮,达到它发展的兴盛时期。这一时期,校本课程开发虽然在各个国家的具体情况存在很大的差异,但是都普遍地受到各国政府的大力支持和鼓励,得到基层学校的纷纷响应。英国、澳大利亚、美国等是这一时期校本课程开发的主要代表。特别是在澳大利亚,校本课程开发策略最为风行。澳大利亚为推进"校本课程"深入开发,成立了有 500 所学校参与的全澳联盟,通过网络为校长和教师实施校本课程开发提供实际的支持,促进了课程开发经验得共享。(2)回落时期。80 年代末期以后,国家课程开发再次受到重视,国家对于课程开发的干预有加强的趋势,校本课程开发相对走向低谷,进入了一个发展的回落时期。(3)转型时期。进入 90 年代后,由于社会变迁的脚步加快,公众对于学校课程的关注更加强烈,新兴的课程议题不断涌现,这一切都需要学校及时作出反应,所以校本课程开发又一次受到重视,并且成为许多国家教育改革的口号之一。

从国外校本课程开发的三个阶段来看,校本课程开发都是为了使课程更加符合学校教师和学生的发展特点与实际需要,从而将课程改革的理想更好地落到实处,提高课程的成效。校本课程开发策略与国家课程开发策略都有优缺点,需要互补。这些经验与问题,为本课题研究提供了有益的借鉴。

(二) 国内的相关研究

20 世纪 80—90 年代中期,我国教育改革开始逐步赋予地方和学校以适当的课程开发自主权。1996 年,原国家教委颁发的《全日制普通高级中学课程计划(试行)》规定:学校应该"合理设置本学校的任选课和活动课,这一部分占总课时的20% ~30%"。目前,我国课程开发机制的现实状况是中央集权的课程开发机制事实上居于主导地位,课程开发的模式比较单一,而其他层次地位的课程开发机制则几乎没有多少发展。整个课程开发机制系统的发育,与市场经济体制的建立和发展以及社会政治经济文化生活日益多元化发展的大趋势是不相适应的。

对此,社会各界都相当关注,特别是 1999 年 6 月召开的第三次全国教育工作会议指出,试行国家课程、地方课程和学校课程;2001 年 6 月《国务院关于基础教育改革与发展的决定》以及《基础教育课程改革纲要(试行)》都明确指出实行国家、地方、学校三级课程管理。这不仅反映了社会变革对于教育变革和课程教学改革的迫切要求,同时也为地方分权课程开发机制以及校本课程开发机制的引入奠定了法规政策基础。

然而,一项新的课程政策的实施有时候要比当初制定政策时付出更多的勇气、理智和耐心。特别是,校本课程开发机制对于我们来说还是相当陌生的新事物,又是教育理论研究和教育实践工作中不可回避的一个课题。在相当一段时间里,就是地方分权的课程开发机制也只是在浙江、上海等个别省市有一些初步的试点经验,而且在试点中"集权"的色彩似乎远多于"分权"的色彩,权力下移的目标并未真正实现,课程开发机制的根本性转换远未完成。但是教育体制改革的发展已经到了目前的阶段,课程开发权利的下移已是势不可挡,三级课程管理体制已是势在必行。所以我们在积极稳妥地落实国家、地方和学校三级课程管理体制的政策时,不但要正确地借鉴国外课程开发机制建构的基本经验,同时也必须十分注重制定实施这种机制转换的相应策略。

综上所述,校本课程开发是课程改革的需要,只有积极有效地建设好校本课程,才能体现基础教育课程结构的完整性。

吴刚平教授在《校本课程开发》一书中指出,要顺利实现基础教育课程开发机制的真正转换,使三级课程管理体制能够真正落到实处,还有许多重大的理论与实践问题急需进行深入系统的研究,提出明确的改革思路和具体的解决办法。当务之急是,认真吸取和借鉴世界课程变革的先进经验,采取适当的变革策略,进行学校的组织与管理变革,实现课程开发机制的多样化转换。他强调,校本课程一定要突出学校特色,要跟国家课程的实施结合起来。他给校本课程的定位是:一是调节功能;二是补充功能;三是拓展功能。要在课程层面上把握校本课程,校本课程要做到以下几点:有计划、有目标、有内容、有组织、有指导、有课时、有去处。他认为,目前校本课程的开发有三种模式:一是需求主导模式,即学生喜欢什么? 二是条件主导模式,即学校能做什么? 三是目标主导模式,即学校想要什么?

(三) 上海市相关研究

校本课程是学生选择性、适应性、发展性学习经历的体现。这些经历既让学生当下校园生活更丰富、更有趣,也使其面对未来发展更自信、更从容。上海实施"二期课改"十多年以来,校本课程的建设为全市中小学生健康、快乐地成长及其终身发展奠定了良好的基础。

2012 年间,在上海市教委基教处的指导下,上海市教委教研室组织实施了对上海 17 个区县 736 所中学进行的校本课程建设的现状调查。调研发现,学校领导、教师等不仅在思想观念上认识到校本课程对学生发展的重要意义,更从行动层面,按照课程建设的规范性在推动课程建设。设计课程目标、选择课程内容、规范课程实施、进行合理评价等实践让学校和教师逐渐认识到校本课程建设的要求;调研还发现,与课改初期相比,校本课程的数目有大幅度提高,有的区县有上千门校本课程,校本课程类别包括身心修养类、人文艺术类、工程科技类、生活技能类、社会实践类、学科拓展类等。

调查结果表明,经过多年努力,上海的学校校本课程的建设的规范性、校本性、系统性正在形成和加强,课程建设的持续性备受重视。当然,在思想观念和实践操作层面上也存在着大量有待进一步解决的问题。

在 2012 年 12 月首届上海市中学校本课程征集展示活动上,市教研室主任徐淀芳强调:"校本课程"首先要满足学生的需求,"校本课程"建设要重视专业规范标准,"校本课程"要充分考虑与国家课程的衔接。

黄浦区开展了《中小学特色课程建设机制与方略的研究》,研制了特色课程区域化建设的相关政策,提出黄浦区中小学(幼儿园)特色课程建设的意见和建议;推进中小学(幼儿园)形成学校独特的课程建设模式;培育一批学生喜欢的特色课程,并建设特色课程区域资源库;构建黄浦区特色课程共建共享的机制,并进一步为特色课程培育、选择与共享提供区域性保障,这些课改政策、规范和策略,为区域研究的推进提供了较好的导向。

虹口区在积极深化国家及基础型课程教学改革的同时,努力加强探索校本课程建设的实践创新。在内容方面,提出并落实了校本课程开发与实施的"适切性"(体现基于生本的课程理念以及针对学生需求的课程框架)、"规范性"(落实校本课程教材建设的基本要素与教学规范)、"系统性"(建构区、校两级校课程的体系框架)要求;在形式方面,突出并体现了"主体性"(教师是课程开发与实施的主体,学生是课程学习动态资源生成、丰富的主体)、"多样性"(满足学生的多元学习需求)、"实效性"(注重质量和效益)的课程开发与实施目标。虹口区探索了一条推动素质教育和特色发展的校本课程建设与实施新路。

二、校本课程管理与指导的研究

校本课程是我国基础教育课程改革的一项基本政策。虽然校本课程强调学校根据自己的教育哲学自主进行课程开发活动,但《基础教育课程改革纲要(试行)》强调,"教育行政部门要对课程的实施和开发进行指导和监控"。因此,教育行政部门、教育研究部门从区域教育实际出发,对校本课程开发进行有效的指导和管理,确保校本课程开发有序、高质量地实施,是校本课程开发过程中的一项重要措施。目前国内有一部分地区在校本课程开发的区域管理方面做了一些研究与实践。

（一）国内相关研究

福州晋安区地属城乡结合部,为了发挥校本课程对学生发展、教师发展及学校发展的促进作用,实现教育的均衡发展,在对调查结果的思考与整理中,提出了促进校本课程开发的策略:加大对教师的课程知识与技能的培训力度,加强对校本课程的规范管理,建立校本课程开发的有效机制,建立保障支持系统和推广机制。

杭州市拱墅区基于市域实际开展了《区域性推进校本课程建设的策略研究》,提出了校本课程开发与建设以及在区域范围内有序运行和逐层递进的原则与策略,初步形成了具有结构性意义的区域推进校本课程运行体系及保证其持续提升的机制。提出了区域性推进校本课程建设的策略,三结合策略（课题带动策略,优势发展策略,整体结构策略）;区域性"推进"课程建设的机制:学习型组织机制,激励评价机制,保障机制。区域性结构规划与交流氛围的创设有助于课程改革的完整性,并促进校本课程建设的深度、广度发展。

浙江嘉兴教育学院基于校本课程实施过程遭遇了很大的困难与阻力,出现较多县区、学校之间不平衡,课程开设随意等问题,提出并开展了《区域推进综合实践活动课程"常态化"实践研究》课题研究,通过实践研究总结了区域管理的四个策略:课程目标与校本资源融合的课程开发策略,课题群合作与典型培育的课程研究策略,课程"常态化"的网络专业支持策略,专业指导与行政推动的保障策略。

河北省东光县教育局基于县域实际情况出台了《关于校本课程开发实施的指导意见》,意见中就校本课程功能、目标、管理、原则、内容、类型、程序、格式要求、实施、评价、管理等方面都提出了相应要求。

(二) 上海市相关研究

上海市强调:科学的课程管理是让课程有效落实的重要保障。课程管理首先需要一个理性、合作、高效的管理团队。上海市大部分学校在校本课程管理的责任、日常管理的内容、课程管理的制度等方面不断趋于完善。

崇明区,崇明课改办对区域校本课程督查和评价管理方法:

第一,研制校本课程各类评估观察表。如:崇明区中小学学校校本课程实施工作评估观察表,崇明区校本课程纲要评估观察表,崇明区特色校本课程星级定位标准等。

第二,明确评价操作的具体要求。评价对象多元。对校本课程评价的对象应多元化,包括课改办对课程纲要、教材的审核评价,教育行政部门和教育业务部门对学校的评价,学校对学生、教师和课程的评价,教师对学生和课程的评价,学生对教师和课程的评价。在评价过程中,重视学校、教师、学生的自评和互评。

评价方法多样。对校本课程评价的方法应采取发展性的评价,避免考试等的量性评价,评价的具体方式可以多样化。如对学生的学习可以采取档案袋评价、表现展示评价、行为观察评价、研讨交流评价。

评价内容全面。对校本课程评价的内容应更关注对教师的教学行为表现和学生的学习行为表现的考察评价,重视评价过程本身的教育性和激励性功能。对学校实施校本课程进行发展性评价,采用多种方式进行激励性评价。

虹口区,虹口区教育局、教师进修学院努力加强全区校本课程工作的领导与管理,从加强素质教育、深化课程改革的高度,整体设计,有效领导。《虹口区教育局关于加强校本课程建设的指导性意见》是对区内各学校的课程建设工作进行规范的文件。区教育局、教师进修学院高度重视校本课程建设的顶层设计与立体运作,明确要求各学校必须整体设计基于全校的校本课程管理、校本课程建设(开发与实施)、校本课程研究、校本课程总结等工作,避免校本课程建设工作头重脚轻,顾首忘尾。

虹口区对校本课程建设从强化机制建设予以支持,从制度规范建设入手建立保障,区内各学校将课程领导小组作为校本课程开发实施的管理决策机构,负责制订校本课程开发实施的方案和具体实施计划,制订和不断完善各项规章制度。区域层面专门举办各学校校长、分管校长、教导主任参加的校本课程培训班,区教师进修学院教研室有效关注校本课程开发与实施的主要环节,针对各学校研究型、拓展型课程负责人开展一系列递进式的教研活动,通过专题教研帮助学校优化实施校本课程,提高校本课程建设的执行力。

此外,例如,嘉定区在学校校本课程实施中有相应的评价制,区域层面也研制了推进校本课程发展的有效机制。长宁区建有校本课程开发的项目组负责制、学校方案审核制、试点过程指导制、试点学校定期交流制等制度。金山区建有"合格课程认定制度"。浦东新区,成立了学校校本课程开发的组织机构……这些机制规范了上海各区学校校本课程的建设,也推动了校本课程质量的提升。

从上海市当前校本课程建设的实际情况调查还发现,师资队伍不足、课程资源缺乏、管理指导制度的不完善等,仍是课程建设需要突破或解决的问题。区域层面在校本课程的管理指导制度、平台搭建、课程研制、日常视导或督导制度等方面有待进一步重视和加强,以保障校本课程工作可持续发展。

综合以上的情报,我们认识到校本课程的开发与实施是一项难度大、涉及面广,艰巨而长期的工作,需要通过精心科学的组织,制定科学、规范、具体、可行的实施方案,并且在实施过程中予以落实。我们看到,随着校本课程的开发与实施,校本课程更加符合学校教师和学生的发展特点与实际需要,同时出现校本课程开发策略与国家课程开发策略互补和融合的趋势。

三、区域校本课程管理与指导的研究

（一）区域校本课程调研情况

1. 基层学校校本课程调研情况

目前在奉贤区中小幼学校中已经有一批具有学校特色,有利于学生个性发展的校本课程。但随着课改工作的不断推进,学校校本课程开发、管理的规范性需进一步加强,课程需不断调整、充实;区域校本课程管理制度需进一步完善,教师培训、课程共享机制建设有待加强。

校本课程是促进学生个性发展的课程,有助于学生的个性发展和学力的提高,但校本课程的开发需要一种民主的、自主的、合作的、协商的课程开发制度,校本课程的开发与实施需要通过科学的组织,制定规范、具体、可行的实施方案,并且在实施过程中不断调整。校本课程的开发和实施,需要不断更新教师的课程观念,增强教师参与课程开发的意识,提升教师的专业水平。这对区域学校的课程领导力、指导力、执行力都提出了新的要求,在特色课程开发、课程方案编制、课程实施指导的管理与评价等方面都将受到全方位的历练与考验。

根据课题组对本区基层学校校本课程开发实施情况的调研可以发现:在一定机制的引领下,学校教师对校本课程都有较强的开发意识;虽然有些课程已经是可以提升为区的特色课程,但是还有不少课程还不够成熟。教师们有主动学习和开发的兴趣,有着为学生创编优质课程的愿望,学生们对课程的学习兴趣比较高,但是兴趣需要保持,课程的序列性还需要研究。学校对校本课程的培育逐渐重视,大部分学校已经形成了课程管理机构、课程管理方案,课程建设在区域资源联盟体内也能到了共享,但质量的提升还需要专家的专业指导,需要区域教研部门提供相关的学习平台,并不断拓展课程开发视野。

从基层学校校本课程的开发与建设的调研来看,主要存在以下一些问题或误区:

(1) 把校本课程开发简单地看作自编教材

广义的校本课程指的是学校所实施的全部课程,既包括学校所实施的国家课程、地方课程,也包括学校自己开发的课程。而狭义的校本课程专指学校在实施好国家课程和地方课程的前提下,自己开发的适合本校实际的、具有学校自身特点的课程。目前,大家习惯上将学校自己开发的课程称之为校本课程。

校本课程建设不是简单的自编教材,而是要依据学校实际与特点,进行学校教育哲学分析和需求评估,从而制定出校本课程开发计划、开发内容或者校本课程开发实施方案。

(2) 校本课程开发缺乏校际之间或区域间的协作

校本课程的开发首先在于切合学生需求(即学生喜欢什么?),其次是适合学校实际(学校能做什么,学校想要什么?)的课程资源的开发。校本课程资源应该是课程实施的原动力,具有开发的广域性,可以是来自自然的、学校的、社会的、人文的、科技的、经济的、艺术体育的等等。校本课程的资源是无所限制的,可以因地制宜广泛开发。但是,由于区域性地理、社会、历史、人文环境的限定,区域内学校之间对校本课程的开发往往出现交叉、重复现象,即校际之间开发呈无序状态,从而造成教育资源的严重浪费。从2011年本区校本课程调研情况来看,全区四百多项校本课程中,以艺体类居多,仅同一种绘画就达十几项。

在新课程实施的背景下,许多学校已经关注课程资源的开发利用,但是,校本课程开发的切入点在哪里? 如何把握学校自身及区域的特色? 如何适应本校学生的真实需要? 如何避免自身的校本课程与他校的课程简单重复? 如何更好地进行校际交流,实现课程的精品化? 这些校本课程建设中的问题还有待于区域层面进一步指导与管理。

(3) 校本课程内容不够凸现学生需求、学校特色

校本课程开发建设的根本目标是什么? 是为了满足学生的实际发展需求,是为了发挥师生的主体作用,是为了丰富学生的学习方式,是为了考虑学校实际可能,是为了形成和体现学校的办学特色。从校本课程开发建设流程来看,需经历学生分组、需求调查、培训教师、资源调查、教师竞标、学生选用、跟踪评价、动态调整等程序,其核心应该是需求调查。但从目前校本课程开发建设的内容来看,普遍存在这样的不足现象:

一是不够凸现学生发展为本。以"学生发展为本"的学校

教育已经成为新课程实施的主要理念,并已逐步成为现实。任何课程的实施都要切实关注学生的内在发展动力,即以学生需求为根本点。有关调研表明,不少学校的校本课程开发建设,还停留于行政指挥式的操作或教师个人层面开发,没有建立校本课程开发领导小组,也没有进行学生需求的前期调查。如此开发出来的校本课程,从学校教育哲学与学生需求来看,它是不成熟的校本课程。

二是不注重师资力量的整合。很多校本课程的开设没有考虑学校教师的基本状况与培训措施,更没有考虑学校的办学发展方向与特色,只是为开设而开设,校本课程类似于以往的兴趣活动第二课堂,而在操作上又是按学校原有规定分配,没有按需按实际定教师,从而导致校本课程开发处于无序状态。从区域层面来看,不少课程存在重复开发建设,这就更有必要区域指导部门进行师资力量的有效整合,加强指导与管理,使课程开发建设更有成效。

三是不关注学校特色的形成。不少校本课程是为上级主管部门的检查督导评估的需要开发而开发,为点缀学校的特色需要开发而开发。校本课程是需要为学校特色形成奠定基础的,是学生需求与学校教育哲学的有机整合。但在一些学校只为了解文化而文化,只为了解科技而科技,学校的发展宗旨到底立足什么,学校的教育哲学到底是什么?都不甚明了。因而,许多轰轰烈烈的校本课程开发只是停留于浅层次的利用上,无关学校与学生的深度发展。

区域基层学校校本课程调查的情况给予了我们许多启示。作为学校方面还需要不断完善自己的校本课程管理,在开发校本课程方面探索有效的方法,寻求更多的资源,以促进课程的发展,助推学生的发展。

2. 区域校本课程调研情况

为了提高管理和指导的针对性,对奉贤区54所中小学的校长、419位教师进行了问卷和访谈调查。调查结果表明,校本课程建设工作在各校正得到持续性重视,小学、初中、高中分别有100%、87%、71%学校校本课程科目开设数达到班级数的150%,一批具有学校特色、有利于学生个性发展的校本课程日趋成熟,校本课程建设的规范性、校本性、系统性正在不同层次地形成中,但在思想观念和实践操作层面上还存在着一些有待解决的问题,如部分学校由于认识不到位,缺乏可操作的课程实施方案;部分学校虽能够面向全体学生开课,落实情况不够理想;校本课程推进氛围不足,没有专职教师的引领,同行沟通和社会资源不足;课程管理上迫切需要专业、系统的培训,需要注重教师梯队建设,需要区层面建立一系列引领规范课程实施、加强制度建设、形成课程推进的长效机制。

为顺应区域校本课程建设的现实需要,教育行政、业务部门对学校校本课程的实施和开发要进一步加强管理与指导,将校本课程建设融入本区素质教育三级校创建工作和新一轮的办学资源联盟工作。要组织理论学习、研讨和经验交流,整合和优化各类资源,形成区域共享机制;要制定系列标准,规范管理程序,促进各中小幼学校的校本课程建设在规范实施中不断彰显特色。

(二) 区域校本课程管理与指导方面的成效

2010 年初,伴随全市掀起的校本课程改革浪潮,奉贤区课程改革领导小组对未来五年本区校本课程改革提出了新的任务要求,随之,以区域校本课程建设管理与指导实践为基础的研究,从思想的内部来到课题项目的舞台上。

区域校本课程建设就是要通过实实在在的工作推进,在发现问题,查找原因,形成策略,创新方法,明确落实中,扎实提高区域学校本课程建设。

1. 形成校本课程管理、指导的基本规范

在进一步分析校本课程开发、建设、实施特点的基础上,结合以往课程管理经验,根据校本课程的主体教育需要、资源适合条件、师生情趣协调等实际,创新务实管理的需要,相应制定了工作管理和工作指导性文件。

(1)《奉贤区中小学校本课程建设的指导意见》

以校本课程实际指导任务为主线,明确区域教研员开展校本课程指导工作时的主要任务方面,实施这些任务方面时应注意的具体工作内容,以及指导任务要达到的目标及要求。

(2)《奉贤区中小学校本课程建设九条建议》

根据本区中小学校本课程建设与实施现状存在问题,以及广大学校如何完善解决问题的具体要求和方法。本文件以"建议"的方式下达基层学校,目的是让学校在工作中有相对参考的依据,但实践中还是尊重学校实际。

(3)《奉贤区中小学校本课程指导手册》

供区教研员在工作指导过程中,为制订计划,落实工作,开展过程管理、进行工作总结的参考性依据。与此同时,本指导手册也是区域课程管理领导部门,对教研员工作状况进行评估的主要依据。

(4)《奉贤区校本课程综合评估方案》

对学校校本课程开发建设、开展实施、条件保障、教育效果予以综合评估的工作方案。在该方案中,不仅有校本课程评估指标,还包括了评估活动的主客体构成、评估程序、评估过程要求、评估结果的后续反馈要求等等。

(5)《奉贤区中小学校本课程实施综合评估细则》

主要由评估的指标体系、指标所辖具体内容、评估的参照事例、事实结果的权重分配、评估结果层次划分、结果与反馈所涵盖的具体指标和内容细则等构成。该细则的拟制,尽可能地考虑到发挥评估应有的导向、辨实、分层、反馈、增值功能。

2. 建立了管理指导和成果互享平台

充分利用现有互联网条件,利用管理指导过程中主、客体之间的互动,建立了内容丰富的校本课程建设指导和成果交流的平台。有校本课程资源培训平台,校本课程成果展示平台,校本课程互联网＋平台等。还在《奉贤教育》杂志中开辟了【特色课程专栏】,便于基层学校、教师、教研员等发表成果和思想交流。

3. 建立并完善了本区校本课程管理与实施体系

(1) 用《校本课程的评估指标》促进管理

研制了《奉贤区校本课程综合评估方案》和《奉贤区中小学校本课程实施综合评估细则》,确定了 28 条指标,明确了两听(听汇报、点面结合听课)、两查(查各类计划、总结,查备课本、成果作品)、两开(开师、生座谈会)的评估程序。

2013 年至今,以《校本课程评估指标》为评价工具,区课程管理领导小组组织评估专家组对本区中小幼学校,进行了一轮全面的校本课程建设工作评估。

(2) 汇编区域专辑加强成果交流

在加强研究推进实践发展的过程中,全区范围内与校本课程有关的工作蓬勃开展,学校校本课程建设、实施进入到前所未有的积极状态,面上涌现了一大批主题新鲜、内容生动、地方色彩浓郁的校本课程;与此同时,一批积极参与课程开发,教育潜质获得发挥,实施课程效果显著的教师也冒了出来。为此,依据工作过程汇编了两辑区级校本特色课程掠影。

落实了一系列的管理和指导措施之后,区域校本特色课程体系得到不断完善,课程质量得到提升,华亭学校的《线条会说话》、教院附小的《功夫少年》、阳光学校的《动漫剪纸》等在上海市中青年拓展型课程教学评比中荣获一、二等奖,在上海市青年教师课题成果鉴定中获得二、三等奖。通过两轮评选已经认定的 101 门区级校本特色课程在区内各校得到不同范围的共享,同时又在不断涌现富有教育意义的特色课程。

第三节　校本课程管理与指导的体系

建设校本课程,是我国基础教育课程改革深入的一项基本策略。为了规范课程管理,出台了《基础教育课程改革纲要(试行)》,强调"教育行政部门要对课程的实施和开发进行指导和监控"。作为基础教育课程改革实施的专业研究部门(如各区县的教育研究部门)需要主动协助教育行政机构开展工作,以确保地区中小学校本课程能够获得规范实施。

一、校本课程管理与指导实践原则

随着时代的高速发展,尤其是创新发展成为社会潮流之后,上海市中小学课程教材改革也在人才需求与教育发展改革协同作用下,逐渐进入到多样化、个性化发展的后规范时代。后规范时代的基础教育,既要为受教育者提供多样化的环境条件,又要开设更加丰富的教育主题,完善教育内容,提供生动活泼的教育过程,还要建立与之相匹配的教育评价。为此,涉及基础教育改革的课程实践和研究,也在不断面对一波又一波"看不懂"的惊讯中,把过程——诠释——效果放到一个新设定的时空中,并以此而生动地重新演绎了"校本课程",承认了校本课程以"自组织"的生成方式开始,从发生到建立,从建立到成型,从成型到独立成熟的生态形式。

与实施基础课程曾经强调"课程目标明确"、"课程内容完整"、"课程活动有效"的规范性要求相比,今天的校本课程则根据学生发展需求而呈现目标多样化,根据教育资源可能而课程内容不讲究完整性,活动的方式和方法随兴趣而可以进行调整,可以说,校本课程是在学校里发生的,突破(或越出)常规的一个"奇葩"。

基础课程校本化落实,是校本课程的重要组成部分,在兴趣和个性品质发展的课程价值引领下,为了更好实现知行统一的价值体系,校本课程从原来依附于基础课程而存在的"跨学科",或"拓展课"、"探究课",逐渐独立而放大,一跃成为品目繁多,自成体系的学校课程系列。

基础型课程的科目设置比较固定,内容相对稳定,教育要求相对明确,实施追求规范,久而久之则形成了比较固定的课程形态。但是,自校本课程大行其道以来,科目设置不设门槛,课程内容丰富多彩,课程形态不拘一格,教育结果不求完善,与原来的基础课程形成了鲜明的对比。

集合多地校本课程实践研究资料后,我们认为学校校本课程管理与指导的操作原则是:

（一）学校是主体原则

我国基础教育中，国家、地方和学校三级管理课程政策的出台，为课程多样化的变革，特别是为校本课程开发机制的引入提供了应有的政策空间，赋予广大基层学校、教师参与课程发展的权力和责任，学校应该能够并且随着时代的发展也必须成为课程变革的主体。

校本课程以学校为主体体现在它是国家课程、地方课程的补充和延伸。长期以来，我国课程开发机制的现实状况是中央集权的课程开发机制事实上居于主导地位，课程开发的模式比较单一，课程改革需要改变由教育行政部门特别是中央教育行政部门及其权威代理机构包揽学校课程开发的局面，明确界定各级教育行政部门以及学校的课程管理权限和责任范围，集中精力做好各自分内的工作。

在课程各个层面上，教育部的重点是抓基础教育课程计划的制定、修订和审定，尤其是国家课程最低标准及其教材编写指南的制定、颁布和修改，制定和颁布课程教材审定条例以及地方和学校课程开发指南，并对执行状况进行协调和监督；各省市、区的重点则是抓本地区的国家课程计划执行方案的制订和颁布以及地方课程大纲和选用教材的审定，并负责颁行校本课程开发管理条例和相应的协调监督工作；学校则根据国家和地方课程政策和本校实际情况，负责校本课程方案的编制、申报、实施和评价，确保国家教育方针得到正确有效的贯彻执行。

校本课程以学校为主体体现在学校独特的教育哲学和办学宗旨。一所学校的教育哲学和办学宗旨是体现学校办学特色的"核心",通常是根据本校的实际情况,包括教师学生的现实需求、学校环境和教育资源的特殊性、学校举办人的教育理想和理念等而确定的学校发展的方向和所要达到的目标,它既有与国家规定的教育目的、培养目标的内在一致性,又有适合于本校实际且不同于其他学校的差异性,是学校各项教育教学工作的指导思想。开发有特色的校本课程,必须以学校的教育哲学和办学宗旨为"圭臬",努力使所开发的校本课程能够体现并实现学校办学宗旨。

校本课程以学校为主体体现在开发设计理念上。校本课程是学校层面根据办学理念与学校实际开发与设计的课程,校本课程考虑学生的个性发展,但也考虑学校办学理念和学校特色。校本课程是学校自主决定的课程,目的是满足学生和社区的发展需要,强调多样性与差异性,学生有选修的权利;一般比较侧重学生兴趣类、学校特色类和乡土类课程;课程开发的主体是教师,通常以选修课的形式出现。

(二) 发展为根本原则

校本课程以学生的发展为本,校本课程开发的根本内涵就在于尊重学生的个性,为资质不一、能力倾向相异的学生提供满足他们不同需求的课程,在充分发挥学生主体性和创造性的基础上,培养学生多方面的兴趣、特长和能力。因此,校本课程是在统一课程形态下的个性展示,是应学生的能力、兴趣、经验以及现实生活的需要,来设计符合学生发展需求的课程。

但是,我们在具体的教学实践中也发现了在学生身上所存在的诸多问题,如由于身处家长和社会固有观念包围下的以分数为唯一评判标准的环境中,学生还是会把掌握学科知识作为最重要的自我评价标准,而忽视了学习活动中实践探索体验的重要性。正是因此,我们的教师需要着力于研究学生学习方式的转型。在新课程的理念中,促进和关心学生个体的自由、健康发展,是新课程的主要立足点和着眼点。所以,教师在校本课程开发的过程中应注意开发学生个体本身的创新"潜能"。

而作为具有个性特色的校本课程,在实施过程中更讲究实践与体验。校本课程的评价讲究成果交流与分享,与以往的学习评价以竞争为主的形式相比,已有根本的改变。

我们所倡导的校本课程是以学生需要为主要指向的,是以教师自主为实践手段的,是以学校特色发展为个性平台的。校本课程并非一般的兴趣课、活动课、点缀课等,而是实实在在立足于学校的、学生的、教师的课程。它虽然必须要以国家的教育目标为依托,要立足于对国家课程的补充与完善上。但与注重统一性的国家课程不同的是,校本课程追求的是多样性,从而真正发挥校本课程弥补国家课程整齐划一之弊端的优势。

(三) 管理有差异原则

校本课程有着显著差异性的特点,存在区域、学校、学段等差异,为此,对校本课程的管理与指导必须同样有差异。从2011年奉贤区全覆盖调查的数据来看,校本课程在课程总体结构中所占比例,不同的学校情况也不同,高的在1/4以上,低的不足1/5,所以,我们应该对不同类型的学校提出不同的指导与管理意见,以确保课程的均衡性和选择性。再如,校本课程的课程门类繁多,目前从本区域层面实际出发,将校本课程主要分为德育实践类、语言文化类、工艺美术类、音乐舞蹈类、科普制作类、体育健身类、STEM课程等七大类校本特色课程,这就需要我们进行必要的研究,在此基础上加以分类指导。

（四）指导见实效原则

校本课程开发对于绝大多数学校来说都是一个新的课题,学校教师在这方面缺乏经验或能力本是情理之中的事情。在这种情况下,校本课程开发的课题申报、规划制定、活动开展、课程编制、课程实施乃至课程评价,都需要借助于外部力量的帮助,特别是要借助区教研部门的研究力量来参与校本课程开发的启动、运行和深化发展。

其实,区县教研员也有参与中小学教育改革实践的广泛需求。校本课程开发的实践研究可以将中小学教师与广大教研员联结在一起,使他们能够进行广泛的合作,开展行动研究。如果双方合作成功的话,不仅研究人员的研究成果和理论能够在中小学教育实践中发挥效用,转化为巨大的课程资源,推动教育实践的发展,而且研究者自身也会在这种合作研究之中得到锻炼和提高,从而能够不断地解决新的问题和迎接新的挑战;同时,学校特色的形成、办学水平的提高和教师专业化发展以及学生发展都可能从这种合作的行动研究中受益。

目前,奉贤区教育研究中心作为承担校本课程指导与管理的教研机构,从区域校本课程开发与实施实际出发,多元搜集区域内中小学校本课程实施的真实信息,了解区域内学校校本课程建设、实施、管理、评价以及保障等现状,梳理区域学校校本课程建设、实施、管理、评价以及保障中存的普遍问题,寻找阻碍的症结所在,形成区域业务管理与指导的策略,推进区域校本课程工作科学、有序、规范、特色开展。

区教育研究中心制定了《中小学课程计划编制与实施的指导意见》,构建校本课程教研的模式,形成了特色课程共建共享的机制;形成了《区域学校校本课程业务管理意见与指导策略》,建立区域校本课程综合评估体系,促进校本课程自主建设的完善与特色校本课程的呈现。

(五) 资源要利用原则

校本课程的开发需要突破,需要在开发流程上加以落实,更需要在资源利用上加以挖掘,还需要在师生自主上加以转型。南京师范大学教育科学学院万伟在《论校本课程开发的三个基点》中提出了校本课程开发的三个基点,即以学生为基点,以学科为基点,以社会为基点。这里学生是需求,学科和社会就是校本课程取用不尽的资源。校本课程的资源往往是分散的、零碎的、无序的,有的来自于学科,有的来自于校园,还有的来自于社会,因此,要使这些资源为校本课程所用,为学生发展所需要,就必须进行整合,让那些潜在的、无序的资源活化成有效的课程资源。

我们可以对学科部分相关的内容进行开发改编。从本区域情况来看,许多学校开发了学科综合为主的校本课程,以学科的相关要素为核心,进一步链接有关资源,改编成校本课程,这样,可以在学习时空的延伸中进行拓展。如本区古华中学的《生活中的化学》校本课程,就是来自学生实际生活中的有关化学方面的课程资源,以问题为源头,引发学生对问题的探究欲望,从而使课程资源在综合实践探究中不断滚动生成。

校本课程资源不但指课内的、校园内的,更多的是指向广阔的课外、校外的时空,我们更应重视校本课程区域特色资源的开发,选择个性化、多样化的课程开发模式。任何学校都处在一定区域内,学校的地理位置、自然资源、当地人的思想观念、地方传统、文化氛围等因素都会影响其发展及其课程建设。学校可以根据社区环境、师生的独特性与差异性挖掘其潜在的课程资源,开发出特色的课程,以满足学生发展的需要。可以在学生需求的社会资源中进行创编,通过教师、学生、课程资源的对话而激活活动主题的内容,从而使学生需求与社会资源成为校本课程的创编基础。

针对校本课程的特点,坚持学校校本课程管理与指导的实践原则,对区域与学校的校本课程管理要进一步做到科学化,要把它们放到与基础性课程同等重要的位置上去，使校本课程在区域内"百花齐放、百家争鸣"。

二、校本课程管理与指导实践模式

与校本课程发展实际需要相比，近年来地方教育行政和业务管理部门也在原来工作基础上，对课程（科目）开发创新，内容编选，师资队伍建设，相关人员培训等方面进行了突破。可是，我们不得不承认，从一期课改到二期课改的二十多年来，课程改革管理长期沉浸于层层下达的"规范性"之中，课程结构、课程目标、课程教学大纲、课程教材使用、课程教学计划等等，无不成为"规范"的对象，积习已久而根深蒂固，致使管理和指导部门养成了执规范而行事的习惯，长期的工作习惯，非一朝一夕能转变过来的。

鼓励改革和创新的社会大背景已经形成，一所学校的课程建设能否跟上创新创造的步伐，为培养对象提供良好个性发展的条件，成为衡量一所学校是否站在以人发展为本基础上，符合时代发展的基本标志。

突破传统管理，建立新型的学校课程管理体系，成为区域教育教学管理的重要任务。根据校本课程本身的特点，我们也将这种与时俱进的管理作如下思考和实践：

（一）区校合作　项目共享　平台建设

通过调研发现，由于受区域人文地理等相关因素影响，学校之间对校本课程的开发出现重复现象较多,一方面造成教育资源的严重浪费,另一方面也说明区域内各校有必要进行协作、沟通乃至共享。同时对管理指导部门来说,要利用课程建设的成功经验,利用现代信息技术,结合校本课程建设实际需要,从管理的角度出发,搭建若干平台。这些平台可以包括:校本课程资源培训平台、校本课程成果展示平台、校本课程互联网＋平台等。

1. 校本课程资源培训平台

开放动摇了传统,同时也冲击了原有的稳定,特别是冲击了传统以认知为主的课程观念,如何回归到为学习者需要提供教育的本源上来,成为今天教师亟待更新观念的任务。为此,我们围绕校本课程建设师资培训的实际需要,在原有师资培训平台基础上,为学校校本课程建设培训开辟了专用的培训平台。这个平台主要有三部分构成:主题式课程研究平台,优质资源共享的资源联盟体,校本课程专题论坛。

2. 校本课程成果展示平台

开放可以促进创造,鼓励可以刺激创造的更新。我们的成果展示平台由三部分构成:定期开展区级课程创设与特色教师评比,教育现场成果展示活动,汇编《区本课程》、在《奉贤教育》设特色课程专栏等。

根据校本课程开放的特征,对传统意义的"成果"进行了新的诠释。我们的"成果"分成四个部分:课程主题创意成果,资源合理有效利用成果,形式和途径创意成果,教育价值多元有效成果。校本课程建设的成果,主要看师生多元发展的效果。

我们还设置了特色教师评选活动项目,依托评选项目平台,从基层推介到区级评选,再到结果公示,以此作为成果展示,在区域内发挥辐射、激励等带动作用。

3. 校本课程互联网＋平台

借助现代互联网络技术,在区域教育网上设置专门的课程建设信息交流平台(即奉贤区课程资源平台),该平台主要功能有五大类:上传区域内基层学校有关课程建设的主要动态,为基层学校开发建设课程提供必要的资源信息,按课程设置要素为基层学校提供课程评价系统,利用网络开展课程建设、师资队伍建设培训活动,为各类课程建设活动提供信息技术支持。信息交流平台的最重要功能在于满足开放的一般性条件,在信息化技术蓬勃发展的时代,借助这一技术,为基层学校需要提供服务。除了目前已经开发的五大功能以外,随着建设工作的深入,我们还在不断根据区域校本课程建设的需要,挖掘平台可能提供的新功能。

随着科学技术的发展,在移动手持式终端设备普及的今天,中小学生拥有和使用智能终端设备(如智能手机、平板电脑等)越来越普遍。如何把教师、学生和家长的移动智能设备用于教育教学中,是我们每个教育人应该思考的问题。移动微信公众号是新媒体时代强有力的新生力量,设置移动微信平台也是实现移动教学的重要载体。奉贤区校本课程项目组全体成员通过在实践中探索，在探索中创新，2016 年 11 月开通"奉贤区 STEM 教育"微信公众平台，它是奉贤区教育学院微信公众号，这一平台成为奉贤区校本课程管理、奉贤区 STEM 教育实践的交流展示平台。

上述平台，为全区范围内基层学校课程建设，建构了多元化的课程共享网络。为此，全区教研员，也打破常规，突破固有的学科框架，从课程建设的实际需要建构起区级共享课程教研共同体，联合了各种力量，协同管理和指导，创设了资源共享的新环境。

利用平台建立起多元化的共享网络，这些网络有：①依托资源联盟体的"教研中心—盟主学校—盟员学校"共享网；②依托镇教管办的"教研中心—镇教管办——镇内学校"共享网；③依托校本课程示范校的"教研中心—示范校—面上学校"共享网；④依托教研员的"教研中心—点上学校—所有学校"共享网；⑤依托特色教师的"特色教师——联盟学校——志愿学校"共享网等等。

在讲究规范化管理的时代，课程实施管理，多以诸如"顶层设计"、"层层布置"、"级级推进"来体现管理与指导的存在。而校本课程的建设与管理，必须突破原来的窠臼，包括了从思想到做法，在实践中发现问题。

（二）协调关系 体制转型 机制创新

从实际调研结果来看，奉贤区的一批学校已拥有具有学校特色、有利于学生个性发展、符合基本要求的校本课程,这些校本课程正逐渐融入体现学校办学思想、有利学生兴趣培养、受到社会欢迎的学校核心课程体系。

然而,学校校本课程建设中大都还存在问题:内部课程管理缺乏,课程内容整体性、结构性、科学性不到位……顺着问题成因的线索,我们发现,造成这些问题的外部原因是:区域课程管理制度落后,管理和指导技术方法陈旧,相应工作机制协调不够。

奉贤区课程建设和实施的专业管理部门——区教育研究中心是承担区域基础教育课程改革专业指导工作的教研机构,在区县一级的基础教育改革管理中,区教育研究机构不但要直面校本课程开发中存在的释疑解惑工作,而且还要从主动担责的角度出发,承担来自于教育行政所安排的管理工作。区教育研究中心要求所有教研员以求同存异为工作思路,以校本课程开发与建设的管理与指导,作为本区课程改革与推进的主要抓手,调整工作部署,明确工作任务,根据专业管理人才特长,采用互补的方式,结成不同任务类型的管理与指导工作小组。

学校校本课程处于开发初创阶段时,往往存在课程开发和实施的许多困难,教研员作为指导者来说,在给学校带去思路、方法、技术的同时,要将基层校本课程建设中存在的条件困难带回来,并通过自己的努力,帮助学校解决实际困难。

实践证明,教研员可以通过自己的努力,利用自己的工作条

件,为基层学校送去有效的帮助,这些帮助包括:

1. 通过向领导小组建议,根据需要而加大校本课程建设的经费投入,将校本课程资源在网络平台上固化,对校本课程实行区域性管理,完善管理制度;建立特色教师激励性评价制度,解决校本课程资源的有序共享问题,使更多的学校和学生共享到优质的校本课程资源。

2. 有序开展优秀建设学校评选活动,通过评选交流发挥资源辐射功能,并通过奖励而起到鼓励作用。

3. 通过文件形式,进一步明确区域校本课程建设指导工作价值和意义。为了明确指导者的工作内容和范围,区教育研究中心专门出台了《区域特色课程建设指导意见》等一系列工作文件、工作条例。通过文件和条例的出台,以及指导者在工作中贯彻和落实,区域范围内,学校对校本课程建设的工作价值认识、工作的主要内容和方式等,有了比较清晰的目标与相应做法。目前,奉贤区围绕中小学校本课程建设、实施所开展的主要工作,以及评价奖励等,都得到了有序开展。

(三) 利用他律　升格自律　自成系统

1. 由他律到自律,正确认识校本课程的价值

叶澜教授认为,我国近30年来的基础教育取得长足进步,但有三点尤需引起决策者注意,可以反思和调整:一是教育系统内部有宏观、中观和微观的区别,系统的不同层次有相关性,但不同层次承担的责任相互不可取代。上层决策应把重点放在顶

层设计、宏观把握上，在决策涉及下一层次时，一方面应以有利于激发（而非代替）中观、微观层次责任主体的积极性、创造性为原则，为其他层次主体留出自主决策的空间；另一方面应在行为底线和秩序上作出基本规范，并通过法律等保障这两方面的实现。以往基础教育上层决策的主要问题是对属于中、下层的事项管得太具体、太绝对，诸如减负令等，最终往往流于一纸空文。二是"条条"一统到底、"块块"缺乏统筹的权力，致使改革中的一些良好愿望难以实现。比如，基础教育改革不能把希望全押在课程这条线上，而应加强以学校为整体的系统改革。三是尊重教育的内在规定性。应认识到教育是人的事业、文化的事业。教育虽与社会一切方面都有关联，但不能简单套用经济、政治等方面的改革目标、策略与措施。

不尊重教育的内在规定性，许多改革就会事与愿违。基础教育改革饱受诟病，不尊重教育的内在规定性（教育规律）是核心原因，简单化改革（单单用课程改革）是致命原因！教育还是要把话语权给教师给学校，回归教育本来面目和本质规律！基础教育改革如此，校本课程建设亦如此！

当前，广大学校及教师已经认识到校本课程对学校发展、学生个性发展及教师专业成长等方面的重要作用。但是在调查中发现，还是有部分学校开发校本课程是为了应付上级部门的任务，或者是为了"赶时髦"，"为科研而科研"，而不是为解决实际问题而开发校本课程。其原因既有校本课程在学校课程体系中比重小、地位低的原因,也有基础性课程任务重、压力大的原因。校本课程实践在学校中处在一个"时冷时热"的"尴尬"境遇之中。为此,正确认识并真正理解开发校本课程的价值是十分必要的。

一方面,学校的发展不可能仅由考试分数、升学率、硬件设施等指标来体现,其灵魂和核心是学校的精神和文化品性。学校文化是学校师生在学校生活中长期积淀所形成的具有独特凝聚力的学校面貌、制度规范和学校精神气氛等,其核心是学校在长期办学中所形成的共同价值观念。学校开发校本课程的过程既是挖掘和展现已有的学校文化,亦是进一步改造并提升学校文化的过程。校本课程作为一种与国家课程、地方课程相并列的课程形态,其开发主体、开发模式等不同于国家或地方课程,这对于学校文化的重建无疑有着积极的推动作用。

另一方面,校本课程建设有利于教师专业发展。校本课程的开发和实施,对教师专业素养提出了很高的要求,目前一些教师在校本课程开发与实施中表现出参与课程开发的意识模糊、知识储备不足、课程开发能力欠缺等问题,制约着校本课程的开发。为此,有必要更新教师的课程观念,增强教师参与课程开发的意识,转变教师在课程实践中的角色,实际上是将开发校本课程的过程当作教师培训的过程,为教师的专业发展找到一个合适的时机和途径,这样可以多方兼顾,切实提升教师的专业水平。

2. 自成系统,形成有特色的校本课程

有特色的校本课程是学校办学特色的一个重要"折射点",是依照学校的办学思想、教育传统开发出来的一种课程类型;而开发校本课程并致力于形成有特色的校本课程的实践过程,也是不断思考、探索并形成学校的办学特色的过程。

要形成有特色的校本课程,需要自成系统,规范课程建设。目前,奉贤区大多数学校能够按照规范的程序开发校本课程,表现为有专门的校本课程开发的负责人,组织相关的教研活动展开研究,开展了课程资源调查、校情分析、学生兴趣调查、专家培训等相关准备工作,注意了课程资源的利用,形成了一定量的校本课程,并通过检查书面材料、征求学生的意见、请专家学者评估等形式,对开发校本课程的实践过程及其效果进行监控。同时,开发校本课程的学校都能够将校本课程付诸实施,一般保证每周1-2课时作为实施校本课程的专门时间,安排了专门的教师,并有教育研究中心教研员一起展开研究工作和听课评课活动。

要形成有特色的校本课程,还需要通过制度建设和评价措施的完善来实现。一方面,通过制定相应的政策和评估制度来予以保障。教育行政、业务主管部门必须重视对校本课程方案的评价与监督工作,要有专人负责对开发校本课程进行经常性的指导与监督,明确校本课程方案评价的责权意识。如奉贤区教育局设立由教育学院、课程专家及学校教师代表组成的课程审议委员会,专门审议评估学校课程规划方案;进行特色课程评选(规范开发设计),特色课程先进校评选(规范校本课程),特色教师评选(促进优质资源共享)。

教育行政部门和业务部门通过建立相应的评价制度,规范和保障校本课程开发的品质,引导学校开发出有学校和地方特色的校本课程。另一方面,开发校本课程是学校自主进行的,每个学校都有自身的实际与特点,所以很难采用统一的手段来评价校本课程的实施成效。要保证校本课程特色的形成,学校必须有较为规范的自觉自律的内部评价与改进机制。学校围绕开发校本课程开展一系列常规的自我评价工作,不断反思校本课程开发过程中出现的各种问题,自我改进,自我激励,保证校本课程开发的顺利运行。

综观奉贤区中小幼学校本课程建设工作发现,区域校本课程管理和专业指导部门的工作,犹如校本课程赖以生存的土壤、肥料和雨露,基层学校则是这块土地上的耕耘者。有了土地,相当于有了播种耕耘的基本条件;帮助内联外引提供资源、协调资源力量创造信息沟通条件等,相当于提供成长的肥料,加上政策、经济和各种条件的鼓励与保障,对辛勤创造的基层学校而言,那就是天降雨露了。课题实践研究四年来,全区学校校积极开展课程开发,至2016年底,本区范围内,已获认定的校本课程多达几百门,其中101门主题明确、内容完善、评价良好的课程,成为本区级共享特色课程。这是课题组在实践中不断努力的最有证明的成果。

第二章　建构区域性的有效管理机制

校本课程是学校自主办学的集中体现,因而区域对校本课程的管理不是一种封闭式的、线性的、平面式的、走程序式的单向强制性管理,而是一种规范化的、开放式的、交叉的、立体的、合作的,以"提升课程实施品质和促进教师专业发展"为目标的革新过程。

本章针对区域校本课程实践中存在的管理缺乏规范性,课程内容整体性、结构性、科学性不到位等问题现象,从区域业务指导部门的管理和指导方面追溯问题成因,发现解决问题的基础在于区域层面需要建立一系列能够引领中小学规范实施、个性化实施校本课程的管理制度,且这个制度不是固定或一成不变的。制度执行和落实的过程中需要不断调适与修正,成为推进区域校本课程管理的长效机制。

本章从确定可持续提升的管理组织、制定阶段性推进的管理制度、探索分层多元化的管理策略三个角度进行阐述,在阐释的同时附上了典型案例,一方面起补充说明作用,另一方面为了提供可借鉴的实践样例。限于篇幅关系,附上的有关区域校本课程管理的相关制度、文件,只是作了摘要性的列举,但对该制度或文件的出台背景、操作要求、推进成效等作了必要说明。

第一节 确定可持续提升的管理组织

校本课程是学校办学目标中体现个性化价值追求的课程，它的建设与实施是学校不断整合各类资源进行课程设计与选择、教学实施与研究、课程管理与评价的行动过程。

由于每一所学校所面临的资源不同，学校管理者对校本课程的认识与重视程度不同，所以导致区域范围内各级各类学校实施校本课程的积极性、规范性、专业性等有很大差距。为了提升区域内各中小幼学校本课程实施的积极性、专业性和实效性，我们认为，校本课程建设需要区域统一管理，但这种管理不是封闭式的、线性的、平面式的、走程序式的单向强制性管理，而是规范化的、开放式的、交叉的、立体的、合作的，以"提升课程实施品质和促进教师专业发展"为目标的革新过程。其中确定可持续提升的管理组织是实现这种管理的前提，包括以下三个方面：

一、建立区域管理的专业组织

(一) 成立课程领导小组(宏观层面管理)

区教育行政部门承担着首要的责任，对中小学校本课程改革与发展负有直接的决策权，需要全面负责校本课程的组织实施，负责在人力、物力、财力、政策上给予调控与支持。区域校本课程领导小组是区域校本课程最高的管理组织,以奉贤区为例,由区教育局分管局长直接领导,其组成人员为区教育局基教科行政人员、区教育学院教研部门领导、拓展型和探究型课程教研员、部分学科教研员等,肩负着区域中小学校本课程建设的宏观和中观层面的管理职责,包括:总体研究国家课程改革的政策文件,把握奉贤区域课程改革的大方向;研制和落实区课程计划;管理学校课程计划;指导和管理全区校本课程的管理、审核、评价、服务、指导、提炼与推广;制定一系列的区域校本课程开发实施管理的文件和制度,对奉贤区域乡土课程教材的开发与编写、使用等进行宏观层面管理。

（二） 成立课程评审小组（审核评价区域校本课程）

以奉贤区为例,课程评审小组由区教育局基教科科长、区教育学院教育研究中心主任、拓展型和探究型课程教研员、部分学科教研员、区校本课程实施特色教师组成。职责:讨论和审议学校校本课程的实施方案,审议校本课程内容设置,评价学校校本课程的实施情况,对课程、教师、学生进行评价和鉴定,评定学校校本课程建设与管理的成效等等。

（三） 成立课程研究小组（研制规划、指导课程、组织培训、课程评价等）

以奉贤区为例,课程研究小组组成人员为区教育局基教科分管科长、区教育学院教育研究中心主任、拓展型和探究型课程教研员、部分学科教研员、中小学热心于校本课程建设和开发且拥有一定研究能力和教学水平的骨干教师、外聘全国及市域的课程专家等,定期诊断把握区域中小学校本课程实施的整体情况,深入基层学校蹲点,指导研究校本课程的开发设计与实施评价等,及时总结课程经验,研制具体措施作面上推广。

二、确定区域管理的实施方式

(一) 推进时的行政指令方式

以奉贤区为例,从时代发展出发,根据区域整体发展需要,我们选择家乡教育和环保教育为切口,组织区域专家、教师编写了《贤文化》课程(高中、初中、小学、幼儿园共四本)、《环境教育读本》课程(高中、初中、小学共三本),要求各校进行校本化实施,并纳入到学校课程计划中予以落实。在一轮实施之后,组织基层教师编写与课程内容配套的《教学活动设计》,供全区中小学选择性地参考使用。

(二) 决策前的调研方式

对区域中小学的校本课程实施进行全覆盖的定期视导与调研,通过访谈、问卷、听课、查看资料、深入教研组活动等掌握一线实际情况。在整理收集信息后,进一步召集基层校长和骨干教师进行座谈,追踪问题成因、研制应对措施,并聘请市级课程专家进行科学性、可行性论证。

(三) 实施中的服务方式

以奉贤区为例,教研员开展潜入式课程指导服务,即教研员蹲点学校,与学校教师合作,在参与课程开发中与教师进行平等对话和引领,分析研究教师在课程开发实践过程中遇到的困难与问题,及时进行精确诊断,然后针对性的有效指导,如通过圆桌讨论、集体讲座、主题研讨、小组交流等教研活动形式,进行现场集体指导和一对一的个别指导。例如蹲点奉贤区星火学校,指导《身边的动物》课程开发,帮助搜集信息、确定课程设计思路、梳理课程内容呈现序列、指导课例设计与编写等。潜入式课程指导不仅能调动学校和教师的积极性和创造性,有助于基层教师的课程专业成长,也有助于提高教研员的课程指导能力。

(四) 跨时空的信息化跟进方式

建立区域的校本课程资源平台,将课程资源中心、教师网络培训中心、互动交流中心、优秀校本课程管理中心与优质资源共享中心集为一体,使之成为区域课程教研和教师培训的新载体,实现中小幼学校本课程研究人员和校(园)长、教师等进行跨时空的零距离交流互动,提高校本课程的实施效果和管理效率。

三、明确区域管理的两个关键

要实现中小幼学校本课程的规范化实施,其中一个必要前提是做好校本课程设计,包括学校层面的"校本课程实施方案"设计以及教师层面的"教师科目方案"设计,它是校本课程实施前的必要准备,是规范区域中小学校本课程管理的两个关键,抓住关键才能整体促动区域各类的校本课程建设。

（一）"学校课程实施方案"——以校为本

校本课程实施方案是学校对校本课程开发和实施的整体规划,是学校关于校本课程建设总体思路的概略性描述,具体包括需求评估、总体目标、课程内容结构、实施与评价建议以及保障措施等内容,在设计时要注意以下要点:

1. 需求评估要挖掘优势资源

需求评估是设计校本课程实施方案前的基础研究,主要是进一步明晰学校的培养目标,评估学生的发展需要,分析学校与所处社区的课程资源。每一所学校都蕴含着丰富的教学资源,即使是条件相对落后的农村学校,也有自己独特的教学资源,关键在于如何充分开发和运用课程资源。走进校园,我们发现几乎每一所学校,都会醒目地张贴一些宣传标语,诸如办学理念、校训、校风、学风等,这些是学校办学思想或许多年历史文化积淀的反映,开发和设计学校的校本课程实施方案就应该以此为依托,以此为课程理念,去分析本校学生的特点和需要,分析本校教师和校内外的教学资源,去发现和进一步开掘,形成学校的校本课程优势资源。

例如我区解放路小学,位居中心镇区,所拥有的社区资源和家长文化素养都相对较好,因此学校以"协同教育"为理念,通过学校教育与家庭教育、社区教育的协同,教师发展与学生发展的协同,学生社会实践活动与学科教学的协同等,拓宽学生的学习渠道,改变学生的学习方式,形成了比较成熟的校本课程优势资源。

2. 课程目标要凸现情感态度

校本课程是二期课改的亮点,在课程目标的确定和落实上需要体现"知识与技能、过程与方法、态度情感价值观"的三维目标,但不同于学科课程,学科课程要完成国家的统一目标,有明确的学习要求和任务,学生选择余地较少。而校本课程开设的主要目的是为了"关注学生的需要和追求、兴趣与爱好的差异,提高学生的认知和情感水平。"因此,校本课程的目标设置要凸现学生"情感态度价值观"的培养,强调在学生选择学习的过程中激发兴趣,培养积极的学习情感和态度习惯,使学生的个性特长得到主动发展。

实践中经常会看到这样的现象,有些校本课程学生非常喜欢,常常下课了还意犹未尽,而有些课程则门庭冷落,学生上课提不起兴致,有些还不得不中途停课。造成这种差异的原因往往就是由于课程目标定位出了问题,过于强调知识技能和方法,没有凸现以学生的兴趣为中心,以培养学生的积极情感为首要目标,导致学生在学习中感到枯燥乏味、吃力困难,于是自然而然这些学生就另选其他课程去了。

3. 课程内容要力图丰富多样

理想的校本课程应该是学生有怎样的兴趣需求,学校就应该为学生开设怎样的课程。当然现实中对大部分学校而言往往是很难做到的,常常会受教师教学能力、学校条件设施等多方面的因素制约。但是,学校还是应该以这样的理想追求作为课程开发理念,分析学生的年龄特点和发展需要,最大限度地挖掘、利用校内人力、物力、财力资源,努力把蕴藏于师生中的生活经验、特长爱好转化为校本课程资源。同时挖掘和利用校外课程资源,加强与家长、社区的合作,使一些校外资源成为校本课程的实践基地。

比如:我区阳光外国语学校的"七彩课程基地"(见以下案例一),利用分布在不同区域的社会实践基地,将少年军校、国防教育基地、都市蔬菜园区等都列入学校校本课程之中,做到活动前有设计有布置、活动中有指导有探究、活动后有反思有评价,使这些实践基地很好地发挥了育人价值,也使学生的社会实践活动实现了课程化。

4. 课程实施要加强教学研究

学校对校本课程的教学管理一般都停留在对教学档案的管理上,停留于检查教师的授课计划、教案、讲义等书面资料上,而对于课堂教学模式与策略的管理比较忽视,致使许多校本课程在实施中因缺少管理而少有研究,使得课程实施质量停留于原地或不进则退。

校本课程要开展教学研究确实相对困难,由于任课教师大多数是独立作战,缺少交流伙伴,但学校还是可以创造条件开展一些比较有效的教学实践研究的,我们在尝试中发现以下方法比较有效:①成立研究小组:将任教同一学习领域(艺术类、学科类、科普类、体育类和社团类）的校本课程教师集中起来，推选负责老师，定期开展教学设计、课堂教学观摩和评课议课活动；②提供相关参考书籍：目前有关校本课程的教材和教辅资料还是很丰富的，学校完全不必追求"原创"而闭门造车，要支持教师购买相关书籍等资料，使教师依托各种参考资料，进行选用、改编或自行设计校本课程教学的活动方案；③开展跨校合作交流：一些学校认为校本课程是学校的特色课程，应该关起门来自己搞，其实应该摒弃这种传统观念，主动与具有相同意向的学校联合，使教师之间相互交流、材料设备相互共享，实现"多赢发展"。

5. 课程评价要张扬师生个性

校本课程的评价是一个难题，无论是对教师还是对学生都没有一个统一的评价标准。但是评价的目的是为了促进，促进教师的教和学生的学，因此校本课程的评价一要注重积极肯定式评价：对于担任校本课程教学的老师而言，经历课程开发、设计、教学、评价等一系列过程是一种很具创造性的劳动，学校要对教师的创造充分肯定和积极评价，一些学校在教学奖励分配中，将校本课程的奖励系数与学科课程同等对待，就是一种很值得推广的评价措施。对于学生，教师也要尽力发现闪光点，给予积极评价并提出努力方向，使其对校本课程的学习兴趣得到延续和进一步发展。

二要注重展示交流式评价：展示是一种很好的评价，学校要搭建多种平台,展示师生的校本课程学习成果。例如,用师生的书画、剪纸、陶艺等作品装点学校墙壁、橱窗、宣传栏;在举行学校体育节、读书节、艺术节期间展示师生的演讲、绘画、写作、表演、书法、制作、舞蹈等成果;在学校的德育、少先队等主题活动中让有特长的教师和学生露一手,或通过各类评选冠之以各种荣誉称号等。学校的积极评价和各种展示交流活动会使师生的个性不断得到张扬。

以下附上我区阳光外国语学校的校本课程实施方案,作为学校校本课程实施方案设计的参考范例。

案例一:校本课程实施方案
《走进七彩课程,享受阳光课程》——阳光外国语学校

奉贤区阳光外国语学校,坐落于奉贤区南桥镇环城南路、环城西路交界处,毗邻沪杭公路。是一所环境优雅大气、文化气息浓郁、配套设施完备的九年一贯制学校。建校以来,着眼于学校实际,在学校和谐的人性化管理模式下,初步形成了校园文化核心,确立了学校的办学理念,构建了"阳光教育"体系。

一、课程理念

校本课程以培养学生发展性学习为核心,着眼于对学生基础性学习的提高,兼顾创造性学习的培养,重在体现学生个性特长,关注学生的发展需求,为学生拓宽自我发展的空间,为教师

提供自我发展的舞台。学校本着"关注学生发展,关注教师发展,关注学校发展"的理念,建立了"阳光教育"课程体系。

1. 阳光教育是公正教育。阳光教育保证并尊重每一个孩子的受教育权,把关注的目光投向每一个学生,使每一个孩子在公平、公正的环境中成长。无论本地还是外地,无论贫穷还是富足,阳光教育致力于把阳光播撒到每个孩子的心里,给予每个孩子享受充足阳光的权利。

2. 阳光教育是个性教育。阳光教育致力于学生个性化发展,尊重每一个孩子,尊重学生的个性发展和独特体验。阳光有七色,我们提倡对学生多理解,多赏识,多鼓励,使学生的个性和特长得到充分的发展,为学生开设七彩课程,为孩子打造七彩人生。

3. 阳光教育是快乐教育。让每个孩子享受学习的快乐、生活的快乐,享受人生最快乐的童年时光。阳光教育致力于创造开放式的课堂,田野、村庄、社区、大自然处处都是孩子们充分汲取营养的快乐课堂。

4. 阳光教育是爱心教育。以爱育爱,以情唤情,无论教师还是家长都懂得用阳光般的爱去温暖学生,知道正确的示爱方式,让每一个孩子都学会关心、关爱、关怀、关注、关切和关照,让孩子们在善待与被善待,爱与被爱中学会合群、合作、合享。

5. 阳光教育是健康教育。为每一位学生塑造健康的体魄和个性,让每一位学生拥有健全的人格和心态。阳光教育致力于构建大气、和谐、健康的校园文化气息,为学生设置全面发展的健康课程,促进每一位师生健康和谐发展,构建健康和谐的校园文化核心。

二、课程目标

(一) 总目标

在学校"七彩课程"规划中,我们确立了"学生、教师、学校"三维规划基点。

1. 阳光学生

(1) 人人有自己的兴趣爱好,有自己的一技之长,有自己的理想追求,有良好的生活情趣、生活态度、生活习惯。

(2) 人人具有一定的信息素养,具备信息搜集、识别、处理、应用的能力,具有一定的团结协作和社会活动能力,适应自身的发展,社会的发展,时代的发展。

(3) 人人具有健全的人格和意志品质,锻炼健康体魄,陶冶审美情操,注重品德修养。

2. 阳光教师

(1) 人人有自己的三年规划,有自己的理想追求,具有不可替代的独立特征。

(2) 人人是知识的传递者,道德的引导者,思想的启迪者,是心灵世界的开拓者,是具有独特魅力的情感、意志、信念的塑造者。

(3) 人人既是课程的实施者,又是课程的开发者、研究者。

深入研究不断,发展完善不断,是充满睿智的教育经营者。

3. 阳光学校

学校是全区第一所"外国语"学校,创建外语教学的办学特色必然成为学校管理和教学的追求目标,全体教职员工形成共识,上下一心,凝聚成强大的教学合力,是凸现学校办学特色的最大人力资源;富有现代气息的学校建筑,齐全完备的教学设施,适度的外籍教师配置,以及为实施外语情景教学而设置的种种经费投入,构成了凸现学校办学特色的第二大优势;地处南桥城区,特别是处于城乡结合点,周边老百姓对优质教育资源的强烈需求与区域外语教学软环境总体薄弱的矛盾,使社会各界对学校发展给予更多的关注与支持,形成了凸现学校办学特色的第三大优势。

(二) 分领域目标

只有课程的和谐发展才能促进学生的和谐发展。"阳光教育"尊重每一个孩子,尊重学生的个性发展和独特体验,为每一个孩子设立了"赤、橙、黄、绿、青、蓝、紫"七大色系校本课程。色彩本身是没有灵魂的,它只是一种物理现象。但是,无论什么颜色,都有自己的表情特征。"黑色的沉默;灰色的忧郁……"人们都能感受到色彩的情感。阳光有七彩,不同的色彩代表着不同孩子的性格特征与心理特征。学校课程就是七彩调色板,让孩子们在课程中找到属于自己的颜色,释放自己独特的光芒,为学生打造七彩人生。

表1　不同学习领域的培养目标

颜色	寓　意	学习领域	培养目标
红色 Red	红色是热烈、前进、强有力的色彩。使人联想到滚烫的红心，沸腾的鲜血，用来传达热诚、进取、奋斗等涵义。	学科 拓展领域	热爱学习，善于梳理知识、拓展知识、提炼知识、运用知识；
橙色 Orange	橙色是欢快活泼的光辉色彩，是暖色系中最温暖的颜色，它使人联想到金色的秋天，丰硕的果实，是一种快乐而幸福的颜色。	艺术 熏陶领域	体验快乐，拥有积极、乐观、豁达、向上的美好情商，拥有陶冶情操、拥有健康身心的一技之长；
黄色 Yellow	黄色的灿烂、辉煌，象征着财富和权利，它是骄傲的色彩。那金色的光芒，象征着照亮黑暗的智慧之光。	体育 健身领域	制造美丽，快乐健身，学会运动，拥有陶冶情操、健康身心的一技之长；
绿色 Green	鲜艳的绿色是一种非常美丽、优雅的颜色，它生机勃勃，象征着生命。绿色是一种休闲色、一种生态色，预示着一种宁静和平和。	社会 实践领域	融入社会，热爱自然，热爱生活，热爱劳动，保护环境，感知生命，珍爱生命，积极参加健康有益的公益活动；
青色 Cyan	青色是中国特有的一种颜色，介于蓝绿之间。在中国传统文化中，具有极其重要的意义，如"青铜器、青衣、青史……"青色象征着古朴、古典和庄重。	文化 素养领域	品味传统，追根溯源，锤炼心智，知行统一，拥有高深丰厚的民族文化底蕴，养成良好的行为习惯；

（续表）

颜色	寓　意	学习领域	培养目标
蓝色 Blue	蓝色是博大的色彩,无边的天空和大海都呈蓝色。蓝色是最冷的色彩。纯净的蓝色表现出一种文静的理智、沉稳的追求,是永恒的象征	科学技术领域	触摸科学,应用信息技术、展示问题、解决问题,尝试科技小发明、学习科技英语。
紫色 purple	紫色是非知觉的颜色,它美丽而又神秘,给人深刻的印象,它既富有威胁性,又富有鼓舞性。紫色是象征虔诚的色相,表现出自省与神圣。	心理健康领域	独善其身,测试心理、调适心理、咨询心理,拥有健康向上的心智。

三、课程内容

"七色课程"的网络体系,引领每一个孩子踏上阳光之旅、温馨之旅、成功之旅,让他们在阳光校园内体验快乐、感受和谐、施展才能、健康成长,释放出最快乐、最真挚、最成功的光芒。

表2　课程内容安排举例

阳光之旅 课程内容			一二年级	三四年级	五六年级	七八九年级
红色之旅	学科拓展	特色课程	儿歌诵读 故事演讲 英语儿歌	英语交际 诗社 文学社	英文演讲 诗社 文学社	散文鉴赏 诗社 文学社
橙色之旅	艺术熏陶领域	自编课程	儿童画 蜡笔画 剪纸 舞蹈	水粉画 想象画 拉丁舞 踢踏舞	口琴 歌咏队	蓝印花布 京剧脸谱 制作

（续表）

阳光之旅＼课程内容			一二年级	三四年级	五六年级	七八九年级
黄色之旅	体育健身领域	运动课程	弄堂游戏武术队列训练	球操绳操健美操	跳踢篮球	球类训练
绿色之旅	社会实践领域	民防课程生态教育劳动实践	学农活动小昆虫研究纸的研究水的研究……	学工活动垃圾成因调查海底世界探秘	生态调查垃圾成因调查海底世界探秘	自创环保作品植物小调查
青色之旅	文学素养领域	民族风情走进国粹	传统节日由来自制节日食品	走进名著名家	民族器乐	走进京剧民间戏剧
蓝色之旅	科学技术领域	基地考察	放风筝拾贝克踏海学做小导游	网页制作电脑小报	科技小制作科技小调查	机器人制作科技小发明
紫色之旅	心理健康领域	交友阳光小屋	客来敬茶做客小技巧微笑大使评选	才艺展示反省格言大荟萃	茶艺插花交友新招	化妆讲座着装搭配

四、课程实施

（一）课程设置原则

1. 整合性原则

校本课程的实施要关注与基础型课程有机整合；要关注同

一课程项目培养目标的整合,统筹规划学生在校九年的课程设置,同一课程项目培养目标要体现连贯性,层次性,由浅入深,由易到难,螺旋式递增;要倡导以学校为主、社会共同参与的课程开发整合。

2. 全员性原则

校本课程实施要面向全体学生,使每个学生的综合素质都得到原有基础上的发展。让每个学生都能充分发挥出自己的学习潜能,让每一个学生都有不同层次的能力训练,充分体现教育的公平性。

3. 个性化原则

校本课程实施要努力体现"以人为本"的价值理念,要满足不同孩子的个性需求。要用"以学生发展为本"的教育理念来指导我们的教育行为,尊重学生的选择,让学生在学习的过程中张扬个性、勇于创新、学会选择、主动探究、积极求知。在课程实施过程中还要增强教师间、师生间、学生间的合作与交流。

4. 多样性原则

校本课程实施始终要把提高学生的创造力放在首位,敢于打破思维定势,充分发挥资源优势,课程内容要灵活多样,适应学生的全面发展。

5. 特色性原则

校本课程实施以"英语""体育"两大学校特色为引领,全方位推进特色课程实施,努力打造特色课程品牌,形成学校办学特色。

（二）课程教学原则

1. 自主性原则

以学生自主活动为主要目标。学习上，学生可自由选择方法、内容等，体现其个性特点；评价上，要充分体现多样化、人性化和广泛性、过程性。要关注学习过程、学习需求，重视学生的成功体验。

2. 自愿性原则

学生自愿参与各种学习活动，能激发内在的学习需求。教师应充分尊重学生的意愿。学生可按自己的兴趣特点，自由选择某一课程，自由选择教师，发挥其特长。

3. 合作性原则

学生通过合作学习活动，在展现个性特长的同时，学会与同学间的愉快合作，体现集体智慧的魅力，培养学生的团队合作能力。

4. 发展性原则

校本课程教学，应关注社会，体现时代性、实效性；应重视学生的内在潜力和持续发展，通过自主学习在原有的基础上不断发展提高。

五、课程评价

（一）阳光教育评价体系之一——七彩的评价主体

课程评价变单一的教师评价为学生自评、学生互评、教师评价、家长评价、社区评价、基地辅导员评价相结合的七彩评价方式，强调评价主体间的沟通协商，鼓励评价主体和被评价者之间展开互动与合作。学生由被动受试者变成评价的主动参与者；教师由评价的权威者变成评价的组织者和参与者；家长由评价的旁观者变成评价的促进者；基地辅导员、社区人员由评价的无关者变成评价的监督者。

（二）阳光教育评价体系之二——七彩的评价内容

七彩评价的内容是多方面的，它不仅注重对学生认知能力的评价，如评价学生的基本知识和各项技能的掌握情况，更重视对学生非智力因素的评价，如评价学生的兴趣态度、自信心、学习习惯、学习策略、自主能力、合作精神等。它为学生、教师和家长提供全方位、多层次和综合性的学习信息。

（三）阳光教育评价体系之三——七彩的评价手段

七彩评价将丰富多样的评价形式引入到评价活动中来，在评价过程中，根据学生的年龄特征、智能差异和学习风格；根据课程的内容特征、表现形式和涉及领域，设计了丰富的评价活动方式：

低年级：采用观察记录、面谈采访、表演展示、阳光小卡片等形式；

中年级：采用问卷调查、问题解决、对话日志法、自编报刊、阳光档案袋等形式；

高年级：采用模拟表演、项目活动、个人网站、课题报告、学习档案等形式。

（四）阳光教育评价体系之四——七彩的评价标准

全面发展并不意味着平均发展，学生的天赋千差万别，简单划一的评价标准很难适应客观实际需求，不利于学生有个性地协调发展。"七彩评价体系"充分考虑到评价对象和评价目的，根据学生的差异和最近发展区，设计不同层次的评价标准，既有以统一的课程目标为参照的横向标准，又有以学生的个人发展为参照的纵向标准。

"七彩评价体系"辅有三类参照评价标准：对学有余力的学生采用"常模参照评价"，促使他们找出差距，不断进取，向更高的目标努力；对中等学生采用"目标参照评价"，使他们看到自己与教学目标之间的差距，努力弥补自身的不足；对学习有困难的学生采用"自我参照评价"，当他们取得点滴进步时及时给予充分肯定，帮助他们克服自卑心理，树立学习的信心，激发其学习兴趣。"七彩评价标准"纵横交错，以人为本的评价，用不同的标准衡量学生的学习发展状况，使不同水平的学生都能体验到进步与成功的喜悦。

（五）阳光教育评价体系之五——七彩的评价结果

1. 评选"阳光少年"

教育不该有固定的"模子"，每个学生都有自己的特点和优势，每个学生都是一个发光体，学生理应在阳光下自由呼吸，健康成长。"阳光少年"评选，是一个开放的、不断更新的育人体系，它变终结式的、被动的、单一的评价为发展式的、主动的、多元的培养。它面向全体,关注学生的全面发展,尊重学生的自主性,鼓励学生根据自己的特点和兴趣全面发展,人人都可自行申报。

"阳光少年"设创新奖、发展奖、特长奖、艺术奖、综合奖、英语奖等类别,分别有金星、银星和铜星3个梯次。学期之初,学生根据自身条件和特点,申报不同类别的"阳光少年",制定相应的"闯关夺星"计划,学生自备行动档案(小学部:自行设计阳光记录卡;中学部:自主设计阳光档案袋)。老师和家长,定期不定期地对申报的学生进行阶段评定,有一点成绩和进步就可拿到"一颗星"。学期末学校统一评选"阳光少年"。

2. 评选"阳光导师"

相信环境造人,在和谐、人性的阳光的温暖下,每一位教师都是可塑的,给予老师们充分理解和信任是阳光教育的一个组成部分。学校建立了面向全体教师,促进教师专业持续发展的评价体系,制定了"阳光导师"评定标准。同时设立了"教科研骨干教师"、"双语骨干教师"、"信息技术骨干教师"、"校本课程骨干教师"、"特色项目骨干教师""心理辅导骨干教师""学科首席教师"等系列评比方案,既关注教师个人奋斗目标努力实践的日常情况的评价,又关注对教师个人目标实现的阶段终结评价。每一位教师根据自己的专业特长、业务水平、工作目标申报相应的评比项目。学校每一学年结合教师的工作业绩进行评选,评选结果与教师下一年的教学岗位、结构工资分配方案的规定直接挂钩。

3. 评选"阳光辅导员"

"七彩教育基地"是与校内教育相互联系、相互补充、促进学生全面发展的实践课堂，是服务、凝聚、教育中小学生的活动平台。既可培养学生的爱国主义精神，又可增强学生的民族意识、社会责任意识、科学发展意识、现代经济意识，是加强学生思想道德建设、推进素质教育的重要阵地。

"七彩基地辅导员"担负着基地教育和基地工作的双重重担。他们以满腔热情、高度责任感对少年儿童的健康成长倾注了大量时间、精力和关爱。为配合学校增强教育工作合力，精心安排活动，让学生接触社会、了解社会，在社会大课堂中锻炼成长，为学生提供更为广阔的实践空间，促进学生全面发展和健康成长。学校定期对工作热情、表现出色的校外辅导员颁发"荣誉证书"，感谢辅导员与学校共同营造一个学校与社会和谐互补、携手并进的绿色教育通道。

六、课程保障

（一）课程开发保障

为保障校本课程的实施，我们建立了课程开发中心。中心由课程开发指导委员会和课程研发小组两个部门组成。课程开发指导委员会由学校领导、社区代表、教师代表、家长代表和学生代表等组成，主要职责是沟通信息，反映社会、家庭和学生对学校课程建设的要求，整合各种教育资源，为学校课程的实施提供人力、物力和财力的支持。课程研发小组的主要任务包括：校本课程开发研究、运用指导,编制《课程指南》,建立学校课程网络,设立课程专项经费。

（二）课程资源保障

1. 合理启用教育设施,确保课程实施

我们充分发挥学校先进的教育教学设施的优势,提高多功能学术报告厅、电子阅览室、语音室等18间专用教室,室内篮球场、塑胶跑道以及全区最大的图书馆的使用率,充分利用网络信息资源条件,正常运作"多网合一"信息平台。努力凸现英语特色,设立英语情景教学专用室、英语小超市、阳光外滩——英语港湾等交流英语场所为学校课程保驾护航。

2. 整合周边资源优势,丰富课程内涵。

走出校园,建立"七彩课程基地",主要整合各类社会教育基地的资源,更好发挥其教育基地功能。

表3　七彩课程基地

七彩基地	学习领域	社会活动基地
红色基地	学科拓展	"烈士陵园"、"敬老院"、"陶吧"、"王海诗社"
橙色基地	艺术熏陶	"少年宫"
黄色基地	体育健身	"少科站""少体校"、"少年军校"
绿色基地	社会实践	"消防队""玉穗葡萄园"、"古华公园"、"污水处理厂"
青色基地	文化素养	"博物馆"、"区图书馆"、
蓝色基地	科学技术	"海湾风筝放飞场"、"碧海金沙"、
紫色基地	心理健康	"南桥看守所"、"检察院"、"法院"、"派出所"

3. 课程人员保障

课程开发指导老师成员组合：

（1）区级、校级骨干教师

（2）学科教研组长、备课组长

（3）学校教科研组成员

（4）有一技之长的教师

（5）工作未满五年的新教师

（6）外籍教师

（7）校外人员（家委会成员、基地辅导员、社区居委会成员、校外志愿者等）

组建家长委员会，聘请社会活动基地工作的家长担任基地辅导员，为学生社会实践提供方便；聘请有特长、有专长的家长担任课程实施志愿者，担任相关课程的指导老师。

4. 课程流程保障

开展校园内外部调查（内部：校园文化、学生兴趣、教师特长；外部：周边环境、家长资源、校际交流），然后发布校本课程指南，教师课程申报，教导处审核汇总，接着实施课程计划、考核评价，最后自编课程教材，形成校本课程

5. 课程经费保障

凡担任校本课程的指导老师的岗位工资中记入超备课量、兼职岗位津贴以及课程开发经费。

6. 课程时间保障

（1）固定与机动相结合：

固定时间——每周五下午第三、第四节课为校本课程实践活动时间。

机动时间——每学期外出考察、军训活动、班队活动、民防实践活动等

（2）短期与长期相结合：

根据不同的课程内容开设短期课程、中期课程和长期课程，增加课程实施的灵活性。

（3）校内与校外向结合：

学生一些小课题研究可依托社区利用双休日、节假日进行调查、研究。

（三）"教师科目方案"——以生为重

"教师科目方案"是教师在"学校实施方案"指引下的校本课程设计，是"学校实施方案"的具体体现，它的质量直接反映"学校实施方案"能否实施以及实施的成效。

"教师科目方案"是教师以培养学生的兴趣爱好为目的，个体自主或小组合作设计某一门科目的具体方案，它包括学生与资源情况的背景分析、科目目标、科目内容与活动安排、实施方式与教学策略、评价建议等方面。其中在科目资源的选择上，教师可以从以下三条途径深入开发设计：

1. 发挥教师自身的兴趣特长

"有一位好教师就会有一个好科目。"教师是科目开发和设

计的主体,很多学校都有一些兴趣广泛或身怀一技之长的教师,视自身的爱好特长为课题资源,根据学生的年龄特点和认知水平,设计一个或几个微短课程。

例如,我区阳光学校张老师,凭着对绘画、剪纸、读书等的浓厚兴趣,曾经开设过《剪贴画》、《儿童剪纸》等科目,在学校中培养了一批剪纸小能手,最近她又开发了《剪纸藏书票》,将具有民族特色的剪纸形式运用到藏书票的创作领域,不仅使学生对以往从未接触过的藏书票有了完整的认知,还使学生运用已有的剪纸能力自己创作了一幅幅富有童趣的藏书票。又如:育秀学校侯老师,钟爱古诗词,在实施学校特色课程《课外阅读指导》中开发设计了科目《走进宋词》(见附二),获得了上海市拓展型课程中青年教师教学评比一等奖,教师自此乐此不疲,感受到了科目开发和设计的价值意义。

这样的科目对于学生拓展文化、艺术视野,培养良好的兴趣爱好和艺术修养,提供了非常好的学习平台。

2. 发展学校原有的特色活动

校本课程是二期课改后出现的一种新的课程形式,但它并非是从零开始,学校原有的少先队、德育、科普教育、艺术教育等方面的特色活动都可以成为校本程科目开发和设计的基础。比如:我区的实验中学,是上海市"防震减灾"科普特色学校,原先学校只是局限于知识传授层面的"防御与减轻地震灾害"活动,只是通过板报、小报、专题教育、知识竞赛、讲座等形式对学生实施防震减灾教育,学生感知不深,教育影响相对有限。如今,学校对此特色进行了重新定位,确定了"课内外相结合"和"学习、实践、宣传相结合"的科目开发思路,构建了科目内容框架,分课内学习的"地震知识、地震种类、地震预报、地震应急、震后重建"和课外实践的"标语宣传、广播宣传、网站宣传、纪念日宣传"。学校还成立了专门的课程管理办公室,把"防震减灾"纳入了教学计划,排进了课表,使这一科目得到规范的课程化实施。

3. 传承地方特有的民族传统

"一方水土养育一方人",无论哪个地方,都孕育着丰富的乡土资源,包括当地的风俗习惯、地理环境、历史变迁、工艺美术、著名人物、重大事件、乡土方言等。对于校本课程来说,这些都是很好的课程资源,而且对于传承民族文化传统、开展学生民族精神教育十分有意义。此类科目开发与设计,我区的部分学校已经作了很好的尝试,如:胡桥学校的《滚灯》,金汇学校的《探寻奉贤桥文化》、《探寻奉贤土布》,齐贤学校的《风筝》,庄行学校的《土布贴画》……这些内容都源于历史悠久的地方民族传统,综合了自然、科学、人文、地理、历史等多领域的知识技能,把它们引进课堂时,要做针对学生实际的再开发和合理利用,使其既得到传承,又能适应时代发展,也使地方传统的传承得到不断创新,实现与时俱进。

以下附上我区育秀实验学校侯老师设计的科目方案《走进宋词》,作为教师科目方案设计的参考范例。

案例二:教师科目方案《走进宋词》

一、科目背景

在二期课改中,育秀实验学校提出"让每一位学生拥有一片希望的蓝天"的办学理念,以及"开发学生优势智能,发展学生健康个性"的校本课程理念,其基本内涵在于:以学生个性发展为本,创设各种条件和机遇,让每一位学生的潜能在九年义务教育阶段得到充分自由、和谐、持续的发展,为全体学生的终身发展奠定良好的个性化基础。

在上述理念指导下,学校语文组组长的带领下,开发、设计和实施了以"爱读书、会读书、读好书"为宗旨的"初中课外视听读物阅读指导"科目,经过持续多年的实践,已成为校本课程特色科目。该科目面向六、七、八年级,以学生身心健康可持续发展为本,通过有量、有序地普及型阅读指导,实现厚实学生阅读内容,拓展学生阅读视野,提高学生阅读品位,增强学生文学底蕴的目的意义。

侯老师作为语文兼学校文学社辅导教师,在参与开发、设计"初中课外视听读物阅读指导"科目的基础上,针对部分兴趣浓厚、学有余力、期望进一步深入阅读的学生的需求,开设提高型阅读指导科目——"走进宋词",面向自主选课的八年级学生,开展宋词赏析指导活动。

宋词是中国古代文学阆苑里一座芬芳绚丽的园圃。她与唐诗争奇，与元曲斗艳，代表了一代文学之盛；她远从《诗经》、《楚辞》及《汉魏六朝诗歌》里汲取营养，后为明清戏剧小说输送养分，具有极大的文化价值；她寄托了当时士大夫对时代、对人生乃至对社会政治等各方面的感悟和思考，是一种升华了的代表时代精神的文化形式。学生阅读宋词，可以通过这个跨越时空的文化载体，以现代的眼光和角度，感受那个时代的精神形态和文化形式，能给他们带来很高的艺术享受，能促进他们陶冶情操、扩展视野、启迪人生。

本科目以宋词两大流派中最具代表性的词人、词作为内容，通过指导品读与赏析，使学生认识婉约词、豪放词的特点，学会"品词－知人－论世"的阅读方法；使学生走进宋词世界，感受词的魅力，体味词人独特的人生体验，感悟蕴含在词作背后的历史烙印，使学生学会认识事物的方法，提高认识事物的能力。

在多年的坚持和熏陶下，学校已形成了浓厚的读书文化氛围，学生已养成了良好的课外阅读习惯，他们每年在全国、市区级以上读书竞赛活动中获奖，如：2007年，文学社成员朱诗逸同学在上海市古诗文阅读大赛中荣获市一等奖；2009年2月，文学社成员徐悦同学在上海市第一届中学生古典诗词创作赛中荣获一等奖；2009年暑期，文学社成员顾璐一同学在

"首届全国中学生'中华诵'夏令营"选拔赛中,展现了优异的古典文学、书法功底,光荣地当选为上海代表,赴北京参加了夏令营活动。

二、科目目标

1. 通过科目修习,认识婉约词和豪放词的特点,了解其艺术特色,感受宋词博大精深的艺术魅力。

2. 通过小组合作、自主探究式品读,学习"品词作、知人世"的赏析方法,提高欣赏能力。

3. 通过词人、词作品读,实现学科整合,实现文学与历史、与民族精神教育的自然融合,增强人文底蕴。

4. 通过课内品读赏析活动,激发阅读兴趣和热情,促成积极的课外自主阅读活动,养成良好的阅读习惯。

三、科目内容

(一) 内容安排

单元	内　容	活动安排	活动时间
第一单元	词的概况	词的概况	1 课时
第二单元	婉约词及代表词人	一、婉约词特点	1 课时
		二、李煜	1 课时
		三、柳永	1 课时
		四、欧阳修	1 课时
		五、李清照	1 课时
		六、成果交流与展示	1 课时

（续表）

单元	内　容	活动安排	活动时间
第三单元	豪放词及代表词人	一、豪放词特点	1 课时
		二、范仲淹	1 课时
		三、苏轼	1 课时
		四、陆游（诗）	1 课时
		五、辛弃疾	1 课时
		六、成果交流与展示	1 课时
第四单元	婉约词与豪放词比较	比较婉约词与豪放词的异同	1 课时
总　　计			14 课时

（二）内容说明

科目内容编排为四个单元，第一单元主要了解词的概况，二、三单元分别在了解婉约词和豪放词特点的基础上，按照流派发展脉络，安排四位代表词人及代表词作的赏析，促成学生对流派发展及历史发展有较为系统的整体认识，并在每个单元后安排成果交流与展示活动，进一步梳理宋词特点和发展变化。同时通过成果交流和展示，发现学生习作中的闪光点，进一步激发兴趣，促成更广泛的阅读和更深入的认识。

本科目开设于八年级，以学生自愿报名的形式开展，人数为30人左右。每周一课时，一学期共14课时。

四、科目实施

（一）实施原则

1.基础性原则：以基础型课程为出发点，体现知识拓展和能力的提高。使学生掌握最基本的赏析诗词的方法,为学生的终身学习打下基础。

2. 个性化原则:从学生实际出发,充分考虑学生的兴趣爱好,尊重学生的个体差异,通过小组合作和独立交流相结合的方式,使学生的个性特长得到充分发挥。

3. 适切性原则:科目内容、教学实施方式的选择贴近学生认知水平,适合于学生情感体验。

4. 校本性原则:依据学校已有的软件、硬件基础,结合学校传统的读书节、艺术节等节日,组织学生参加各类活动。

(二) 实施策略

1. 理念统领

二期课改的核心是要改变以往由学生适应课程的被动局面,建立起让课程适应和促进每一位学生发展的现代课程体系,其基本理念是"以学生发展为本"。

校本课程则着眼于满足学生向不同方向与不同层次发展的需要以及适应社会多样化的需求,体现培养学生的不同基础。

本科目是建立在阅读指导课程基础上的,具有拓展性和提高性的特点,它面向的是一些学有余力、对诗词兴趣颇浓的学生。以人为本、以学生的可持续发展为本的教育理念,始终渗透于本科目的全过程。

2. 情感共鸣

文学是感性的,诗词更是如此,诸多宋代词人笔下的诗词更是能激起阅读者内心最柔软的情感体验。作为一名热爱诗词、情感同样细腻的年轻女教师，面对着同样充满热情的学生们，我义不容辞地要利用好这块阵地，用诗意去触动学生心底的情感，陶冶性情、涵养心灵、开启智慧，尽我所能地去实现母语教育最本质的属性——人的培养。

钱理群教授曾说，教育有一个前提，如果只是一种知识的传授，而不是点燃学生，这样的效果和现状依然是一样的。教学不是单向机械运动，而是一种双向的生命运动，是活的生命。忘情的教师，醉心的学子，这样的课堂，这样的引领，永远令人刻骨铭心。所以有人说：教育是一种缘分。教师的价值在于成为一个人成长生活的光辉瞬间。在古典诗词的教学中，教师要以人为本，为学生创造情感互动与交流的氛围。学生与学生之间，师生之间产生思想的碰撞，学生的灵活性和创新性，作为教师的我们应及时并充分挖掘，更应去珍惜，要让学生思想的火花在我们手中绽放。

3. 方式创新

育秀实验中学学生通过普及型阅读课程的学习，已经具备了一定的基础。面对文学社的学生，侯老师尝试着在本科目的教授中采用一些个性的教学方式，如：采用小组合作和自主探究的方式，给学生思维的空间。

新课程改革的目标之一就是"改变课程实施过于强调接受学习、死记硬背、机械训练的现状，倡导学生主动参与、乐于探究、勤于动手,培养学生搜集和处理信息的能力、获取新知识的能力"。对于校本课程来说,增加课堂上学生自主学习、探究学习,让教师去适应学生的学习方式,从而做到真正着眼于学情,真正使学生的能力在过程中有所提升。

在古典诗词的教学中利用自主学习和探究学习,能够调动学生学习的积极性,对诗歌中最喜爱、最有感触的部分作出富有想象力的反应,在阅读鉴赏过程中,培养学生创造性思维能力。

4. 能力提升

阅读鉴赏诗词的一个重要前提就是要努力做到"知人论世"。所谓"文如其人",其实,诗词也如其人。即使同一个朝代的诗人,因为他们还有前后之分,际遇不同,所以也会有迥然各异的风格。就算是同一个诗人,他在不同的时期会有不同的经历,所以前后阶段风格可能会发生变化。只有把作品放在当时的背景之中去理解,教学才会更切合学生的实际。

因此,教师在上课之前就必须认真备课,查阅各方面的资料,为实施教学寻找最佳的途径。也可以指导学生利用无限广阔的网络资源查阅有关资料,了解与作品相关的作家身世经历、时代背景、创作缘由等材料。通过诵读指导、情境创设、感情体验等能够引发学生情感共鸣的有效方式,再加上对词作背景资料的渗透,让学生逐渐掌握"知人论世"的方法,学会从词作本身、词人经历和时代背景等方面,全方位、立体化地去赏析一首词,掌握"品词－知人－论世"的阅读方法。

5. 网络促进

秉承育秀实验学校阅读指导课程的传统,在教学媒介方面,尽量根据内容创设更为丰富的授课情境。由于宋词独特的韵律美感,特采用词、画、乐结合的方式,通过现代多媒体的运用,为学生创设情境,进而更为真切地体验词作所营造出的氛围,走入词人的内心世界。

五、课程评价

1. 采用非书面方式考查学生

对学生评价主要是两看:一看学生学习该课程的学时总量,作好考勤记录。二看学生在学习过程中的表现,如态度、积极性、参与状况等,可分为"优秀、良好、一般、需努力"等形式记录在案,作为学期末和学年末"优秀学生"评比条件之一。

2. 采用书面方式考查学生

对学生评价主要是两看:一看学生的课堂笔记、课后作业。二看学生成果。在科目结束前,给学生3课时的时间,完成作业。请学生挑选一位作家或者代表作品,撰写阅读感受(鼓励学生按照自己所擅长的方式进行或以小组为单位完成),不做过多要求。字数按照学生实际水平酌情而定,由教师点评,并指导学生修改。最后,分为"优秀、良好、一般、需努力"等形式记录。

3. 组织参加各类竞赛活动

组织学生积极参加四大校本节日中的"读书节"、"艺术节"，鼓励、推荐学生参加市、区举行的各类活动，如古诗文大赛、我爱祖国语言美大赛、中华颂·经典诵读大赛、中华赞·诗词歌赋创作大赛等，使学生通过这些平台展露和交流学习成果，所获奖项记入《学生成长记录手册》。

第二节　制定阶段性推进的管理制度

俗话说"没有规矩，不成方圆"。校本课程虽然强调学校根据自己的教育哲学自主进行课程建设，但是如何进行课程建设，比如课程的设计、课程的实施方式、课程的管理与评价方式等等，我们的学校和教师是缺少经历缺乏经验的，是不擅长的，所以需要区域课程指导的业务研究部门，根据区域实际情况，对各校的校本课程实施提出一系列具有指导性的管理制度。此管理制度可以以指导意见、评选方案、评估细则、指导手册等形式呈现，使学校的校本课程建设与管理有章可循、有据可依，使学校在规范加自主的校本建设中实现"上能百花齐放、下会保住底线"的良好状态。

一、区域管理制度的制定原则

（一）现在性原则

以"现在"为中心，满足现时的需要为目的。为了现在即时的需要而制定管理制度，围绕目标需要、解决实际存在的各种问题来制定管理制度,以解决问题为导向,遵循现在性原则。

（二）需求性原则

制定管理制度时体现校本课程特点,研究学校的特点,符合学校发展需要,确保制度内容具有较强的针对性、科学性。弥补基层学校课程建设的不足,解决学校的需求。以满足学校教学需要为目的,重点放在学生个性发展和学校特色建设方面,解决当前部分学校缺少特色教师、缺少可直接使用的课程教学资源、课程管理资源等问题。

（三）实效性原则

结合本区实际,充分利用区内外成熟经验与优质资源制定能够服务实际操作需要的管理制度。突出操作性,内容表达言简意赅,联系学校实际,着重培养学校的人文素养、创新精神和实践能力等等,引导学校盘活资源开展校本课程建设,提高实效性。

（四）指导性原则

校本课程建设需要专业指导,内容和水平体现学校发展特色和教育教学优势,所以制定管理制度要着眼于课程的规范实施,指导学校从课程架构、日常实施、教研改进等方面有序有效地加强研究,使得区域的管理制度成为中小幼学校实施校本课程的可靠依据、引路航灯。

（五）整体性原则

管理制度的制定要在体现校本课程"以校为本"特征的基础上,考虑影响校本课程实施的各方面因素,要有利于不同层次学校的发展需要,要有利于学校差异化发展的需要,要有利于学校和骨干教师校本课程建设积极性、主动性激发的需要;区域的管理制度要为基层学校的课程管理留下引领的空间,给学校留下思考和探究的空间。

二、区域管理制度的与时俱进

学校和教师实施国家课程,有现成的教材、课标、考纲以及多种多样的教学参考资料可供遵照,实施校本课程却基本没有明确的标准、纲要等文件文本,所以造成很多学校实施校本课程起步难、深入难、教研难、管理评价难等问题,为了帮助一线学校和教师解决困难,服务于基层学校实施校本课程的需要,我区校本课程领导小组、研究小组根据区域实际,在不同时段,推出了以下指导校本课程建设的课程实施制度。

(一) 指导性制度——普遍薄弱时,指方向、给拐杖

由一期课改的活动课、选修课过渡到二期课改的校本课程时,学校不知道从"课"到"课程"的变化在哪里? 于是,奉贤区教育研究中心结合上海市"中小学拓展型课程指导纲要"和"中小学研究型课程指南",推出了《奉贤区中小学校本课程建设的指导意见》、《奉贤区中小学校本课程管理与指导手册》、《奉贤区校本特色课程建设与管理的九条建议》,给一线的中小学实施校本课程指引方向,也提供中小学领导和教师管理实施校本课程的基础拐杖。

《奉贤区中小学校本课程建设的指导意见》是针对校本课程基础建设的解读性文件,从"校本课程的课程定位、课程目标、课程时间、课程管理、课程实施、课程评价"六个方面做具体阐释,同时还提供 7 个附件(见附一),包括:学校校本课程管理网络、学校校本课程实施方案、校本课程科目方案、校本课程学生问卷调查、学校对《校本课程学生问卷调查》的分析与对策、校本课程学生评价表、校本课程课堂评价表,使学校在管理网络建构、课程方案设计、课程教学实践等管理有一定的规范性。基层学校只要落实这七个附件并在实际工作中推开实施,就可以逐渐走上校本课程建设的轨道。

《奉贤区中小学校本课程管理与指导手册》是在《指导意见》基础上的进一步细化,有"导言"、"全面理解课程实施的价值"、"关于课程实施方案编制""关于科目群建设"、"关于实施管理与过程指导"、"关于课程评价与实施"、"关于质量保障机制建设"、"关于教研活动组织与实施"八大内容(其中节选见附二),全方位的指导基层学校认识校本课程的概念定位、提供制订方案的格式要求、开展实施管理和过程指导的要点、落实保障机制配套建设的具体内容等等。基层学校和教师实施校本课程的疑难困惑,指导手册都给予了详尽的说明。

《奉贤区校本特色课程建设与管理的九条建议》是针对学校"校本特色课程"的管理文件,从"学校课程方案研制、课程资源开发利用、特色课程设计、特色课程实施、特色课程评价、特色课程教研、特色课程审核、特色课程共享、特色课程保障"九个方面以建议的形式提出了要求（其中节选见附三），尤其对2014年认定的区域101门校本特色课程提出了向联盟体学校、薄弱学校辐射共享的要求。

以下附相关文本文件的部分内容，供参考。

附一：《奉贤区中小学校本课程建设的指导意见》
节选——"七个附件"：

附件1 学校校本课程管理网络

学校名称		
领导小组成员分工		
姓名	行政职务	组内分工及职责
工作小组（教研组）成员分工及职责		
姓名	任教学科	组内分工及职责

附件2 学校校本课程实施方案

一、指导思想

二、课程目标

1. 总目标 2. 年级目标与具体目标

三、课程内容

四、组织与实施

1. 校情分析 2. 组织领导

3. 实施方案

（1）课程计划与课时安排 （2）师资 （3）实施过程的组织形式

五、课程评价

1. 评价原则 2. 评价方法

六、保障机制

1. 教学资料 2. 学校的监督与对实施情况的评价

3. 后勤保障等

附件3 校本课程科目方案

课程名称		授课老师	
课程介绍			
课程目标			
内容提要			
教材情况			
课程安排			

附件4 校本课程学生问卷调查

1. 你对本学期你所选修的校本课程感兴趣吗?

A. 非常感兴趣 　　　　　B. 有一点兴趣

C. 无兴趣 　　　　　　　D. 不再学了

2. 你认为你所选修的校本课程对你平时的课堂学习有帮助吗?

A. 帮助很大 　　　　　　B. 有一些帮助

C. 很少有 　　　　　　　D. 没用

3. 你通过本学期的校本课程学习,你的知识面真正得到拓展了吗?

A. 有很大的拓展 　　　　B. 学到了一点新的课外知识

C. 很少 　　　　　　　　D. 根本没有

4. 你所选修的校本课程是否正常的开展呢?

A. 很正常地开展 　　　　B. 偶尔中断

C. 我经常缺席 　　　　　D. 老师经常缺席

5. 你还经常从哪些渠道了解与该校本课程有关的信息呢?

A. 与父母亲人的交流中 　B. 从网络上

C. 从课外书本上 　　　　D. 课外不再关心

7. 老师在校本课程课堂教学过程中,是否经常与你一起动手操作、做相关的实验或查找资料?

A. 经常　　　B. 有时　　　C. 很少　　　D. 从来不

8. 你所参加的校本课程的课堂纪律情况是

A. 非常好 B. 一般

C. 有些同学不听,做自己的作业 D. 吵闹,很不好

9. 老师在校本课程课堂教学过程中,是否鼓励同学发表自己的观点并认可你们的观点?

A. 经常 B. 偶尔 C. 很少 D. 从来不

10. 你对你所选修的校本课程任课教师总体印象是

A. 最喜欢的老师 B. 较好

C. 一般 D. 不再选修

附件5 学校对《校本课程学生问卷调查》的分析与对策

学校		抽样人数	
题号	选择情况	情况分析	
1	A:% B:% C:% D:%		
2	A:% B:% C:% D:%		
3	A:% B:% C:% D:%		
4	A:% B:% C:% D:%		
5	A:% B:% C:% D:%		
6	A:% B:% C:% D:%		
7	A:% B:% C:% D:%		
8	A:% B:% C:% D:%		
9	A:% B:% C:% D:%		
10	A:% B:% C:% D:%		

问卷调查综合分析(包括教与学问题分析):

改进措施与对策:

附件 6 校本课程学生评价表

姓名		评价日期	
选择的项目名称			
要努力达到的目标			
实际活动中做到了			
通过活动我学会了			
需要改进的是			
合作伙伴意见:		伙伴签名:	
教师意见		教师签名:	

附件 7 校本课程课堂评价表

评价项目	评价要点	评价标准	等级评定		
			A 级	B 级	C 级
目标内容（40分）	1. 目标明确（10分）	符合情感态度、实践能力、综合知识,学习策略的培养目标(10分)	10	8	6
	2. 内容综合（20分）	贴近学生的生活实践、社会实践、劳动技术实践、信息技术实践(4分)	4	3	2
		内容综合、宽泛、新异,符合学生身心发展的规律,促进个性发展(4分)	4	3	2
		丰富学生的体验,培养兴趣爱好(4分)	4	3	2
		引入多种信息(4分)	4	3	2
		围绕主题,运用多门学科知识(4分)	4	3	2
	3. 实践性强（10分）	数量适当,有操作性(5分)	5	4	3
		难易适当,实践性突出(5分)	5	4	3

（续表）

评价 项目	评价要点	评价标准	等级评定		
			A 级	B 级	C 级
活动 过程 （60分）	1. 组织形式 （10分）	走入社会，面向大自然（5分）	5	4	3
		组织形式多样（5分）	5	4	3
	2. 学生活动 （10分）	方法得当，体现拓展式学习方式。如交流活动感悟、存在现象及原因分析、新问题的后续研究等（5分）	5	4	3
		自主活动，主体性得到充分发展（5分）	5	4	3
	3. 教师指导 （20分）	教师是活动合作者、参与者、指导者（10分）	10	8	6
		指导方法形式得当（10分）	10	8	6
	4. 活动步骤 （20分）	活动导入贴切、自然（10分）	10	8	6
		学生亲自实践，动手动脑动口（10分）	10	8	6

附二:《奉贤区中小学校本课程管理与指导手册》

节选——"七、关于质量保障机制建设"

"八、关于教研活动组织与实施"

七、关于质量保障机制建设

1. 学校校本课程应严格遵照《校本课程实施方案》的要求管理、实施。

2. 学校应根据《上海市普通中小学课程方案》的要求，确保学校校本课程的课时，不随意更改课时计划。

3. 学校应鼓励全体教师参与课程的建设和实施,(可将教师参与课程的建设与实施作为工作要求纳入聘任条例)组建一支课程开发与实施的教师团队并尽可能保持相对稳定。

4. 为规范和不断提高校本课程的建设和实施的工作质量,学校应建立校本课程管理体系,包括:相应的机构(领导小组),设定工作的范围和要求,制定课程申报、审核、评价制度,确保学校校本课程建设和实施的可持续发展。

5. 组建专门管理机构,通过听课、检查教学设计和教学过程资料等方式,对实施过程进行评价。

6. 明确课程档案归档、管理要求,安排专人负责校本课程档案管理工作。

7. 应通过制度明确校本课程的工作量、津贴计算方法,以激励教师参与校本课程开发、实施为出发点,在津贴计算上给予一定倾斜。

8. 学校应在统筹安排的前提下,加大对图书馆、机房、各种专用室的开放度,并在既定财力的条件下,不断增加投入,以提供课程建设与实施的支撑力度。

八、关于教研活动组织与实施

1. 学校教研活动组织

学校校本课程教研组织可有以下几种形式:

(1) 由全体实施校本课程教师组成教研大组

(2) 将科目群分成若干模块,如,音乐舞蹈、体育、工艺美术、信息技术、语言文学,按模块组成教研组。

（3）学校可成立以若干科目开发为基础的项目组

2.学校教研活动实施

（1）学校每学期至少开展两次校本课程教研组活动,每学期开展一次校本课程公开教学展示。

（2）对于承担不同科目的教师组成的教研组可开展综合主题的教学研究活动。如,面向全体学生的分层教学、培养合作学习习惯的教学组织等。

（3）鼓励各校开展跨校的校本课程资源共享与合作开发。

附三:《奉贤区校本特色课程建设与管理的九条建议》

节选——"第六条:特色课程教研"、

"第七条:特色课程审核"、

"第八条:特色课程共享"

第六条:特色课程教研。特色课程教研的意义在于课程研究、课程培训。学校应该成立特色课程的教研团队,建立一支由校长领衔、组织健全、分工明确的教研队伍,有计划、有步骤、有主题、有针对性地开展活动,聚焦特色课程建设中的真问题,展开教研与培训;注重突破与创新,倡导有专业引领的课程教研,采取"走出去、请进来"等途径,促进教师专业化发展,促进教师课程建设中的文化自觉。

第七条:特色课程审核。进一步促进特色课程在区域内的共建共享,成立区、校两级课程审核委员会,区域特色课程审核委员经过初审、复审和答辩等阶段的严格审核,让一些特色鲜明、易于实施、具有普适性的课程,为全区学生共享,同时要对特色课程的科学性、安全性和教育性等内容进行审核;校特色课程审核委员会要对特色课程的开发、试验、实施、评价和完善等方面内容进行审核,促进特色课程进一步适应学生发展,并把有一定教育价值的特色课程纳入学校课程计划。

第八条:**特色课程共享**。为学生提供丰富、多样、个性化课程既是课程建设的出发点,也是课程建设的归宿,区域课程建设的重心在于构建101门区级特色课程的资源共享平台,促进学校课程的共建共享,让师生跨越时空分享课程建设成果;学校应加大对本校特色课程的宣传力度,为区域层面课程共享提供条件;同时还要不断引进特色课程资源,为学生提供丰富的课程经历;学校可以通过多种途径实现课程共享,并通过一定形式呈现学生共享的经历、经验和成果。

（二） 评价性制度——方兴未艾时,扬先进、树标杆

通过广泛的区校两级实践之后,很大部分学校的校本课程实施积极性得到调动,于是采用"以评促建"策略,促进优秀课程精品化建设。通过出台《奉贤区校本课程实施先进校(示范校、优秀校)评选方案》、《奉贤区校本课程实施先进校(示范校、优秀校)评估细则》,指导学校进一步加强建设,同时也推选出一部分校本课程实施的先进学校和优秀教师。然后充分运用这些优质资源,要求这些学校和教师通过资源联盟体、区级共享课程培训等管理平台，将先进经验和成熟资源向面上学校辐射共享。

《奉贤区校本课程实施先进校（示范校、优秀校）评选方案》、《奉贤区校本课程实施先进校（示范校、优秀校）评估细则》，分别从"实施方案、科目建设、过程管理、活动指导、评价机制、保障机制、教研活动、实施成效"等方面提出明确要求和具体的量化指标内容（具体见附四），引导学校朝着指标要求的方向加强校本课程建设，通过一轮评选，已有16所中小学获得了"奉贤区校本课程实施先进校"的称号，2017年起，还将启动新一轮的"先进校（示范校、优秀校）"评选。

（三）奖励性制度——百花齐放时，显个性、促特色

为了加强区域精品课程建设，鼓励校本课程实施的先进教师，我们制定了《区级校本特色课程评选方案》、《区级校本课程实施特色教师评选方案》（其中节选见附五、附六），举行了区域层面的百门校本特色课程评选、区域校本课程特色教师评选，使校本课程的特色和个性得到进一步彰显。教育局给予每门校本特色课程、每名特色教师以经费奖励，鼓励他们在课程实施的专业上进一步努力探索，如：区校本课程特色教师自颁发证书后，连续三年对其进行跟踪考核。要求在三年考核期内必须履行区域的课程共享、项目培训、带教指导等任务，经评审小组审议，未能履行者、不能胜任或成效不显著者，终止特色教师称号，并不再享受相关待遇。

附四:奉贤区中小学校本课程实施

(示范、优秀、合格)校评估细则(试行稿)

序号	指标		内 容	分值	得分
1	实施方案	11	1. 方案编制规范,体现学校办学理念,具有明确的实施目标,课程设置合理,课程内容丰富,能全面部署课程的实施、管理、评价和保障等工作。	4	
			2. 有计划地落实方案,期初有部署,日常管理扎实有效,期末有总结。	4	
			3. 组织全体教师学习和领会方案,将方案的内容要求深入到教师层面,并能定期布置和反馈工作。	3	
2	科目建设	16	4. 全员参与,做到广域开发、门类完备、科目品种丰富,科目数量达到市规定要求(班级数的150%以上)。	4	
			5. 拓展型课程科目方案设计符合《奉贤区中小学拓展型课程科目教学活动记载》的要求,探究型课程科目设计由学校自行设计,做到有学期设计、单元设计、活动设计,努力写好课后反思笔记。	4	
			6. 所开科目必须有科目方案,有全套活动设计。	4	
			7. 有检查和交流"科目设计"的措施。	4	
3	过程管理	12	8. 通过《校本课程实施方案》明确科目实施流程、各环节人员职责,并设计配套选课登记、考勤登记、行政巡视检查、学习情况记录等一系列过程性管理文档。	6	
			9. 拓展科目的申报、退出必须提出相应标准、要求,学校设立专门组织审核相关申请;研(探)究科目的开设体现学校特色,具有科学性、实践性和可操作性,建立相应的过程性资源。	6	

（续表）

序号	指标		内　　　容	分值	得分
4	活动指导	12	10. 指导凸现校本课程育人价值(自主选择学习、拓展视野、丰富经历、培养兴趣、身心健康、创新精神、实践能力)。	4	
			11. 活动目的要求明确,活动内容有逻辑性和层次性,重视活动的趣味性、探究性、主体性、体验性。	4	
			12. 重点突出,鼓励学生敢于质疑、勇于创新,让学生施展才能、发展个性。	4	
5	评价机制	11	13. 通过听课、检查教学设计和教学过程资料等方式,对实施过程进行评价。	4	
			14. 有完整的科目设计、科目实施过程、成果展示和成效评价的资料。	4	
			15. 学生评价设计注重与《学生成长手册》评价要求相衔接。	3	
6	保障机制	12	16. 根据《上海市普通中小学课程方案》的要求,确保学校拓展、探究型课程的课时,不随意更改课时计划。	3	
			17. 组建一支课程开发与实施的教师团队,并根据教师情况,有针对性制订教师培训计划。	3	
			18. 建立管理体系,包括:相应的机构(领导小组),设定工作的范围和要求,制定课程申报、审核、评价制度,确保学校校本课程建设和实施的可持续发展。	2	
			19. 通过制度明确工作量、津贴计算方法,以激励教师参与拓展型课程开发、实施为出发点,在津贴计算上给予一定倾斜。	2	
			20. 在统筹安排的前提下,加大对图书馆、机房、各种专用室的开放度,并在既定财力的条件下,不断增加投入,以提供课程建设与实施的支撑力度。	2	

（续表）

序号	指标	内　　容	分值	得分
7	教研活动 10	21. 教研组织有以下几种形式:(1)由全体教师组成教研大组,(2)将科目群分成若干模块,(3)成立以若干科目开发实施为基础的项目组。	2	
		22. 教研组和教师均有教学研究专题,依据专题开展教学研究活动。	2	
		23. 重视总结和交流教师的教学经验、重视教学反思、教学实践。	2	
		24. 有科研意识,进行区、校级教育科研课题研究工作,并有相应过程性资料。	2	
		25. 有近两年的教研组活动资料。	2	
8	实施成效 16	26. 学生活动成果、教师教学评比、教师经验文章、论文、课题在区、市级获奖或出版。	6	
		27. 有校本特色课程,有区级认定的特色课程,不断创新,有影响力。	5	
		28. 承担区、市级教学研究和展示交流活动,取得良好效应。	5	
关键性指标		1. 有"学校课程实施方案"和"校本课程实施方案"。 2. 开设科目数达到班级数的150%以上。 3. 全组每一位教师必须有完整的"教师科目设计"。 4. 确保拓展、探究型课程的课时数,拓展型课程要有固定的上课时间,不随意更改。		
特色加分		在上述8项指标中,确实具有特长的,可给以1-5分加分。 加分必须从严掌握,必须在所加分的指标的满分,总体得分在75分以上才能给予特色加分。 加分由验收组提出后报区教育学院教育研究中心统筹商定。		

（续表）

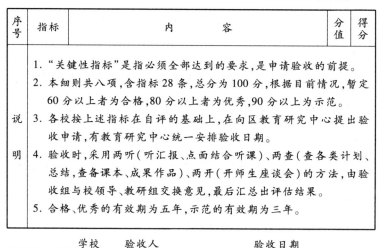

序号	指标	内　　容	分值	得分
说明		1."关键性指标"是指必须全部达到的要求,是申请验收的前提。 2.本细则共八项,含指标28条,总分为100分,根据目前情况,暂定60分以上者为合格,80分以上者为优秀,90分以上为示范。 3.各校按上述指标在自评的基础上,在向区教育研究中心提出验收申请,有教育研究中心统一安排验收日期。 4.验收时,采用两听(听汇报、点面结合听课)、两查(查各类计划、总结,查备课本、成果作品)、两开(开师生座谈会)的方法,由验收组与校领导、教研组交换意见,最后汇总出评估结果。 5.合格、优秀的有效期为五年,示范的有效期为三年。		

_____学校　　验收人_____　　验收日期_____

附五：奉贤区校本特色课程评选方案（节选）

一、指导思想：

为进一步推进区域学校特色品牌课程的建设,丰富学生的学习经历,促进学生多元智能开发、教师专业发展和学校课程文化建设,全面提升我区学校课程教学工作水平,扎实推进素质教育。特举行奉贤区第二轮校本特色课程评选活动。

二、评选对象：各中小学的校本课程

三、评选条件：

1. 计划全面。校本特色课程建设是学校课程计划的重要组成部分,要在全面的学校课程计划基础上,完善校本特色课程方案；

2. 方案科学。校本特色课程方案设计要体现学校特点,课程目标、内容安排、组织实施科学,体现课程改革对校本课程开发的要求;

3. 有效推进。参评的校本特色课程一般已实施两年及以上,实施扎实,过程中有改进或完善的措施,评价体系能有效推进持续发展,操作性强;

4. 成效明显。所申报校本特色课程有利于学生创新精神和实践能力的培养,在促进学生个性和特长发展等方面有显著成效,在联盟体内甚至区域内共享,并有较大影响。

四、评选方法:

1. 上交参评材料

根据评选提出参评的书面申请,按要求将填写的《奉贤区学校校本特色课程申报表》以及参评课程实施成果的有关证件的复印件、课程全过程资料(课程方案、其中一个单元的教学活动方案、课程讲义或教材等),(所有材料要装订成册,首页附参评课程材料目录)。

2. 评审与考核

专家评审组从申报材料中筛选出符合条件的校本课程,组织课程审查、上课、面试答辩、实地观察等方式进行调研论证,正式评选时申报学校需提供的基本材料:学校课程计划、申报的校本课程方案、该校本课程实施工作总结、该校本课程的授课讲义或活动记录、该校本课程实施成效的有关资料、其他相关材料。

3. 审批确认

考核工作领导小组审核批准,并上网公布表彰。

五、工作保障:……

附六:奉贤区中小学校本课程"特色教师"评选方案(节选)

一、指导思想

为进一步激发广大教师开展校本课程研究的积极性和创造性,推动校本课程教师个人专业工作的自我创新、自我提升,打造高素质、有特色的校本课程教师队伍,结合我区实际,特在全区范围内评选出一批在校本课程建设与实施中成绩突出的特色教师,不断促进全区校本课程建设持续健康发展。

二、评选对象

全区从事校本课程开发与实施工作,已有一定影响力的特色项目,具有明显特色专长的教师。

三、评选名额:第一批20名

四、评选条件

1. 热爱教育事业,师德高尚,有良好的心理品质和团结协作精神。认真履行教师职责,爱护尊重学生,有正确的教育观、人才观。

2. 担任校本课程活动指导教师3年以上,在校本课程开发、实施、教学研究等方面别具匠心,独树一帜,取得一定的成绩,在区内外有一定的知名度、影响力。

3. 具有较强的科研能力,近 3 年主持或参与过区级以上科研课题,并在区级以上教育教学刊物发表学术论文 2 篇以上或在市级、国家级教育教学刊物发表学术论文 1 篇以上(独立完成或第一作者)。

4. 具有丰富的校本课程教学实践经验,能承担较高水平的公开示范课或教学观摩课,获得过区级优质课奖项。活动质量显著,能在全区范围内起示范引领作用。

五、评选办法与程序

1. 推荐

包括个人自荐和学校推荐。具体程序为:

符合评选条件的教师本人提出参评的书面申请,报送一门独立开发的校本课程的全过程资料(课程方案、课程教学活动方案、课程讲义或教材、教学配套资源等)。所在学校依照评选条件对申报人员的情况进行初审,确定本单位的推荐对象,报送评审工作领导小组办公室。

2. 评审与考核

专家评审组从申报材料中筛选出符合条件的教师,组织课程审查、教师说课、实地观察等方式进行调研论证,在此基础上确立特色教师人选。

3. 审批确认

评审工作领导小组将初定名单上报区教育局审核批准,并在教学节中公布表彰。

4. 跟踪考核

自颁发特色教师证书后,连续三年对特色教师进行跟踪考核。特色教师在三年考核期内必须履行区域的课程共享、项目培训、带教指导等任务,经评审小组审议,未能履行者、不能胜任或成效不显著者,终止特色教师称号,并不再享受相关待遇。

六、工作要求……

（四）建议性制度——以校为本,给范本、供参考

实践中发现,有些学校已经在实施滚动中成熟了相应的校本课程管理制度,有些学校却还在刚刚起步的开发设计摸索阶段,所以我们就搜集整合了一些适合校级层面实施的校本课程管理制度,以"奉贤区校本课程学校管理常规细则"等文本形式推送给各校,供学校参考和修改使用。（见附六）

附六:"奉贤区校本课程学校管理常规细则"（小学）等文本

一、校本课程实施常规细则

1. 执教老师每年暑假根据学校的课程计划及自身的专业特长制定相应的适合学生兴趣爱好发展的校本课程活动方案（主要内容:课程设置说明、课程目标、课程内容及说明、课程成果展示）并提前一个月的备课量,同时,设计好活动宣传版面,准备或编拟好课程所需的教材或教学用具,学生成绩每学期评定一次,分为优、良、及格、须努力,记入学生成长手册。

2. 课程开始前,班主任应督促孩子整理好书包,按各小组成员记录单整队,每组设一位组长,并由组长带领组员到指定地点上课,班主任做好协调管理工作,学生在一学年内不得随意调换兴趣组。

3. 执教老师应准时到指定地点上课,不随意拖课或提前下课,课前应先点名,做好学生出缺勤记录,发现有缺到者及时与巡视老师联系,(带好手机,调到振动档),若发现有学生无故旷课现象将作为教学事故记录在案。

4. 执教教师应认真安排教学内容组织教学,所有教学常规均严格按照细则中的上课要求,坚决抵制放羊课、录像课、看图书等无效课,否则将作为教学事故处理。

5. 活动结束后,执教教师应负责把学生安全送回各班教室,不得让学生在教学楼内四处奔跑。

6. 执教教师若有需要学生添置有关教学用品,或者要调整上课时间的,应及时向教导处提出申请,并要拟一份"告家长书",做好与家长的沟通工作。

7. 教师若在上课当天有外出任务或病事假的,应提前一天到教导处填写委托单,否则,将作为教学事故处理。

8. 特色课程及一般课程在每学期期末要有一次展示活动,可采用评比交流、实践操作、展览会、作品鉴定、汇报演出等形式,作为学期评价考核内容之一。

9. 执教教师应鼓励、指导学生积极参加市区各级各类专项比赛,争取奖项,尽力挖掘学生潜能,力争使课程成果成为学校品牌项目。

10. 争取家校携手,一学年内,组内活动向家长展示或汇报一次,以获得家长及社会的认可。

二、校本课程教师任教科目征询表

教师姓名	任教学科	特 长	拟任教科目
		1.	1.
		2.	2.
		3.	3.

三、校本课程志愿表

同学们:

随着新学年的来临,我们又将快乐地走进校本课程的自由大地,今年,我们学校又新添了许多新的校本课程,上课时间由每周一的 12:45~13:35,每个同学都拥有自由选择课程的权利,当然,你要选择自己最喜欢的课程,学校将尊重大家的意愿,尽一切努力满足大家的选择。

选择方法提示:

1. 确定自己想参加的课程是哪几门;

2. 按喜欢的程度,把该课程的编号(表格第一列)分别填在第一、二、三志愿的横线上。

3. 也可以与家长商量,找老师出出主意。

( )班 学生姓名( ) 学号( )

我的第一志愿是( ) 第二志愿是( )

第三志愿是(   )

四、校本课程活动情况反馈表

第( )周 ( )月( )日   检查老师( )楼层( )楼

编号	课程名称	上课地点	执教教师	出席人数	教学准备	教学组织	备注

本周最佳课程: (限 3 – 5 个,请填编号)

五、校本课程作品展示评价表 A

小组名称	执教者	主题鲜明 (25 分)	内容多样 (25 分)	态度认真 (25 分)	制作精巧 (25%)	总分

校本课程作品展示评价表 B

小组名称	执教者	节目名称	评分要求				总分
			主题鲜明 (25 分)	表演到位 (25 分)	舞台效果 (25 分)	进场出场 (25 分)	

第三节 探索分层多元化的管理策略

校本课程不像国家课程,"教什么"是由国家和专家决定的,学校和教师只需考虑"怎么教"的问题。校本课程的实施,使得学校领导和教师成为真正的课程设计者、实施者和评价者,需要对课程本身进行全面、深入的思考,包括对课程目标定位、内容选择确定、教学实施策略以及教学评价对学生的价值意义等。这对已经习惯于做国家课程"演绎者"的一线学校和教师而言,是有很大难度的。所以,对区域中小学的校本课程实施规范化管理需要讲究循序渐进的策略,主要有以下几个方面:

一、小步积累策略

校本课程建设是学校整体工作的一部分,不可忽视,但学校也不可能一蹴而就,因此区域的管理工作要在确定长远目标的同时,以小步积累的策略坚持不懈,逐步提升课程质量。

(一) 尊重校情,鼓励差异发展

各校基础不一样,再加上每年师资和生源的城市化流动,造成城乡学校之间的差距加大。所以,在区域管理中尊重学校实际情况,允许差异发展,尽量少一点横向比较,多一些纵向对比,鼓励学校持续建设,不忽视校本课程的校本建设。

(二) 针对师情,引导持续发展

教师对于校本课程建设的积极投入,主要源于对科目内容的热爱。比如育秀学校语文徐老师,对读书、画画、音乐、摄影、收藏、创作都有兴趣涉猎,他开设的《课外读书指导课》融合了这些兴趣爱好,已经构成了"中国古代文化名人系列、中国现当代文学名家系列、外国文学作品系列、华夏文化系列、话说系列"等内容,成了学校的特色课程,他的课程教学惠泽了一届届学生;江海一小沙老师,擅长剪纸等作品创作,她的《纸艺》课程面向区域学校开展共享培训,每学期都有较多的教师参加,并受到好评,她辅导的学生团队在市级以上范围的各种评选活动中获奖和展示。

兴趣是最大的动力,所以在区域课程管理中要清晰认识到教师在校本课程建设中承载的工作量,要适当提出教师能够有效落实、有效回应的工作要求。

(三) 注重积累,加强资源共享

差异是一种资源,为了激励先进和辅助薄弱,需要开展优质资源的收集、汇总,努力创建交流平台。比如,开展区域校本课程三级校评选、校本课程实施特色教师评选、校本特色课程评选等;出版《拓展型课程实施方案和科目设计》、《环境教育读本》等书籍;指导基层学校编写校本课程,例如星火学校的"身边的小动物"、实验小学的"我爱我家探究"等等,并在学校联盟体等范围开展共享。这些举措不仅为区域校本课程积累了有用的资源,也为找准教师实施课程中普遍存在的问题与困难,有针对性地加以调整和改进提供了有效的载体。

二、点上推进策略

关注到科目间发展的不均衡性,并在实践中创设平台,及时挖掘个别具有发展潜力的科目,重点扶植,并不断总结,提升经验、做法,然后将点上的经验辐射到区域其他学校,促使更多的学校推进精品科目建设工作,使得区域内有品质的科目在一轮轮实施中越来越丰富。

（一）校内相同或相近科目的管理

对于学校一些精品科目,成立科目教研组,如育秀实验学校的"课外读书指导课",各年级都在开设,而且形成了以核心教师为中心的教研团队,具备了科目教研的基础,并定期开展主题教研活动;对于相似科目,如科技类的小制作、小发明、小电器维修等,以"学生创新思维、探究能力的培养"为主题进行异中求同的教研。

（二）校际同一科目的管理

对于区域学校普遍开展的科目活动,教研员选择核心教师,在区内招募志愿兵,成立校际的科目组。比如"校园足球",以齐贤学校一位教学经验丰富的陈老师为中心,形成了人员相对稳定的科目组,每学期开展系列知识与技能培训、教学实践研讨、编制科目方案、组织竞赛评比等活动。还比如,对区域内整体推进的 STEM 课程,各校都有实施的骨干教师,定期开展专题的研讨和培训活动,其中西渡学校的《花卉栽培与探究》已经组建了来自不同学校的近十位教师,每位教师都确定了不同的专题,定期开展团队研讨和展示交流活动。

（三）校际不同科目的管理

针对校际不同科目的管理,主要以组织观摩取经的方式进行。针对区域内每学期滚动的区级共享课程,在他们各自为政开展培训研讨的基础上,开展课程之间轮流观摩活动,比如通过观摩解放路小学的《环保小制作》课程活动,学习如何加强课程专用教室的布置来凸显课程内容和课程教学资源的多样化、个性化;通过观摩育秀的《读书指导》课程活动,学习如何将课程内容制作成系列教学使用的 PPT 课件,使得课程内容设计与教学过程、教学方法的设计相融合,充分地体现教学实际的可操作性。

三、互动展示策略

有效发挥区域展示的功能,吸引学校和教师参与校本课程的建设、实施,引导他们通过互动,不断清晰课程实施方案和科目完善的重点,提升课程质量。形成"明晰要求、改进实施、评价激励"三个环节相互联系的循环改进过程,使之不断推动区域的校本课程建设。

(一)在培训中明晰要求

依据《上海市中小学拓展型课程指导纲要》和《关于中小学拓展型课程建设和实施的若干意见》,借助区教育局行政的大力支持,召集学校校本课程分管领导、骨干教师开展培训,从课程意义、课程要求、实施方案编制以及教师科目设计等方面做全面培训,并将"编写学校校本课程实施方案"作为培训后的作业,定期上交。2016 年开始,每学期联合南京东南大学(教育部承担教师"国培培训"的高校)举办"校本课程骨干教师"培训项目,通过理论学习、实践观摩、课程案例设计相结合等方式,提高教师的课程设计理念和课程实施专业能力。

（二） 在交流中调整完善

校本课程的实施与管理,不仅需要对学校原有工作的梳理、总结,更需要结合校情再作规划设计,是很能体现一所学校在办学追求、教育教学管理方面的个性化智慧的。因此,以组织交流会的形式搭架平台,使不同学校的课程认识、课程愿景、课程实践得到交流和互享,使各校寻找到进一步修改、调整实施课程的方向。比如:2015 年 10 月 30 日,在齐贤学校举行"炫动足球,多彩童年,快乐成长"校园足球现场展示会,以"校园足球展示"、"足球教学、训练展示"、"教研特色研讨"三部分,体现该校的足球实施风采,受到了与会中小学教学管理者、教师的好评。

（三） 在展示中互动提高

课程实施方案的研制编写,只是从文本的角度展示了一所学校对校本课程已有实践和将要实践的情况,重要的还在于怎样进一步跟进。为此,区校本课程领导小组还在"奉城二小"、"教院附小"、"明德小学"等举行了校本课程开放展示活动,要求学校依据实施方案,从学生选课、课堂教学、时空安排、教学管理、师生评价等方面亮出实际做法,同时围绕"怎样发挥课程功能,让课程贴近学生,为学生需要服务"的主题引导讨论,促使学校的课程方案能在稳定中得到动态的小幅调整。

四、以评促建策略

在确立校本课程管理组织机构、推出系列管理制度、落实多元管理方式后,以《区域校本课程三级校(示范、优秀、合格)评选》、《区域校本特色课程评选》、《区域校本课程实施特色教师评选》这三个立足学校整体、课程个体、教师个体层面的评选活动,以评促建,引导学校和教师主动向评选指标努力,连续几年的坚持,已经评选出了一批校本课程先进校、校本特色课程、特色教师,并将他们的成熟经验引领辐射到全区不同层次的学校。

(一) 评"区域校本课程三级校(示范、优秀、合格)",促整体提升

面向全区中小幼学校,制定了分层指标,以 3—5 年为一轮开展评估,并将"区域校本课程三级校(示范、优秀、合格)评选"作为"区域中小幼学校素质教育综合评估"的一部分,直接和学校实施素质教育绩效奖励挂钩,以评促建,督促学校朝评估指标努力,并且在"合格——优秀——示范"的等级跨越中加强校本课程建设。

(二) 评"区域校本特色课程",促品质提升

此评选旨在加强区域精品课程建设,引导学校不断加强"一校一品"的特色课程,评选时重在考察该课程在学校的实施成效。2011 年,在全区中小学中评选出了 64 门校本特色课程,2014 年,重新启动新一轮评估,最终确定了 101 门区级校本特色课程。同时又在其中选择普适性强的 15 门校本特色课程在区域共享,由区教育研究中心组织开展课堂教学、校本教材编写等主题研讨活动,为薄弱学校培训教师和分享课程资源,也为相同志愿学校找到教研伙伴。

（三）评"区域校本课程实施特色教师"，促骨干提升

一门校本课程的开发设计、实施滚动、改进完善过程，需要几个学期、乃至更长时间的坚持探索，这是一个创新和艰辛的过程，所以校本课程需要学校领导的重视和大力支持，也需要区域层面对这些教师给予鼓励和荣誉，支持他们在校本特色课程的研究上花时间、花精力。秉持这样的指导思想，2013 年，评选了校本课程实施的特色教师，三年多来，这些教师都主持着一门区级共享课程，定期为其他学校培训教师，分享教材、教学设计、作品等教学资源，带教出了一大批校本课程的骨干教师，实施至今，这些特色教师在全区产生了相当大的影响力。

第三章　探索校本课程共享平台建设

本章是基于各学校之间对校本课程的开发出现重复、教育资源浪费的现象,从区域管理的角度提出区域内各校相互协作、沟通乃至共享的方式。为了提炼总结区域课程建设的成功经验,奉贤区教育研究中心从管理的角度出发,搭建了若干共享平台:校本课程资源培训平台,校本课程成果展示平台,校本课程互联网＋教研平台。

三个平台分别从不同的建设背景、基本功能、实践策略方面进行介绍,并附以相关的案例。三个平台建设都将重点放在平台的实际操作策略上,其目的是为后续更为丰富的平台构建与研究起借鉴、探路作用。

第一节　校本课程资源培训平台建设

一、校本课程资源培训平台建设背景

加强教师培训,有利于培育优质教师,提高教育教学质量,是推进基础教育均衡发展的必然选择。优质教师是区域重要的

人力资源,也是教育持续发展的重要保证。由于地区差异、学校间的差异,农村学校教师在培训水平和机会上与城镇教师存在较大的距离,因而造成师资水平不均衡,以致部分学校优质教师严重匮乏,进而影响教育的均衡发展。奉贤区教育研究中心承担着区域课程与教学的服务、指导、培训、管理的任务,优化和整合区域内外师资等各类教育资源,加强教师培训,推进优质资源共建共享,才能实现区域教育均衡发展。

我们围绕校本课程建设师资培训的需要,结合原有师资培训平台,专门为学校校本课程建设培训开辟了培训平台——校本课程资源培训平台。

二、校本课程资源培训平台基本功能

校本课程资源培训平台基本功能是充分发挥区教育研究中心在教师课程建设、校本教材编写、队伍建设等方面主题式培训作用,通过整合区内外相关教师教育资源,使其成为教师"培养、示范、辐射、共享"的平台,共建共享优质教师培训资源。

校本课程资源培训平台功能主要通过课程主题培训、优质资源共享的资源联盟体培训、镇际联盟体培训等方式实现。它有效推进着新课程的实施,促进教师形成科学开放的学习合作意识,增进校际与区域之间的交流与合作。

(一) 课程主题培训

主题式课程与学科领域课程最大区别在于:主题式的展开

并不遵循学科的线索,它具有多层次的综合功能,追求的是教育内容的整合。

当前,我国中小幼存在各种课程模式,例如方案课程、生成课程、整合课程、综合课程等,虽然名称不同,但在设计思路上都有一个共同点,即把"主题"建构作为教育内容的组织形式,我们把这类课程称为"主题式课程"。这种主题式课程培训具有整合教育观念和学生发展的整体性影响,越来越受到人们的关注和重视。

2013年奉贤区教育研究中心以开展《区域中小学校本课程管理与指导的实践研究》市级课题为契机,通过行动研究法、比较研究法、文献研究法、案例研究法等,围绕教育教学中的实际问题,以课题为主线,以课堂教学为主阵地,以教师为主体进行区域主题式课程培训,有效地解决区域内学校校本课程教研内容随意、方向盲目、质量不高的问题,为学校校本课程特色发展提供了一个良好的平台。

(二) 资源联盟培训

奉贤区资源联盟体是区教育局为改善偏远农村学校内涵发展不尽如人意,发展不均衡的现象,而根据区域情况划定的"A + X + Y"办学优质资源共建共享的紧密型合作联盟体。其中校本课程资源联盟体则是选择盟主学校的校本特色课程,要求盟主学校发挥校本课程的活力,与整个盟体内的不同学校形成课程共建共研机制,从师资培训、教材及教学资源、课程管理等多方面开展校本课程的共建共研,激发盟体内学校校本课程建设的活力。

(三) 镇际联动教研

镇际联合体是指区政府行政区划调整后,同一镇政府所辖区域内学校之间的联动体系。由于学校之间相距不远,活动交流比较方便,所以可经常性地开展相对集中的研讨活动。此类联动的最大优势是能够得到镇教管办的行政协调和财力支持。

以上三种方式的有效推进,促使校本课程改革理念得到贯彻实施,促进了教师形成团队合作、科学开放的学习合作意识,增进了校际与区域之间的交流与合作。

三、校本课程资源培训平台实践策略

校本课程在开发和实施过程中会面临各种各样的问题,如校本课程的目标设计、资源开发、师资建设、管理与评价等等,作为区域校本课程管理部门,如何从实际出发,有效指导基层学校进行校本课程的开发与建设,如何有效激发教师开发与实施校本课程的热情是我们需要认真思考的问题,我们充分借助校本课程资源培训平台采取"课题引领 试点先行"、"项目驱动 骨干先行"、"联盟结对 盟主带动"等实践策略,开展区域培训。

(一)"课题引领 试点先行"策略

为了有效化解校本课程的目标设计、资源开发等实践中的难点,几年来,我们经过探索总结出市级课题引领、试点先行,主题式培训、典型带动,促进校本课程开发与建设的管理思路。在《区域中小学校本课程管理与指导的实践研究》市课题的引领下,挖掘本地区人力资源、物力资源,指导学校组织开发和实施校本课程,同时各校结合自身的实际需要,本着自上而下和自下而上相结合的原则选择、确定学校自己可研究的子课题。总课题组为各子课题实验校开展校本课程建设提供理论支持和资源包支持,搭建培训、交流平台,开展校际互动,带动各校校本课程的开发与有效实施,促进教师的专业成长。

《区域中小学校本课程管理与指导的实践研究》课题组成员在充分调研、讨论、研究的基础上,从全区学校中选择了16所在校本课程建设方面积极性比较高的学校作为课题的试点学校。课题组指导试点学校围绕总课题要求,结合学校自身特点,分别选择"课程开发、课程实施、课程管理、课程评价"等研究主题开展课程实践研究。市课题组每月两次组织子课题组的分管领导针对课题进程交流和阶段性专题研讨活动,从中发现学校校本课程管理的优秀经验。

例如:2014年9月18日,在"加强校本课程建设,逐步实现校本课程共建共享共研,提升校本课程品质"为主题活动中,南桥小学和江海一小分别作了"《中华小鼓手》科目设计"、"因地制宜开发校本课程,构建学生个性发展的平台"的主题交流,为子课题学校提供了很好的示范与借鉴作用。2014年12月4日,举行子课题学校阶段研究成果汇报活动,其中解放路小学的

《协同多方支援,探索校本课程资源开发、整合和管理的实践研究》以及华亭学校的《校本课程跨校共建共享共研的机制研究》的报告得到大家的一致好评。

在课题研究中,奉教院附小、古华中学的管理经验发表于《现代教育》。课题组运用这些丰富的资源为一线校本课程教师搭建了非常好的主题式校本课程资源培训平台,有效解决着校本课程实施中的难点问题,深受基层学校的欢迎。

(二)"项目驱动 骨干先行"策略

当前校本课程课堂教学中存在许多问题,诸如师资不足、课程内容枯燥乏味、素材资源短缺、学生参与程度低等等,诸多问题导致了校本课程教学质量得不到提高。为了进一步推动我区各类校本课程的建设和实施,培养校本课程建设方面的骨干教师,提升其校本课程开发与建设能力,形成具有独特校园文化的特色学校,从2016年开始,区教育研究中心每学期联合南京东南大学举办"奉贤区校本课程骨干教师"的培训项目,提高教师的课程设计理念和课程实施专业能力。下面例举2016年上海市奉贤区校本课程首批骨干教师培训方案。

2016年上海市奉贤区校本课程骨干教师培训方案

校本课程开发对于国家课程和地方课程的顺利实施、学校教学工作的完成和教学特色的形成、学生自我个性的充分发展具有重要意义。近年来,综合课程建设日益兴起,研究性、拓展性等综合类校本课程的实施和开发成为课程改革的亮点,但同时也面临诸多困难和疑惑。

本项目旨在进一步推动我区中小幼学校本课程的建设和实施,形成具有独特校园文化的特色学校,培养在校本课程建设、校园文化打造方面的骨干教师,着重提升其校本课程开发与建设能力。设立由上海市奉贤区教育学院主办,中国科协"做中学"科学教育改革实验项目教学中心(东南大学)承办的"2016年上海市奉贤区校本课程骨干教师培训"项目。

【培训目标】

1. 从神经教育学的视角了解教育发展的动态与趋势。

2. 了解综合性课程的特征与内涵,包括拓展型课程、研究型课程、综合实践课程。

3. 了解"做中学"探究式教育的基本理念与教学方法。

4. 了解综合性课程开发的模式与方法,教材编写的原则与策略。

【培训对象】

上海市奉贤区校本课程特色教师、区共享课程的负责人、研究型课程和拓展型课程骨干教师

【培训时间】

2016 年 10 月 15 日—2016 年 12 月 30 日

【培训项目规划】

本项目包括二期集中培训,具体内容及安排如下:

期数与时间		主 题	地 点
第一期 集中培训	1 天	"做中学"探究式教育的教育理念与综合性校本课程建设	上海奉贤区教育学院
第二期 集中培训	4 天	校本课程的开发与设计方法、实践与考察	南 京 东南大学

【培训项目整体规划】

本项目分为两期集中培训,具体时间和主题安排见下表:

	时长	主 题	地 点
第一期 集中培训	1 天	"做中学"探究式教育的教育理念与综合性校本课程建设	上海奉贤区教育学院
第二期 集中培训	4 天	校本课程的开发与设计方法、实践与考察	南京东南大学

【培训内容与日程】

第一期集中培训

时长:一天,共计 8 学时

地点:上海奉贤区教育学院

课程内容:

时间		内 容	培训形式		
			讲座	研讨	动手做
第一天	AM	开班仪式 报告:"做中学"探究式教育的理念与方法 (讲解"做中学"探究式教育的历史发展、教育思想和教学方法)	√		

（续表）

时间		内　容	培训形式		
			讲座	研讨	动手做
第一天	PM	"做中学"主题实践活动:可穿戴的 LED (通过动手实践可穿戴的 LED 的制作和表演,体验创新思维和对学生创造力的培养,以及多种学科的综合) 研讨:探究式教育与综合课程的建设 (通过研讨理解综合课程的特点,了解探究式教学与综合课程的关系)		√ √	√

第二期集中培训:

时长:四天,共计 32 学时

地点:南京东南大学

课程内容:

时间		内　容	培训形式			
			讲座	研讨	动手做	考察
第1天	AM	报到				
	PM	"做中学"主题实践活动:启动一个综合性研究项目 综合性研究项目的主题选择 综合性研究项目的背景研究与设计 (通过主题动手做探索活动,了解综合性课程的主题选择原则和活动方案规划方法)	√	√		

（续表）

时间		内　　容	培训形式			
			讲座	研讨	动手做	考察
第2天	AM	"做中学"主题实践活动:校本课程的顶层设计 （通过研讨和交流了解学校校本课程的设计与规划）		√	√	
	PM	实地考察与研讨:南京琅琊路小学 （综合实践课程特色学校）		√		√
第3天	AM	"做中学"主题实践活动:校本课程案例分析 （通过对具体校本课程的案例分析,了解综合课程的特点与开发模式）		√	√	
	PM	实地考察与讨论:南京外国语学校 （初高中） （综合性特色学校）		√		√
第4天	AM	实地考察与研讨:南京南昌路小学 （音乐特色学校）		√	√	
	PM	离会		√	√	

（三）"联盟结对　盟主带动"策略

为了优化资源联盟建设,统筹推进区域内外、校际之间优质教育资源的共享,更好发挥部分学校优质教育资源的示范辐射作用,2010 年起,奉贤区教育局进行顶层设计,建立了多个"紧密型办学资源联盟体",联盟建设采取"A + X + Y"的连环结对模式。在联盟体内,由"A"学校带"X"学校,"X"学校再带"Y"

学校。所谓"A"学校,一般是城区的优质学校,"X"学校是乡镇学校,"Y"学校较为薄弱的农村学校及民办外来随迁子女小学。

《区域中小学校本课程管理与指导的实践研究》课题组充分发挥优质资源共享的资源联盟体作用,组建了"教研中心—盟主学校—盟员学校"校本课程共享网络,盟主学校首先必须具有较有特色的校本课程,奉贤区教育研究中心充分发挥盟主学校的优势,及时指导盟主学校把多年来培育的校本课程推向联盟体进行共享,让盟主学校在校本课程建设中凸显优势,从师资培训、教材及教学资源、课程管理等方面辐射到整个盟体内的其他学校,让特色课程在另一方校园里生根、开花、结果。

比如,我区奉城镇因距离奉贤中心城区南桥镇距离较远,被称为"一类农村地区"。在奉城一小,外来务工人员随迁子女比例达80%以上。奉贤区启动紧密型办学资源联盟,于是南桥小学和奉城镇的奉城一小、奉城二小、头桥小学、超群小学等结为紧密型办学资源联盟。作为盟主学校的南桥小学,拥有的《中华小鼓手》课程体系相当成熟和完善,已经被确定为区特色课程。南桥小学为了将《中华小鼓手》成果分享给联盟体各所学校,在联盟体实行活动课程走动模式,组建了资源联盟体五校鼓队。资源联盟教研活动不仅为区域内更多孩子提供了优质的课程资源,同时也带动了课程本身的升级和发展,带动了教师的专业发展,为学校的特色形成创造了有利的条件。

几年来,《中华小鼓手》课程很好地推广到四所学校,在区内成功举办了"悠悠中华情　铿锵中华鼓"五校校际特色课程汇报展示,五校同台表演鼓乐《北京喜讯到边寨》,整个活动中教师和学生的专业技能得到了充分的表演,得到区领导、专家的一致好评。

紧密型办学资源联盟以"管理互动、教师流动、教研驱动、课程走动"实现联盟体优质教育资源共享,资源联盟体在分享资源,丰富资源,交流经验中拓宽学径,提高学趣,增强学力。

(四)"镇际联动　教研协作"策略

镇际联动是指同一镇政府所辖区域的学校间联动,由于校际距离近,便于沟通与交流,所以可经常性地开展相对集中的研讨活动。此类联动的最大优势是能够得到镇行政协调和财力支持。为了克服学校在特色课程建设上"单打一"的弊端,避免不同学段间缺乏系统性、连贯性的问题,通过镇教管办必要的协调和统筹,积极探索镇区内各校联合开展学校校本课程工作研究和实践的协作机制。

实行镇域跨校任教制度,请进来、走出去的方式;聘请其他兄弟学校有专长的教师、家长和社会人士走进课程,担任辅导教师;同时有计划派出有专长的教师走出去学习和任教,做到相互学习,相互提高。开展校本课程经验分享等活动,有利于形成镇区联合推进学校校本课程的良好氛围和整体合力,也有利于促进学校校本课程镇域特色的形成和内涵发展。

比如,奉城镇小学五校联动合作组,属于镇际联动。这些学校的"共同点"在于：都在奉城镇内；都面临着地理环境偏远、师资和生源大量流失及教育质量滑坡的压力，共同的使命使这五所学校联合起来，成立了五校联动合作组，形成了学校学年轮值制管理制度。

洪庙地区的中小幼教师充分利用镇域资源围绕"贤文化"这一主题由浅入深、循序渐进地开展实践研究，各学段学校之间注重相互衔接，校本课程建设逐渐完善，逐步形成了幼儿园、小学、初中课程建设共建共研的教研互动机制。目前，"贤文化"课程在洪庙地区幼儿园、小学、初中形成一条龙的镇区特色课程。这种"镇际联动　联动教研"策略，有效解决了镇际联盟体学校共同存在的主要问题，合作互动、优势互补、资源共享，从而构成实现学校、教师、学生共同发展的一种新型的校本教研形式。

第二节　校本课程成果展示平台建设

一、校本课程成果展示平台建设背景

校本课程开发与实施要走过目前的高原区，关键在教师。目前，大部分学校缺乏专任的校本课程教师。校本课程大多是由班主任或其他基础性学科的老师兼任。这些老师自然把教学研究重点都放到自己的专业课上，不占用校本课程的时间，能按

课表上课就已经很不错了。同时,部分学生在语文、数学、英语等基础性学科上取得优异成绩,在升学考试中发挥重要作用,往往可以获得学校、教师和父母的嘉奖,也就对校本课程的学习抱可有可无的态度。因此,为了让开发校本课程的教师能够充分感受到自己"劳有所得",学校要尽可能地为教师搭建校本课程优秀成果展示平台,并且投入相应的人力和物力。

为了进一步展示奉贤区中小幼学校校本课程建设成果,促使学校校本课程开发与实施工作走向常态化,教学走向高效化,质量走向优质化,奉贤区教育研究中心开发了区域校本课程成果展示平台,借助这一平台,有效地促进学校、教师、学生对校本课程的研究、学习。

二、校本课程成果展示平台基本功能

开放可以促进创造,鼓励可以刺激创造。为了深化课程教学改革,推动教育质量的不断提高,奉贤区教育研究中心建立了区域校本课程成果展示平台,该平台的功能主要是通过区级校本课程评选、教育成果现场展示活动、《奉贤教育》设特色课程专栏等方式积累校本课程资源,提炼区域校本课程成果,培养区域校本课程教师,激发学生学习潜能。

(一) 积累校本课程资源

课程资源是影响课程目标的制定和课程实施的重要因素,为了促进校本课程资源的开发,解决远郊地区课程资源短缺的问题,我们依托区域校本特色课程、特色教师、课程实施先进校、特色网站等各类评选活动,从基层学校将优质资源推介到区级评选,使校本课程成果在区域内发挥辐射、激励作用。

（二）提炼校本课程成果

根据校本课程开放的特征,对传统意义的"成果"进行了新的诠释。我们的"成果"分成四个部分:课程主题创意成果,资源合理有效利用成果,形式和途径创意成果,教育价值多元有效成果。校本课程建设的成果,主要看师生多元发展的效果,为此在区域校本课程现场展示平台中,我们一般采用开放手段,由学校分管领导、校本课程教师和学生作为成果收益主体,现身说法,介绍课程开发、建设、实施中的经验与收获。

三、校本课程成果展示平台实践策略

（一）"以评促建　以评促展　以评促教"策略

校本课程彰显着学校办学目标和特色,其宗旨在于促进学生的全面发展。为了激励教师和学生共同参与到学校课程建设中,奉贤区教育研究中心定期组织校本课程的专项评估,通过课程评估,有效拉动和持续激励学校主动参与校本课程建设,提升校本课程实施的质量,优化教育资源共享机制,推进区域校本课程的共建共享。为此,组建了校本课程评审专家组,本着公正、公开原则,对全区申报的区域实施先进校、课程特色网站、校本特色课程、校本特色教师的相关资料进行筛选与评审。

1. 评选区课程先进学校 建品牌学校

在区域校本课程管理与指导实践研究中发现：区域中如有一些学校在实施课程中,具有示范引领作用,则可以辐射到周边的学校,带动区域内学校的集体实施。

结合 2013 年奉贤区第十八届教学节,奉贤区开展了区校本课程实施先进校评选活动。首先结合区校本课程实践、调研,制定了《奉贤区校本课程实施先进校(示范校、优秀校)评选方案》、《奉贤区校本课程实施先进校(示范校、优秀校)评估细则》;其次,通过第十八届教学节开幕式发布《奉贤区校本课程实施先进校(示范性、优秀校)评选方案》及评选通知,指导学校提高校本课程建设。

在本次校本课程实施先进校评选活动中,共有 33 所中小幼学校提出了"奉贤区校本课程实施先进校(示范校、优秀校)评选"的申请,通过资料筛选,区校本课程课题组先行对 21 所学校(幼儿园)进行验收,充分运用《奉贤区校本课程实施先进校(示范校、优秀校)评估细则》,从实施方案、科目建设、过程管理、评价机制、保障机制、教研活动、实施成效等方面进行实地评估,从中提炼出校本课程实施先进校的特色经验和可传递的实践做法,促使更多学校树立品牌、创建特色、提高办学水平。

比如奉教院附小拓展课程已经成为学校课程文化的品牌,在奉贤区校本课程评选中获得"校本课程实施先进校"称号,迎来了台北两岸文化教育交流活动代表团、相关省市教育局领导、兄弟学校教师参观交流,在各类活动中受到好评。

2. 评选区校本特色课程 展课程成果

在加强研究、推进实践发展的过程中,区域大部分中小幼学校校本课程建设、实施呈现出前所未有的积极状态,涌现了一大批主题新鲜、内容生动、地方色彩浓郁的校本课程。与此同时,一批积极参与课程开发、教育潜质获得发挥、课程实施效果显著的教师也脱颖而出。奉贤区校本特色课程评选经历了三个阶段:

(1) 第一批特色课程评选

2011年对全区中小幼学校申报的164个申报项目,开展校本特色课程评选,最终评选出了64门区级特色课程。在此基础上分析64项特色课程案例,从中提炼出课程设计的要素,分析每个要素之间的逻辑关系,使课程设计更规范更系统,通过汇编《奉贤区校本特色课程掠影(一)》,有效推广校本课程科目方案的建设经验。

(2) 第二批特色课程评选

2014年3月对全区中小幼学校申报的第二批138个项目,分"德育实践"、"文化艺术"、"工艺美术"、"音乐舞蹈"、"科普与制作"与"体育与健身"六大板块,开展校本特色课程评选,最终评选出40门特色课程作为第二批特色课程项目。在原有校本课程方案的基础上进一步规范科目设计,充实课程资源。

(3) 特色课程复验

2014年12月对第一批64个项目进行了复验,审核通过61

个项目,综合第一、第二批复验、评选结果,最终有101个特色课程在奉贤区第十九届教学节"回归教育本源、聚焦课堂教学,提高教学指导力"会议上进行表彰。在区教育研究中心校本课程课题组的统筹安排下,101个特色项目分别落实相关学科的教研员进行指导。特色课程教师对原有课程资料进行重新梳理,针对疑难问题进行专项研讨,逐一解决,最终汇编完成《奉贤区校本特色课程掠影(二)》。

目前,101门区特色课程都有比较完整的配套资料,包括课程实施纲要、教案、课件等,每门特色课程建立了专题网站,从课程介绍、课程资源、活动新闻和成果展示等几个板块呈现其特色风貌,形成区域特色课程信息化资源平台,为各校开展课程建设提供了丰富的课程资源。区教育研究中心校本课程课题组及时选择普适性强的15门校本特色课程在区域开展共享,有效解决了部分薄弱学校校本课程师资培训问题,也为相同志愿学校找到教研伙伴,通过系列课堂教学、校本教材编写等主题研讨活动,提升了教师的综合能力。

这101门校本课程特色鲜明、易于实施,经过改造、提炼也逐渐成为奉贤区目前开展STEM课程实践研究的课程资源。

3. 评选区校本特色教师 树学习榜样

为进一步激发广大教师开展校本课程研究的积极性和创造性,推动校本课程教师专业素养的自我创新、自我提升,打造高素质、有特色的校本课程教师队伍,结合我区实际,在全区范围内开展了校本课程特色教师评选活动。

校本课程课题组对教师提交的校本课程及相关配套材料进行审核,然后进行面试答辩。要求参选教师从课程目标、课程内容、课程实施以及取得成效方面进行说明介绍,通过两轮选拔后,脱颖而出的教师进入课堂实施评比。综合三项成绩评选出一批在校本课程开发、建设与实施中成绩突出的教师。区域校本课程特色教师评选活动激发了广大教师开展校本课程研究的积极性和创造性,促使教师进一步完善校本课程方案、课程教学活动设计、课程讲义(教材)、教学配套材料等课程资源,分享校本课程实施经验和特色,重新审视所开发课程的科学性、适切性和完整性。

区校本课程课题组为特色教师提供共享平台,协调他们组建区级共享课程课题组。每位特色教师主持一门区级共享课程,定期为全区相关学校培训教师,分享教材、教学设计、作品等教学资源。通过区域共享,目前已经带教出了一批校本课程的骨干教师。实施至今,这些特色教师在全区各类学校产生了较大的影响力,优秀的课程和经验在区域层面得到最大限度的共享。

(二)“课程论坛 联盟展示 现场研讨”策略

奉贤区坚持构建“全面课程、校本特色”的课改目标,通过组织主题鲜明、内容丰富的学校校本课程展示活动,引领和帮助全区学校吸收、借鉴先进的校本课程建设经验,为发展和提升学校校本课程建设水平提供动力。为此,奉贤区教育研究中心定期组织课程建设现场交流会和成果展示会,让学校之间互相学习课程经验,反思自己课程建设的薄弱环节,实现校际之间的课程经验分享。

1. 课程论坛

校本课程专题论坛平台的作用发挥,是通过学校领导课程论坛、教师教研论坛的形式实现的。

(1) 举行学校领导课程管理论坛

校本课程开发和实施的关键在校长、教导主任等的课程领导力,为了促进经验共享和问题解决,奉贤区教育研究中心定期开展主题为"校本课程实施的过程性管理"校级分管领导主题论坛活动。学校管理者们围绕主题畅所欲言,亮出自己的"法宝",晒出各自的过程性管理措施,取得共享经验、共思困惑、共谋发展的效果。例如,在第十八届教学节"优化教育资源共享机制,提升校本课程建设水平"主题活动中,举行了6场中小幼校(园)长、分管领导论坛活动。

其中,幼儿园园长、书记专场主要围绕"强化幼儿发展意识 提升课程建设水平"主题,从幼儿园课程质量"自主监控机制"的建立、幼儿的全面发展关注等方面展开了现场研讨;小学分管校长论坛专场主要围绕"整合资源 培育特色 提升课程执行力"主题,由奉教院附小、金水苑小学、解放路小学等六所学校分管校长进行了汇报交流。他们畅谈提升课程执行力的相关思考与困惑:学校课程建设渗透育人价值的方法与经验,探索基础型课程校本化实施的有效路径,学校培养特色教师的"六个一"经验,校本课程实施的管理和评价,校本课程从规范建设到特色创建的管理历程……中学校长专场则以"优化教育资源共享,提升校本课程建设水平"为主题展开现场研讨。

中小幼领导们呈现了许多基于实践问题,通过行动研究来推进校本课程建设的鲜活案例,有效提炼着校本课程管理经验,大家达成了共识:校本特色课程是从学生发展的角度出发,培养学生终身受益的习惯和素养,学校不能仅仅局限于国家课程的校本化实施,更应自觉担负起校本课程建设的责任。校长要站在引领教师发展,促进学生成长,助推学校办学品质提升的高度来建设校本课程,既要立足于长远目标,做好规划方案,又要通过行动研究推进校本课程建设,并在实践中形成可供借鉴的校本课程管理经验。

校本课程论坛展示活动,进一步提升了区域中小幼学校校(园)长课程领导力的责任意识、学习意识和发展意识,实施先进校的校本课程管理和实践经验在区域范围内辐射,为其他学校提供借鉴经验、实践学习的平台。论坛中参会领导、专家对各校的交流进行评价,并提出建设性的意见,这样也为各校指引了课程深入开发与完善的方向,让校本课程建设能开启更远的航程。

（2）开展教师课程教研论坛

教研工作一直是推动课程改革、促进教师专业发展的重要力量。当下部分研究性、拓展型教师对教研活动参与积极性不高、互动性较弱,教研员虽尽心尽力、呕心沥血,但开展教研活动却得不到一线教师的积极响应和有力支持。

为鼓励一线更多教师能结合学校资源开发出具有学校特色的课程,区校本课程课题组利用日常教研活动,组织各校研究型、拓展型课程教师开展教师教研论坛活动。每次活动都隆重推出一名区域校本特色教师作校本课程开发与实施方面的专题讲座,这一举措受到一线老师欢迎。

例如:《花卉栽培与探究》是奉贤区校本课程特色教师朱老师带领西渡学校科学教师开发的一个特色课程,也是长周期实践活动的一个比较典型的案例。为了提高广大教师参与课程开发的热情,2014 年 4 月朱老师作了《实验探究类主题活动指导要点分析》教研论坛专题讲座,分别从"主动学习　资料搜集"、"合作沟通　栽培方法"、"观察记录"、"设计方案　控制变量"、"数据整理与分析"、"交流与展示"六个板块作了详细的交流,在座教师都觉得受益匪浅,许多教师发表各自的收获、体会,部分老师也分享了自己课程开发的艰辛历程,教师们都深深地感受到一个课程成功开发的背后凝聚着教师自身的努力、学生的积极投入、领导的大力支持、教研员的殷切指导甚至家人极大的鼓励。这样的教师教研论坛大大提高了教师的课程研究积极性。

2. 联盟展示

校本课程体现着学校的文化和办学理念,是一个地区教育质量的标志性要素。对于上海的远郊而言,教育均衡发展是教育工作的时代命题,如何借助课程改革实现城乡均衡发展是区教研部门的重要课题。奉贤区教育研究中心借助区域教育品牌项目——紧密型办学资源联盟,通过边实践边总结的方法探索出了联盟体学校校本课程共享共建的途径与方法。

结合奉贤区第十八届教学节活动,区各学段学校举行了"联盟体校本课程共享推进现场展示活动"。通过资源联盟展示,有效提炼区域校本课程的成果,为奉贤区校本课程整体推进起到引领作用。

(1) 古华小学联盟体共享课程展示

古华小学联盟体课程共享推进展示活动"走进传统节日,传统民族文化"在青村小学举行。

参加活动的领导和老师先观摩了联盟体学校"舞韵莲香"、"魔幻空竹"、"制蒸糕"、"写对联"、"做灯笼"、"编香袋"、"包汤圆"等民俗节日文化现场展示,充满浓浓民俗风味的各类表演展示赢得了在场领导和老师的好评;古华小学、青村小学、头桥小学三位教师分别执教了《小雪花迎新年》、《家乡春节的习俗》和《合理利用压岁钱》等"节文化"课程。

古华小学徐校长作了资源联盟体《节文化》校本课程建设与共享推进的主题发言;区探究中心组成员、古华小学《节文化》校本课程的开发者之一顾老师结合课程推进经历,作了《当好"节文化"课程推进的使者》发言;青村小学胡老师、古华小学家长代表也上台分享了课程实施给自己、给孩子带来的改变。上海市拓展型、研究型课程教研员江铭初对活动作了精彩点评，他就活动从"实现了将教师传统的教转变为学生充分的体验"、"实现了传统和现代的巧妙融合"等两方面的突破作了充分肯定。

古华小学作为盟主学校，在教研联动、师资流动、课程走动等方面起到了引领作用，特别是在课程的推进中较好地实现了共建共享。

（2）奉城二小联盟体共享课程展示

奉城二小举行的主题为"加强课程管理与指导 推进校本特色课程建设"的校本课程区级展示活动。来宾参观了奉城二小校本课程建设的成果展，观摩了集体舞，欣赏了表演类课程成果：铿锵有力的花鼓，活力四射的健美操，优雅欢快的舞蹈，声情并茂的童声大合唱，场场表演都博得了来宾们的阵阵掌声。三位老师分别进行了校本特色课程的课堂教学展示。来宾们对呈现的课程资料、老师和学生的课程作品赞赏有加。

研讨会上，奉城二小校长进行了主题发言；结合校本课程专题片的放映，与会人员对奉城二小的课程建设和管理有了进一步的了解。区教育研究中心副主任从"感谢、感受、想法"这三个方面道出了他不虚此行的真切感受，并对《轴承的秘密》这一校本课程下的实践课《轴承的装配》进行了专业性的点评。教育局分管局长对区域校本课程建设工作给予了高度评价，对这次活动进行了充分肯定。他认为:农村小学的校本课程建设能够开展到这样的水准足以体现了学校行政团队管理的策略和谋略,并由此强调:一支优秀的教师队伍、一个优美的学校环境和一所学校的文化建设是学校发展的根本,是推进校本特色课程建设的有力保障。

本次联盟展示活动,使各校进一步明确了校本课程建设的内涵,明确了开发、建设、管理校本课程的有效方法,还有尤为重要的是要重视校本课程建设的育人价值。

(3) 实验小学联盟体共享课程展示

实验小学举行了主题为"五校联动'玩'泥巴,课程共享陶泥香"的联盟体课程共享推进展示活动;实验小学把多年来培育的校本特色课程"让泥巴'活'起来"推向联盟体各校共享,让特色课程在另一方校园里生根发芽,开花结果。

参加活动的领导和老师们首先参观了实验小学联盟体师生的陶艺作品,一幅幅充满创意和童趣的作品,得到了参观者的好评;然后进入课堂观摩了"泥巴"特色课程的执教者张老师为联盟体内教师上的陶艺技能培训课,之后实验小学、金水苑小学、江海三小共享该课程的教师分别上了一节陶艺活动课。此次展示活动内容丰富、形式多样,参与活动教师都觉得很有收获。

课程是土壤,是跑道,是桥梁,也是学生腾飞的支点。一切有利于学生幸福、健康成长的课程,都是好课程。每场现场展示活动,有学生学习校本课程成果展示,有校本课程特色教师课程教学展示,有学校分管领导的管理论坛,有校本课程实施先进校经验交流……奉贤区凭借着资源联盟体机制,有效搭建校际间交流平台,实现联盟体学校间的"共享、共建、共生"。

3. 现场研讨展示策略

为促进本区各校校本课程教师的专业成长,形成教师间积极进取、相互学习、交流合作的浓厚教学氛围,也为了给教师一个展示教学风采的舞台,课题组充分利用教研活动、教学节活动等开展校本课程课堂教学展示。

(1) 展示学生 激发热情

校本课程的开发与实施的宗旨是满足学生的个性化需要,所以,学生是校本课程的第一主人。通过课堂展示、专栏展示、活动展示、档案袋展示等多种形式,充分展现学生学习校本课程的过程和结果,关注学生的多元发展,关注学生的需求,不但满足了学生体验成功的需要,更能有效激发学生学习校本课程的热情。如将学生的书画、剪纸、陶艺等作品装点学校墙壁、橱窗、宣传栏,在举行学校体育节、读书节、艺术节期间展示师生的演讲、绘画、写作、表演、书法、制作、舞蹈等成果,在学校的德育、少先队等主题活动中让有特长学生露一手等等,通过展示,激发学生学习热情,为学生提供成长平台。

(2) 展示教师 树立信心

为了让每位校本课程教师能够充分感受到自己"劳有所得",校本课程管理课题组尽可能地为全区各校教师搭建校本课程优秀成果展示平台,通过搭建区域校本课程现场研讨展示平台,提升教师课程开发能力、提高教师课程实施水平。

(3) 展示学校 创造品牌

形成办学特色是学校持续发展的坚实基础,在发展中呈现独特风格,是学校强劲生命力的体现。校本课程的开发、实施与展示是形成学校办学特色的有效途径,通过搭建校本课程评价平台,开展三级评估、评比展示,有效促进了区域学校课程开发与实施工作走上常态化,加强了学校的特色办学建设。

借助教学节平台,奉贤区各学段举行了"联盟体校本课程共享推进现场展示活动",学生表演、课堂教学展示、总结汇报、家长心得共享,展示了各联盟体校本特色课程,优化了教育资源共享机制,提高了校本课程建设水平,深受好评。

(三)"设立奉贤区校本特色课程专栏"策略

《奉贤教育》是奉贤区教育局组织编辑的一份体现奉贤教育教学经验的杂志,为了促进本区各校校本课程经验交流与分享,《奉贤教育》设立了【特色课程专栏】,刊登有关中小幼儿各校在开展校本课程建设方面的成果。中小幼教育管理者、教师都可通过《奉贤教育》杂志,借鉴到来自各校的课改经验。比如第十八届教学节,以"优化教育资源共享资源,提升校本课程建设水平"为主题,举行了课程论坛、现场展示活动,积累了各中小幼学校丰富的校本课程管理与实践方面的经验,为此《奉贤教育》2014 年第 1 期编撰了《奉贤区第十八届教学节专辑》,在专辑中包含品牌建设、课程论坛、育人叙事、资源联盟、教师风采、特色经验、获奖平台7个栏目,为区域校本课程建设积累了阶段性的经验。

第三节 校本课程互联网+教研平台建设

一、校本课程互联网+教研平台建设背景

2015年,习近平总书记在中央网络安全和信息化领导小组第一次会议上讲到:"当今世界,网络信息技术日新月异,全面融入社会生产生活,深刻改变着全球经济格局、利益格局、安全格局。世界主要国家都把互联网作为经济发展、技术创新的重点,把互联网作为谋求竞争新优势的战略方向。"

今天,学校教育教学内容、手段、方法及其效能都经受着极大的挑战,课堂教学方式呈现出个性化、资源化、互动化、社群化、数据化等方面的变化,互联网为实现区域乃至更大范围的优质教育资源共享创设了条件,为推动区域教育均衡发展保驾护航。目前移动手持式终端设备已经非常普及,上海的中小学生普遍拥有和使用智能终端设备(如智能手机、平板电脑等),如何把教师、学生和家长的移动智能设备用于教育教学中,借助移动终端开展智能学习,使之成为现代教育不可或缺的补充模式,是我们每个教育人应该思考的问题。

顺应这种趋势和要求,我们围绕《区域中小幼校本课程指导与管理实践研究》课题的目标要求,利用网络技术的优势,搭建了校本课程互联网＋教研平台,逐渐营造成一个开发放式的教、学、管三位一体的综合环境。

二、校本课程互联网＋教研平台基本功能

区域校本课程互联网＋教研平台可以通过区中小学校本课程实施共享与评价网络平台、区域 FTP 共享资源网、QQ 群、微信群、微信公众号等多种方式实现。借助这些方式进行信息交流、资源共享,有利于彰显学校办学特色、展现校本课程成果经验、促进教师专业发展。

（一）课程共享评价

奉贤区中小学校本课程实施共享与评价网络平台,是由区教育研究中心校本课程课题组与软件开发公司经过设计、开发建立的。平台上设立了主题研讨、课程要求、学校方案、学习设计、活动案例、校本课程、论文交流等栏目,做到动态资源与静态资源相结合。借助这一平台,进行区域校本课程信息交流,形成全区学校的共享资源,主要功能有五大类:上传区域内基层学校有关课程建设的主要动态;为基层学校开发建设课程提供必要的资源信息;按课程设置要素为基层学校提供课程评价系统;利用网络开展课程建设、师资队伍建设培训活动;为各类课程建设活动提供信息技术支持。

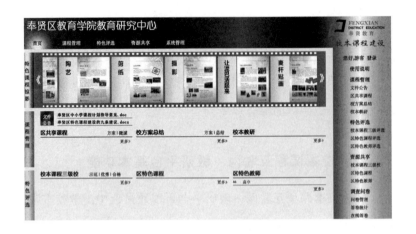

（二）即时互动交流

移动微信公众号是新媒体时代强有力的新生力量，也是实现移动教学的重要载体。移动微信公众平台能及时发布活动报道，实践网络教研，使校本课程建设上一个新台阶。下面以"奉贤STEM教育"微信公众号为例介绍移动微信公众平台主要功能包括：

1. 群发推送

向用户推送信息，群发文字、图片、语音、视频等类别的内容，并且通过后台的用户分组和地域控制，实现精准的消息推送。目前关注"奉贤STEM教育"微信公众号的人数越来越多，阅读量不断攀升，通过群发推送，及时精准地推送有关校本课程、STEM课程实施的活动报道、实践探索等信息。

2. 自动回复与自定义菜单

公众平台的编辑模式可以通过简单的界面编辑设置自动回

复,用户可根据关键字,主动向公众号提取信息,实现"对话即搜索"的服务。编辑模式还允许服务公众号创建自定义菜单,使用户可以通过点击菜单项获取消息。

如:"奉贤区 STEM 教育"微信公众号被添加的自动回复内容:感谢您对"奉贤 STEM 教育"微信公众号的关注,我们将努力为您提供最新的 STEM 教育咨询,更精彩的文章,把您所关心,关注的信息及时发送给您。

3. 自定义接口

公众平台的开发模式提供了自定义菜单接口,开发者可以创建自定义菜单,实现功能按钮,获取订阅者,提供位置服务等,为用户提供更为个性化的服务。

4. 数据统计

数据统计是微信公众平台在发展中增加的一项功能,包括用户分析、图文分析、消息分析和接口调用分析。数据统计功能也为移动学习中的学习分析提供了基础。

如"奉贤 STEM 教育"微信公众平台

(1)用户分析

用户增长　　用户属性

ⓘ 本页根据昨日数据来计算,而用户管理页根据当前数据计算,两者不一致。

昨日关键指标			
新关注人数	取消关注人数	净增关注人数	累积关注人数
1	2	-1	799
日 ↓83.3%	日 ↑0%	日 ↓125%	日 ↓0.1%
周 --	周 ↑100%	周 ↑0%	周 ↑3.1%
月 ↓87.5%	月 ↑100%	月 ↑114.3%	月 ↑5.5%

(2)图文分析:

① 单篇图文

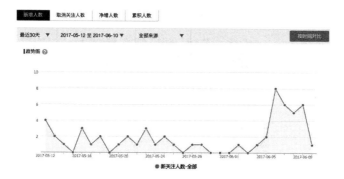

② 全部图文

文章标题	时间	送达人数 ⇕	图文阅读人数 ⇕
【培训报道】蝶舞漫谈，看校本课程建设——…	2017-06-09	792	56
【培训报道】务实笃行 为STEM科技教育之道…	2017-06-09	792	82
【培训报道】聆听专家讲座 助力校本课程建设…	2017-06-08	790	73
【培训报道】"让学校到处流淌着奶和蜜"——…	2017-06-08	790	112
【培训报道】What?Why?How? 人工智能点燃…	2017-06-08	790	65
【培训报道】着眼创造型教学 丰富校本课程…	2017-06-07	782	183
【培训报道】开启集成型STEM，出发啦！—…	2017-06-07	782	140

2017-06-04 至 2017-06-10 ▾

5. 素材管理

三、校本课程互联网＋教研平台实践策略

当前课程改革的深入发展,教师需要技术、资源,也需要一种新的思维方式,互联网＋教研就给教师的专业发展带来了便利。教师在课程改革中的困惑和问题需要教师通过教学反思、同伴互助、专业引领等教研方式来解决和提高,互联网＋教研就恰好提供了这样的平台。我们课题组充分借校本课程互联网＋教研平台展开"主题网络教研"、"校本课程共享"、"课堂师生互动"、"现场即时评价"、"移动微信交流"等实践策略。

(一)"主题网络教研"策略

随着基础教育课程改革的发展,新课程实验的深入实施,给我们带来了全新的理念,全新的课堂,教研活动的方式也随着发生变化,网络教研应运而生。我们从中小幼实际出发,结合本区中小幼校本课程教师的需求,针对校本课程实施中难点、热点问题开展主题网络教研活动,实现资源的交流与共享,促进教师的专业发展。

1. 依托信息化开展主题网络教研

校本课程大多是学科教师兼职的,容易受各种情况的束缚,开展现场教研活动特别困难。有时进行新课程培训,一些学校也会因为课务等原因只能安排少数教师参加。由于培训缺乏,很难达到教研为教育教学实践服务的效果和目的。主题式网络教研,则充分利用网络速度快,信息发布及时,不受时间和空间限制,使教研活动透明度、参与面和交流面实现了最大化。

我们充分利用区中小学校本课程实施共享与评价平台上的主题研讨栏目,每月组织两次网络教研活动,以一个主题为核心进行研讨,解决了众多教师参加教研活动时间不一致的问题。节省了区域边远地区的教师在往返途中的时间,一定程度上避免了教师们的辛苦与劳累,可以把主要的精力放在主题网络互动教研中,也保证了教研活动及时有效地为基层服务。同时,利用区域校本课程 QQ 群及时提醒校本课程教师参与区域校本课程实施共享与评价平台上发布的关于开展"主题活动设计方案"和"学生活动方案撰写"研讨信息,并对各校参与网络教研的情况进行汇总与反馈,扩宽了教研的空间。

开展校本课程主题网络教研活动以来,我们聘请校本课程专家参与主题网络教研,充分利用网络资源,打破了传统的教研活动由听课、评课、专家或领导主讲的形式,规避了教师们碍于面子,不提、少提或婉转地提反面意见,造成人云亦云的虚假教研。教师们依托网络的优越性与隐蔽性,消除顾忌,肯定什么、否定什么,直言不讳,激发了教师对教学形式和教学方法主动思考、认真研究的积极性,做到了民主互动,共研共享。同时,充分发挥教研员率先引领的作用,利用网络与专家及时互动,请教主题教研活动实施的困惑,解决主题教研的不足之处,通过分享教学经验,共同切磋,共同成长。

2. 主题网络教研开展课例研究

校本课例研究是一种以课例为载体的课堂行动研究,是以教师所在学校为基本单位,在教研组织者和优秀教师的引领或指导下,通过对课例的研究活动来促进教师专业成长的一种教学研究活动形式。这种教研活动形式,能有效地促使教师仔细考虑课例中的每一个问题、每一项活动和每一种方法,帮助教师清楚地发现特定的课堂教学问题、活动和方法是如何激发或抑制学生的学习积极性的,有利于教师发展教学反思能力、分享教学智慧、丰富教学实践经验,促进教师教学行为跟进,使教师在教学工作中更快地成熟起来,从而获得更好的专业发展。课例研究与一般的教研活动相比,最明显的差异之一就在于最后要完成一个比较规范的课例研究报告。例如:

《走近微生物》是尚同中学宋老师负责的一门校本课程。为了提高本区初中探究型课程教师对校本课例研究能力,2016年5月—6月,区探究型课程教研员组织区内20名骨干教师参加本次校本课例研究活动,将20人分为教学设计组、教师观课组、学生观课组、前后测组四个小组,老师们在对学生充分观察和了解的基础上,以学生为本,共同提炼确定研究主题《比较不同品牌洗手液的抑菌效果——实验方案设计》,由宋老师上这一课。

这节课以科学探究的方式为主线,将实验设计作为教学重、难点,通过小组共同设计实验,体验接种、培养微生物等实验操作,培养科学探究素养,提升分析问题和解决实际问题的能力。在本次校本课程课例教研中,教学设计组教师根据研究主题共同参与完成课例研究教案设计,并进行三次课堂实践,前测后测组、教师教学组、学生学习组通过观察、记录等手段发现问题与不足,并在区教研专家指导下进行评价与反思,把焦点集中在授课中的困难、学生的反应上,大家集思广益为下一轮研究课设计提供丰富的资源。

通过三实践两反思,提炼总结出了"有效设计学生探究活动,培养学生高层次思维能力"的教学策略。同时也帮助宋老师完成了《比较不同品牌洗手液的抑菌效果——实验方案设计》课例报告,为区域其他学校教师开展课例研究提供了借鉴作用。

3. 主题网络教研延续课堂研究

传统的教研活动,一旦活动结束,研讨也就随之结束,活动中所渗透的教学理念、教学思想和教学方法,要通过参加活动的教师转达,其效果往往会大打折扣,如果时间久远还可能会遗忘。在主题网络教研中,我们把活动的内容、活动所体现的教学理念与教学思想,通过网络传递给每一位教师,教师可以不受时间的限制,随时都可根据自己的需要进行学习、分析和研究,发表评论,甚至还可以把学习的心得体会通过网络发帖与同行交流。

2015年10月《塑料的特性》探究课中,教研员首先通过网络预告活动内容要求,教师们登陆平台,点击观课,教师边观课、边及时将自己观课想法留言在平台上。教研活动研讨的进一步延续,使广大专兼职课程教师既能足不出户就能感受区校本特色教师课堂教学风采,又能与教研员、优质教师共同享有教研活动。

通过主题网络教研,教师们将自己在教学中遇到的问题或自己认为曾经在教学活动中比较成功的教案、案例、课件、经验等发帖到论坛,与教研员、同行共同思考、讨论、吸收、分享,使教研活动能够介入教学全过程,贯穿在教师的教学设计、教学实施和教学反思等环节。请其他教师来发表评论,说说他们的想法和做法,提出工作中遇到的实际问题和困惑,寻求有经验老师们的帮助。网络的及时性、互动性为教师们解决了教育教学活动中随时可能产生的问题,达到了主题资源共享。一课多模的网络教研形式,促进了教师们的专业化发展。

主题网络教研促进教师的自我反思和发展,改变了教师的学习状态、工作状态,极大增强了教师参与教研的自主性,创生出崭新的网络教研文化。

(二)"校本课程共享"策略

校本课程建设是指在校本课程相应的教师队伍、教学内容、教学方法、教学管理等方面进行持续建设,以打造出区域优质的校本课程。课程建设是为了提高课程质量的一项重要措施,对深化教学改革、全面提高教学质量和人才培养质量,促进优质教学资源共享、充分发挥精品课程的示范和辐射作用具有深远意义。

互联网+平台能为区域优质课程建设提供分享、交流,学校教师可以将校本特色课程电子教案、电子课件、录像课等资源上传到相关栏目,提供其他学校教师浏览、下载和使用,为基层学校开发校本课程提供必要的资源信息,使优质课程资源在全区不同学校中进行共享。

奉贤区在《区域中小学校本课程实施共享与评价平台》上共享着101门区级校本特色课程,奉贤区教育研究中心校本课程课题组成员利用事先组建的QQ群发布即时通知,积极引导各校教师主动、自觉地上网浏览学习各校课程建设成果,区域通过查看点击率了解各校阶段性浏览学习次数,督促、帮助各校及时了解区校本课程先进校的创建经验和新的创建规划,促进学校校本课程不断完善。基层教师通过在线浏览、下载课程资料,及时补充了本校课程教学中资料的不足,为教师自主备课提供了丰富的课程资源,让师生跨越时空分享课程建设成果,并通过一定形式呈现学生共享的经历、经验和成果。例如:

近年来,我国心血管疾病患病率持续上升,心肺复苏作为一项在关键时刻能延续生命的基本急救技术,目前在国内普及程度仍相当有限。为此,专家建议,应尽快向公众普及心肺复苏技能知识。

针对本区专题教育专职教师稀少、任课教师兼职严重现状,2014 年 11 月区教研员充分利用奉贤教育云平台,组织教师开展《心肺复苏》拓展课网上观课、议课活动,教师们在教育云平台中积极互动,模仿演练心肺复苏的基本操作方法、亲身感受着资源共享的成果,收获着同伴互助的快乐,距离、时间已经不是问题。一些老师提出了好多可行且有效的方法,受到网络教研的启发,大家纷纷在奉贤教育云中建立了个人空间,上传自己积累的教学资源,大大拓宽了教师相互学习的渠道。

(三)"课堂师生互动"策略

互联网 + 平台的课程建设除基本教学资源的建设外,还结合目前教学方法的改革,如以问题为基础的学习,以案例为基础的学习,以团队为基础的学习等新的教学法的实施。教师课前将准备的思考题、相关学习资料等发布到网络,学生通过自主学习、小组讨论等进行预习,网络论坛上学生围绕重点问题深入交流讨论,教师引导总结,这样的教学方法也提高了学生学习效率,激发了学生的学习兴趣和积极性。

一方面丰富的学习资源促使学生在线学习时间延长,多元的学习资料、学习手段促使其能更好地掌握知识点,自主学习过程又培养了学生发现问题、思考问题、解决问题的能力;另一方面通过网络和教师进行"面对面"交流,打破课堂教学的时间和空间限制,拉近师生间、学生间的距离,教师引导解答、在线集体讨论等方式有效提高了学生的学习积极性,思想火花的碰撞有利于个性和创新能力的培养。

（四）"现场即时评价"策略

互联网＋平台便于学校本课程教研组的资料收集、展示、共享,也利于学校间相互学习、借鉴、评价。

特色课程是以学校为主体的课程样态,课程评价的主体是多元的,校长、教师、学生、家长,以及其他相关人员都是评价的主体,可以根据学校实际情况让其参与课程评价过程。特色课程的评价内容包括对学生的学和教师的教,对课程自身等方面的评价。对学生学的评价应采取过程性评价方式,如描述性评价、故事评价、个案评价等,在评价中关注学生之间的兴趣和个性差异。特色课程的评价方法可以借助信息化平台,伴随特色课程实施过程即时评价课程;可以设计一些学生喜欢的活动,发挥学生在课程评价中的主体性,对教师的教和课程进行评价。

奉贤区已逐渐将区校本课程管理的评价体系融入区中小学校本课程网络平台,实现便捷的区域校本课程业务管理与指导,网络平台规范了学校校本课程先进校、特色课程、特色教师评选的网络申请、评选、审核、公示的制度,使评选更公平公正。同时发挥平台的评价作用,在实施中优化评价指标,在以评促建中有序开展"三级校"(合格、优秀、示范)的评选活动,通过三项评选工作,进一步加强对各校校本课程的质量评估,同时也完善了相应的评选流程和评价指标,形成了校本课程管理的评价体系。

随着校本课程开展的深入,我们也将利用信息化平台对校本课程课堂实施情况进行评价反馈,改变传统的布置课后作业的反馈办法,引入信息技术开展即时评价。一个教学环节结束后,通过教师终端向学生终端推送题目,让学生当堂练习巩固,并根据学生掌握情况及时调整教学策略。这样的动动手、动动脑的学习,让孩子们感到趣味盎然,越学越有劲。

(五)"移动微信交流"策略

在无线通信技术和移动设备盛行的当下,手机网络受到越来越多的人的关注,《第34次中国互联网络发展状况统计报告》显示,截至2014年6月底,手机网民规模达5.27亿,手机使用率高达83.4%。与此同时,微信作为手机客户端安装率最高的应用软件之一，其免费、便捷、可移动性受到广大人群的青睐。中国社科院发布的《2014 年新媒体蓝皮书》中指出，微信注册用户量已达 6 亿，其中年轻人占主体地位。这说明在手机等移动设备普及的今天，微信已经成为人们学习、生活和人际交往中不可或缺的交流工具。为了充分发挥校本课程移动平台的作用，课题组特别制定了微信群在线交流、朋友圈推送信息等两大策略

1. 微信群在线交流

当每个人把眼球都集中在手机、iPad 等便携设备上的时候，微信作为一款集通讯、社交平台于一体的移动性应用软件，正在改变着他们的学习和生活。在此背景下，如何挖掘微信的教学价值，并利用其为我区校本课程建设提供支撑，成为当下非常值得研究和思考的课题。

在传统课堂教学中，就有协作式的学习模式，主要以小组的形式开展面对面的交流，虽然这种交互形式更直接化、情感化，但是整个过程是非记忆的。我们在区域校本课程教师培训中使用了移动微信平台，不仅效果好，而且教师

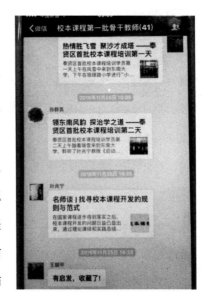

们过程性的思考能够被及时地记录下来。这些学习共同体成员具有相似学习目标,愿意与他人交流和共享,通过移动学习共同体,教师们围绕校本课程学习主题和任务,共同讨论、协作、交流、互动,解决面临的问题,分享各自的资源、经验、成果。借助"奉贤区校本课程微信群",每次活动的前后,老师们都能在微信群里展开积极的探讨,每期的活动内容都呈现了很多老师互动交流的记录,大家随时随地参与互动交流,及时解决教学中的问题。

2. 朋友圈推送信息

微信开放平台为第三方移动程序提供了基于 iOS 和 Android 系统的开发工具包,应用开发者可通过开发工具包将微信功能接入第三方应用,将第三方程序的内容发布给微信好友或分享至朋友圈,使第三方内容借助微信平台获得更广泛的传播。"奉贤区 STEM 教育"微信公众平台的每期内容都做到记录详细、内容写实、排版精致。正是有了这样的高标准、严要求,公众号获得了越来越多的关注度,得到了同行教师们和专家们高度的好评。

如:"【活动报道】培养跨学科素养,大力推进校本课程建设"、"【实践探究】健康呼吸 绿色桥乡——头桥中学防治PM2.5 STEM 课程"等许多活动报道就是通过"奉贤 STEM 教育"微信公众平台进行推送,发布给微信好友或分享至朋友圈,使该活动报道借助微信平台获得更广泛的传播。如下图所示:

微信公众平台搭建了多方联系的平台,目前我们通过奉贤区教育学院 STEM 微信平台,不仅可以发布区域校本课程管理方面官方信息,同时可以定期转发基层学校有关校本课程方面的活动报道。区校本课程管理者、教师、家长、学生就是通过关注"奉贤 STEM 教育"公众号,订阅奉贤 STEM 教育及奉贤校本课程的信息,及时区域参与校本课程活动。

下阶段,我们将进一步开发校本课程微信选课平台,这是一款依托于学校微信公众平台的软件,为学校校本课程的开展而设计。其目的在于去除手工选课强行分配的弊端,让教师、学生自主选择,公平公开,同时达到宣传学校的目的,起到资源共享、成果展示的作用。

第四章 强化课程指导中的区域行动

强化课程指导中的区域行动主要指向三个方面,即区域课程指导中的工作思想、主要原则以及多元策略等。

具体的工作思想是指针对区域校本课程实施和指导中存在的问题重新定位区域课程指导的方式,从原来自上而下单向层层推进,改为以校本课程开发环节为主,教研员和基层学校教师共同围绕以问题为主题的指导。课程指导的主要原则,特别强调了要面向全体、双方参与、经历过程,要充分体现分层和个性的指导,确立课程指导的准绳。

具体的指导策略,主要以案例形式从校本课程指导的内容、方法和途径等维度来阐述,是汇集各种经验之后,总结出的一系列具有代表性、有针对性的做法。

特别是要结合学校的具体实际情况选择相应的指导方法,这是提高课程指导针对性和有效性的重点。

第一节 区域指导实践中的工作思想

在奉贤区"全面课程、校本特色"课改思想指导下,经过多年的实践、推广,学校校本课程的实施在课程理念理解、课程资源开发、课程管理等方面取得了令人欣喜的成绩;但同时我们也看到,校本课程开设和实施的状况仍不容乐观。从这几年实践研究的成果和取得的经验来看,强化课程指导中的区域行动是校本课程有效实施的重要策略。

一、校本课程实施中存在的主要问题

为了进一步了解区域内学校本课程的开设和实施现状,提高区域课程指导的针对性和有效性,课题组对全区部分学校的校长、教师进行了问卷和访谈调查,调查结果表明,校本课程建设工作在各校正得到越来越重视,一批具有学校特色、有利于教师专业发展、有利于学生个性发展的校本课程日趋成熟,校本课程建设得到不同程度的提高,但校本课程实施的现状还不容乐观,遇到了许多的问题和困难,如部分学校课程意识还不强,缺乏系统的课程实施方案;部分学校虽能够开设课程,但课程的序列性还需要研究,落实情况不够理想;校本课程推进中缺乏骨干教师和专职教师的引领,课程资源贫乏;课程实施中缺乏专业指导和系统培训等等。造成这些问题的原因除了有来自学校自身管理的问题外,还有区域业务指导部门对基层学校指导不够到位等因素。

以下例举几个调查问题的统计结果:

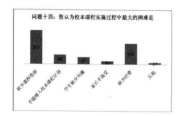

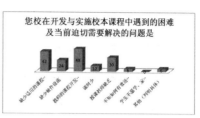

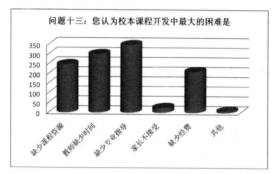

从列举的几个调查问题来看,其在课程开发和实施中遇到的最大困难主要有学校课程管理的问题,有专业指导和培训的问题,有课程资源开发和利用的问题等。这些问题仅仅依靠"学校开发和实施"是远远不够的,必须要有专家的专业指导,提供相关的平台,并拓展其视野。区域教育研究中心有责任也有义务解决学校课程开发与实施中的专业指导问题。

二、校本课程采用区域指导的必要性

为有效解决上述问题,课题组认为,在课程实践中应根据地区实际情况采用区域指导的行动策略来整体推进课程实施,发挥区教育研究中心的指导作用。

传统的教研部门是建立在学科教学课程体系之上，协助教育行政管理机构进行业务管理和指导的部门，主要是帮助区域学校提高课程教学水平，提升教育教学质量。极大部分的教研员对于学科课堂教学的指导经验比较丰富。然而当"课程设计"的开发与指导任务摆在面前的时候，部分教研员也一时难以适应。

因为随着校本课程实施的不断深入，当校本课程回归以校为本，进入到按需要开放之后，满足校情前提下的开放，使原先传统的指导方式已经难以适应校本课程实践的现实要求，从而给传统意义上的指导者提出了指导什么，如何指导的新问题。为此，教研员对校本课程"指导"的现实主体位置变了，指导者要对校本课程作新的认识，要从单向的指导，转向帮助基层学校了解校情，分析学校资源，协同学校教师了解学生发展需要，进而站到基层学校助手的位置上，成为校本课程开发的共同体。

今天的校本课程建设，必须突出学校主体在课程建设实践中的自主地位，从自主需求（教育价值、教育资源需求）的角度，与客观环境发生互动，满足从主题开发到内容选择，从资源利用到过程落实，从接受评价到改善成熟这么一系列建设过程。指导者（教研员）应当成为学校的伙伴，发挥自身作用，协助或协同学校开发，才能实现指导者的真正价值需要。作为指导者（教研员）来说，在给学校带去思路、方法、技术的同时，要将基层校本课程建设中存在的问题和困难带回来,并通过自己的研究和努力,帮助学校解决实际困难。

综上所述,区教育研究中心要重新定位区域校本课程教研工作,应从原来自上而下单向层层推进,改为以校本课程开发环节为主,教研员和基层学校教师共同围绕以问题为主题的研究与实践,从而提升区域课程指导中的针对性和有效性。

(一)　整体引导,解决校本课程规划的系统问题

区教育研究中心在三级课程管理中,起着承上启下的作用。校本课程是新课程的亮点,更是难点,在没有课标、没有教材、教师没有教学经验的情况下,区教育研究中心的指导就成了校本课程在学校能否顺利开设和实施的关键。它可以通过建立和完善区域校本课程实施的体系,对全区各学校课程的开设和实施提出规范性要求,检查和指导课程的开设和实施情况。既有支持保障,又有检查指导,全区统一要求,可以有效地解决区域内课程规划系统、课程开设规范的问题。

(二)　专业引领,解决校本课程实施的指导问题

制度和监管措施只能督促学校课程的开设,而课程实施水平的提高则更需要区教育研究中心的专业引领和指导。学校校本课程的开发和实施、管理和评价及教师的教研和培训均需要区教育研究中心的引领和指导。区域的指导行动可以采取课题引领、研训结合、校际联动等措施,加强对学校校本课程的规划、培训、研究,从而促进学校校本课程活动的建设,切实提高教师的教学水平。

(三) 统筹安排,解决区域内课程资源的开发问题

校本课程作为一门实践性课程,它的实施不仅需要文本资源,更需要开发自然资源和社会资源,让学生去探究、去实践。这些仅靠单个学校来开发,难度很大。而在区域行动中,区教育研究中心不仅可以指导学校如何开发课程资源,还可以统筹区域内的各种自然资源和社会资源,统一开发,共同享用。此外,区教育教研中心还可以通过建立文本资源库、搭建网络资源平台等方法供区内学校共享资源。

第二节 区域指导实践中的主要原则

一、面向全体原则

要想提高区域校本课程指导的效率,必须要树立面向全区学校的思想意识。如果指导者的眼中只有优秀学校而忽略了其他学校的存在,势必会产生多数学校在校本课程实施中心不在焉的后果,这对提高课程实施的有效性实在是一种严重的阻碍。

因而在指导过程中首先是在指导服务计划中就要想到为不同层次的学校设计出他们力所能及的问题。其次是在各种指导过程中,针对不同层次的学校采用不同的指导方法,充分发挥他们的积极性,调动他们的热情。再次就是给每一个层次的学校创造同等的机会,让他们都能够享受到成功的体验,使不同层次的学校都能够在原有基础上有所提高。作为区教研部门要从学校和教师的实际情况出发,为他们的课程实践提供不同层次的指导及形式,有课程视导(集体、单项、单科)、课程培训(管理者、教师)、课程论坛(管理者、教师)、课程展示(中心城区、乡镇学校)等方式的指导,这才可以保证校本课程整体实施效率的提高。

二、双方参与原则

在进行指导服务时指导与被指导双方要紧紧围绕指导的内容来展开。在指导一方,应根据指导的不同出发点确定不同的指导内容、方法和途径;在被指导一方,可以根据自身情况提出需求,通过有效渠道申诉需求。工作双方站在需要和满足需要的基础上,采用多元的方式建立指导契约,从而真正促进传统教研向现代工作制度的转变,充分体现双方平等关系。

作为区教育研究中心,当学校和教师需要帮助时,就要根据学校和教师的需求和意愿,深入学校与学校管理者和教师共同商讨,围绕学校在校本课程开发与实施中遇到的问题(如学校课程规划、教师课程方案、教材编写等)进行面对面专题研讨,这样的符合双方意愿的、双方都主动参与的活动才能切实提高指导的有效性。

三、过程化原则

校本课程指导的组织和实施应该注重过程化,在教师参与过程中学习和构建新的课程知识、掌握方法,提升课程开发与实施能力;在获得知识和提升课程能力的过程中体验各种丰富的情感,形成新的课程价值观。

比如当学校还没有积累和具备课程开发的经验和能力时,教研员应该要和基层学校教师共同围绕以校本课程开发为主题,共同经历"方案设计、活动设计、教学实践、教材编写、运用实践"等课程开发的全过程。在这过程中要及时指导,要善于设计有逻辑性的问题,要为学校和教师预先准备好有参考价值的材料,要对课程开发能力和经验比较缺乏的教师给予较多的指导,从而保证课程开发和设计的质量。

四、差异化原则

校本课程有着差异性的特点,存在区域、学校、学段、学科等差异,为此,对校本课程的指导同样也有差异。从调查数据来看,校本课程在课程总体结构中所占比例,不同的学校情况也不同,有的比较高,有的比较低,所以,我们应该对不同类型的学校提出不同的指导意见,以确保课程的均衡性和选择性。

再如,校本课程的课程门类繁多,从奉贤区实际出发,将校本课程主要分为德育实践类、语言文化类、工艺美术类、音乐舞蹈类、科普制作类、体育健身类、stem 课程等七大类校本课程,在此基础上加以分类指导,并辅以会诊、跟踪、下水、分层等多种形式的指导。这些不同的指导行为之间存在着程度上的差异,但不一定存在水平和效果上的差异。不管用哪一种方式对学校的课程进行开发指导,都应该体现出学校和学生的特点。

五、个性化原则

如果说集中的课程指导可以将参与对象看作一个整体的话,深入一线的各种指导,对象即变成了发展不平衡(因地方文化差异而导致的具有鲜明特征)的个体。因此,指导服务应该体现个性化。

在设计指导方案时应该把个性化因素考虑进去,在对被指导对象进行深入了解的基础上作调整。要从学校和教师发展的内在需求出发,为他们的课程学习和实践提供自主选择的多种指导及形式,如专题讲座、对话切磋、释疑解惑、走访观摩等方式,这样才能促进各校获得不同层次的适宜发展。

比如针对部分学校教师课程方案设计不够规范的问题,可现场为学校教师作关于如何设计课程方案的专题讲座,指导和帮助教师了解课程方案设计的要素,规范掌握课程设计的基本方法,从而从源头上保证课程实施的质量。

第三节 区域指导实践中的多元策略

在问题诊断和区域指导行动必要性分析的基础上,积极探索课程指导实践中的区域行动策略,改变原先单一的指导方式,从区域的学校课程规划、师资建设、资源建设以及校本教研等多个层面,多个角度加以指导,变为"多维度、立体化"的指导方式,使指导的角度更宽、方法更多、途径更广,努力扫除指导的盲区,以适应校本课程建设的快速发展。实际的指导工作中,在明确目标要求的前提下,帮助基层学校有效实现预期目标,是课程指导的关键,为此,课题组在课程建设的推进中,采取多元的指导策略,加大专业指导的力度,从而进一步规范和提升学校课程开发与实施的行为和能力,促进区域校本课程建设的整体发展。

一、区域指导实践中的多角度策略

校本课程具有开放性、综合性、生成性的特点,不同于其他传统的学科课程,没有现成的课堂教学资源,没有可以照搬照套的教学套路和模式,甚至连教材都没有。正是这一特点拓宽了课程指导的广度,因此区教育研究中心可采取多角度指导策略,从课程资源开发、利用和实施等多个角度加以指导,规范课程内容和实施过程,从而进一步促进区域内学校课程开发与实施的行为。

（一）指导资源利用，提供多元课程

课程资源是课程实施的基础和条件，没有课程资源，课程就无法实施。因而，课程资源的利用成为校本课程实施的核心问题之一。调查显示，许多学校管理者和教师都认为当前开展校本课程遇到的最大困难之一就是缺乏资源。为此，针对学校课程资源不足，开发和实施能力薄弱等问题，在区域推进中，教研部门要加强对学校课程资源开发与利用的指导，正确引导学校充分利用好各种资源，为校本课程的有效实施提供物质保障。在指导学校开发和利用活动资源时，要求基层学校要遵循如下的基本原则：一是有利于学校办学宗旨的实现；二是要与学生的身心发展特点相一致，满足学生的兴趣和需求；三是要与学校教师的指导水平相适应；四是要考虑课程资源的价值性和发展性，从而为校本课程提供多元化的课程资源。

1. 合理利用同行资源

为了规范推进校本课程的开设与实施，区教育研究中心在实验研究的基础上组织编写了校本课程系列活动资源包（如环境教育课程、贤文化课程、法治教育课程）供全区中小学选用。还组织编写了101门区级特色课程的科目方案和相应的课程案例，供全区教师教学使用参考。一些学校结合校情选用了这些资源包，并在使用中重点研究如何结合学校的实际情况创造性地使用资源包。

在区教育研究中心的引领下，一些学校挖掘本地的自然、文化、社会等资源组织编写具有本地特色的资源包供区域其他学校使用,如实验小学、古华小学分别开发了《我爱我家》、《中华节文化探究》资源包,供资源联盟体内学生和教师使用。这些资源包为区域学校和教师提供了一个个实施校本课程的载体,让他们在实施过程中理解课程的基本理念,掌握实施的基本过程和方法,大大降低了课程开设和实施的难度,有效规范了学校校本课程的开设。

2. 充分挖掘自身资源

学校是学生学习和生活的主要场所,也是开展校本课程建设的主要场所,学校本身就蕴含着许多的课程资源:学科资源、教师资源、学生资源、教育管理资源、教育设施资源、空间资源……比如,充分利用校内的空间资源,建立种植园、蔬菜园、养殖园等实践基地,开展校本课程活动,不仅便于学生进行观察研究,还给学生提供了一个劳动实践的场所。例如:

奉教院附小充分利用校园的一片空地,在校内建立了"开心菜园"种植实践基地,分配到班级进行管理,开展"各种蔬菜的种植技术"的研究。从蔬菜的选种、催芽、种植、浇灌、收获、贮藏每个环节都让学生参与,通过写蔬菜日记、手抄报等形式,进行班级交流,使每个学生都积极主动地参与,树立了正确的劳动态度,学会了一门种植技术。

肖塘中学将原有的 700 平方米绿化苗圃进行了改造,建立《百草园》基地。结合奉贤地区植被特征,学校将奉贤地区 60

多种中草药引入《百草园》基地进行种植。学校在《百草园》基地建立了 96 平方米的学生探究实验区,在实验楼中建立了展示学生学习、探究中草药成果的《百味轩》展示厅,旨在通过中草药的种植、养护探究过程中,让学生学会观察、学会记录、学会合作、学会分析、学会交流,从而增强学生的探究能力和创新意识。

3. 大力借用校外资源

校内的资源可能无法满足丰富的校本课程发展的需要。因此要拓宽课程资源开发的空间范围,校外的社区资源、家庭资源、自然资源、互联网资源、历史资源等都可以进入课程资源开发的视角;另外,还可将这些周边的课程资源加以开发,如将博物馆、企业、政府部门、事业单位等,能方便学生开展活动的场所联系为学校校本课程活动基地,作为学生考察、学习、实践、研究的实践基地。例如:

钱桥学校依托所属地区的"黄桃"基地,以"桃"一年四季的生长过程为主线,组织学生走进桃园,对黄桃的生长过程进行观察探究,通过绘画、文字、采访、调查、实践等与家乡的黄桃进行全方位的亲密接触,培养学生仔细观察、认真思考、勤于实践,乐于合作的综合素质。通过主题探究学习的方式让学生回归社会回归生活,引导学生在学校"爱的教育"办学追求下,爱家乡、爱学习、爱劳动、爱生活。

奉城二小依托奉城镇箱包制造业,开设了《箱包童话城》校本课程实践活动。通过组织全校学生深入厂区参观访问、上网调查研究、课堂创新设计等方式进行主题式探究活动,让学生更好地了解奉城的箱包制造企业,感受奉城箱包人创业的艰辛,培养学生从小知家乡、爱家乡、为家乡发展而努力学习的精神。

解放路小学确立了海洋局、驻奉部队、奉贤军干所、解放一居、奉贤博物馆、消防站等十一处校本课程基地,形成了课内学习、课外实践,自我锻炼、自我发展大空间。

(二) 指导主题选择,丰富教学资源

校本课程是基础教育课程改革的一个重要内容,是需要教师根据学生的兴趣和教学实际自行开发主题的课程。但是,长久以来,教师习惯的是依据课程专家设计的教材进行教学,对没有统一内容的课程感到茫然,像"巧妇难为无米之炊"一样,不知道用什么去指导学生开展活动。为此,区教育研究中心引导一线教师用心去研究、发现、选择适当的活动内容。一般采取以下四种方法进行校本课程主题内容的开发:整合方法,拓展方法,发掘方法,海选方法。

1. 整合方法

整合学校的各类主题活动开发校本课程内容。如学校的德育主题活动,它往往是围绕某一德育主题,通过主题班队活动、小课题探究活动、社会参观考察、社区公益性服务等活动形式来开展。而且,从目前的情况看,德育主题活动一般没有课时保障,也缺少专人的过程指导,所以,将学校的德育主题活动与校本课程整合,是一件两全其美的好事。这样的整合还可以体现在与学校的科普教育活动、艺术教育活动等方面。因此,整合学校各条线的主题活动开展校本课程开发,是一种比较理想的模式。

案例:××中学整合德育主题活动后的校本课程内容框架(节选一个年级)

年级	学期	活动领域	活动主题	活动内容	活动形式
七年级	上学期	关注自我	做个快乐的读书人	学生课外阅读情况调查	课题探究
				创意读书宣传卡设计	设计学习
				"做个快乐的读书人"分享活动	主题队会
				"我的小书房"设计展示	设计学习
		关注环境	我爱我"家"	班级布置大比拼	设计学习
				班级卫生"小窍门"征集与推广	设计学习 主题队会
				校园特色角设计	设计学习
	下学期	关注他人	我们的好老师	我们心目中的老师	课题探究
				老师的风采	主题队会
				"送给老师的快乐"金点子活动	设计学习
				今天我来当老师	角色扮演
		关注社会	我们的社区	社区公共设施探究	课题探究
				社区居民公共卫生习惯探究	课题探究
				我为社区文明献一计	设计学习

2. 拓展方法

目前,校本课程的教学基本是由学科课程的教师在兼任,利用教师兼任的学科拓展课程内容,也是一种开发方式。一般教师都有过这样的体会,学生常常会对学科教材或教师讲解中一掠而过的某些因教时原因难以展开的内容感兴趣,但由于课时紧张,教师往往不能满足学生的这种好奇和需求,只是提示他们课外自己去探寻。其实,这是一种非常好的校本课程课题研究资源,教师可以由此指导学生课外继续拓展,指导学生开展专题探究。原因在于:第一,这是学生感兴趣的东西,教师顺势而为,省去了选题时师生磨合的过程;第二,这样的内容与教师的学科背景相关,往往是教师熟悉和拿手的,有利于教师指导;第三,学生的探究活动与学科学习联系起来,学生运用学科知识开展实践探究,又通过实践探究促进学科知识的巩固和深化,能够达到两种学习方式互补互促的良好效果。例如:

×教师在教授中国历史上延续了 1300 多年的科举制度时,发现学生对"科举制度起源于隋朝,在唐代得到发展,是历代统治者的主要选官制度"很感兴趣,于是她就拓展这一历史学科知识,指导学生确立了《隋唐时代科举制度的探究》这一课题,让学生通过资料的收集、筛选、分析和整理,深入了解隋唐时期的科举制度,形成对历史"论从史出、史由证来"的评价观,最后还举行了"隋唐时代科举制度利大还是弊大"的辩论会。

3. 发掘方法

每一所学校都蕴含着丰富的校外教学资源,即使是条件相对落后的农村地区也有自己独特的教学资源。比如:a.风土人情:民间的工艺制作,优秀的历史人物,美丽的传说故事,乡村地名的来历,春节等传统节日的地方习俗等;b.自然环境:清新自然的田野风光,繁华热闹的街市景观,独具品性的乡邻,父辈赖以谋生的工厂、田地等;c.社会热点:现代社会新现象、新事物总是层出不穷,如居民饲养宠物问题,小区私人轿车停放问题,农村迷信抬头问题,校门口乱停车问题……教师不要忽视这些蕴涵在生活环境中的教育资源,他们对于学生广泛接触社会和自然,关注现实生活,积极参与社会活动,提供了广阔的平台,教师要去发现,要去挖掘这些很有教育意义的内容资源。例如:

在社会主义新农村建设中,×教师所在的乡镇被列为上海市首批农民宅基地置换试点单位。农民们积极响应号召,从世代相传的老宅搬入了政府集中建造的农民新苑。目睹着一幢幢漂亮的新居,这位教师认为,这是一个很好的探究内容,于是在教研员的指导下她设计了《××镇农民搬迁情况的调查》这一课题,指导学生采用实地考察、访谈、问卷等方法,探究政府的搬迁政策、农民在新居生活的感受、农民生活观念和生活方式的变化等问题,使学生在耳闻目睹家乡人民生活水平巨大变化的过程中,体会社会主义制度的优越性,激发爱家爱国之情。

4. 海选方法

为了教学的方便,前面的开发方法都是侧重在教师层面进行,此外,还可以完全尊重学生的兴趣需要进行开发。因为代沟的差异,教师往往不了解学生究竟对什么感兴趣,有时辛辛苦苦选择的认为很有探究价值的内容,学生却不接受,出现"有心栽花花不开"的现象。所以,教师也可以放手让学生来开发,采用海选的方法。例如:

××中学的×教师指导学生选题的过程

第一周,发现问题:要求学生留心观察周围生活,每人发现和提出一个问题;

第二周,初选课题:学生五人一组,交流所发现的问题,说明发现的过程和问题内容,然后小组讨论,推选出 1~2 个小组共同认可的课题;

第三周,竞选课题:小组代表用 PowerPoint 等形式,向全班同学介绍小组选定的课题,说明选题的原因、意义,以及对探究内容、方法、过程的设想。然后教师指导学生从"科学性、价值性、可操作性"三方面进行评议,在全体同学广泛发表意见的基础上投票。最后选择得票数最高的课题作为班级的探究课题,同时将一部分超过半数的课题选入班级课题库。

校本课程主题的开发,是教师指导学生开展自主活动的前提,是培养学生探究与实践能力的载体。只要教师有心发现和充分利用身边的各种资源,并结合学生的需要和教学实际进行合理地开发和设计,校本课程的内容就一定会取之不竭、用之不尽,就一定会丰富多彩、深受学生喜爱,教师的课程实施能力也就一定会得到有效发展。

(三) 指导课程实施,规范课程行为

课程实施是课程建设的核心环节,是课程走向学生的重要过程。由于校本课程的课程形态或者说课程特征与传统学科差异较大,有时使课程实施者无所适从,很难快速进入角色,给课程实施带来很大的复杂性。因此,对于校本课程实施的指导,区教育研究中心主要采用提供模板、建立模式、编写案例等工作指导策略,帮助教师较快地掌握校本课程实施的方法和技能,推进区域校本课程的有效实施。

1. 提供模板,规范课程方案设计

课程(科目)方案设计是校本课程开发中一个非常重要的环节,关系到校本课程开发的质量。为此,区教育研究中心结合区情设计了《奉贤区中小学校本课程教师科目方案记载手册》,对"科目目标、科目内容、科目实施、科目评价"等要素提出了相应的要求(见附件1),供全区学校参考;组织教师开展科目方案设计撰写的专题培训,引导学校校本课程规范开发与有效实施。模板的设计与使用,有利于教师从整体上规划、设计一门校本课程,有利于避免校本课程实施的盲目性和随意性;有利于对学生的学习导向,使其积极主动地进行本门课程的学习;有助于学校对校本课程进行审议与管理,避免课程管理形式化的倾向。

附件1:科目方案设计体例要求(节选"奉贤区中小学校本课程管理与指导手册")

(1) 科目方案设计体例要求

① 科目目标:阐述科目三维目标。科目目标设计需体现本科目的核心价值与独特定位。

② 科目内容:阐述科目内容组织形式、内容框架。内容框架可以以单元或活动为单位,说明教学要点、教学过程、教育价值。

③ 科目实施:阐述科目实施的阶段性要求、教学组织的基本方式、实施的软硬件条件。

④ 科目评价:阐述科目评价原则、内容、方法。科目评价设计需指向科目的主要目标。

(2) 活动设计体例说明

① 活动准备:活动实施前特殊的硬件与软件准备条件。

② 活动目标:本活动预设目标。

③ 活动过程:教学环节、教学行为、教学建议。

④ 活动评价:本活动的评价重点与主要评价方法。

⑤ 支持资源:提供本活动实施的参考性资源,可标明名称和来源。

2. 建立模式,规范课程实施行为

传统的学科课程是以知识为导向的教学,而校本课程是以学生进行问题探究的活动过程,两者的教学模式和教学方式存在着较大的差异。在调研中发现,由于校本课程教师大都是学科教师兼任的,没有时间去研究校本课程的教学模式,又因为学科课程的教学习惯已经根深蒂固,因此导致部分校本课程实施比较随意,教学方式与学科课程雷同,学生自主实践活动不足,课程实施效果较差。为了帮助教师快速掌握校本课程的实施模式和教学方式,规范教学指导行为,我们根据不同类型的校本课程建立了不同的实施模式,供全区教师学习参考。例如:

学生小课题类的校本课程实施模式:选题定题—制订方案—实施探究—总结成果—成果交流五个基本步骤。(节选"奉贤区中小学校本课程课堂教学模式")

(1)"选题定题"阶段

① 创设情景,生成主题

教师要注意创设一定的情景,以便在比较短的时间内,最大限度地调动学生的学习积极性,引导其进入学习角色,生成和确定主题。

② 主题分解,产生课题

一个主题往往包含很多内容,还要进行分解,使其成为指向明确的探究课题。分解可以按"是什么"、"为什么"、"怎么样"的问题性质进行,也可以按主题中包含的不同内容进行。

③ 开展论证,确定课题

学生感兴趣的问题,不一定是可以探究的课题,还需要以"兴趣性、价值性、可行性"等为标准引导学生去分析、理解,将之转化、细化最终形成"课题"。

（2）"制订方案"阶段

方案一般包括课题名称、目的、内容、方法、步骤、时间安排、人员分工、预期成果等内容。

① 提供范例，深入解析

教师可以提供典型的范例，并详细解剖和分析每一个栏目的填写要点，以降低学生制订方案的难度。

② 提供空表，合作设计

教师提供学生空白的方案表，让学生根据课题内容进行模仿设计。教师要鼓励学生围绕活动目的、内容，在组长的带领下充分讨论，在集思广益中设计活动方案。

③ 合理分工，各尽所长

一般由学生自行建组，教师视具体情况适当协调，在方案制定阶段，教师要指导各小组根据组员的能力和特长进行合理分工，促其做到"行为上分工合作、思想上交流碰撞、成效上合作共享"。

④ 交流评议，不断完善

教师要有的放矢地安排学生交流方案中的各个栏目，指导小组之间开展评议，使活动的时间安排、人员分工合作、过程与步骤等得到一一细化。

（3）"实施探究"阶段

① 指导探究方法，体验探究过程

教师要结合实例对学生开展怎样利用工具书（如索引、文摘、百科全书等），怎样使用媒体网络搜集资料，怎样进行调查、访谈、实验的指导，使学生将互动方法与探究活动结合起来，在主动运用探究方法中体验探究过程，在经历探究过程中学习和掌握探究方法。

② 亲身参与实践，引领学生探究

教师要和学生一起参与探究，一方面了解探究的真实过程，积累实践经验；另一方面发挥自己在经历、经验和知识等方面的优势，先于学生、高于学生地做课题探究的引领者。

③ 指导交流互动，共谋解决方法

教师要组织灵活多样的交流活动，让学生呈现问题、分析问题、发现解决问题的方法，促进学生之间的合作互助，获得解决问题的捷径。

④ 指导及时记录，收集过程资料

教师要指导学生对过程性资料及时积累，建议学生设计探究档案袋，将相关资料收集在一起，也培养学生经常梳理、归类的好习惯。

（4）"总结成果"阶段

① 指导学生整理资料

以问卷调查法为例，整理一般分为三个步骤：一是评定，对每个调查对象的调查问卷进行归类评定；二是登记和统计，先把评定结果编制成逐人登记表，再统计各项的平均数、百分比等；

三是编制统计图表,把几个样本的统计结果汇总到一张统计表上。

② 指导学生分析总结资料

有定量和定性两种,定量分析一般采用统计表和统计图来表示,使数据结果得到直观的表述;定性分析一般采用因果分析法和比较分析法,以揭示探究内容间的内在关系和规律。

③ 指导学生撰写探究报告

以调查报告为例,包含题目、调查目的、调查过程、结论与建议、附录五个部分。

(5)"成果交流"阶段

① 依据活动特点,指导多样化展示

课题探究的展示形式有:实验展示、观察日记、调查报告、结题报告;项目设计的展示形式有:作品或模型、小发明与小制作、设计图等。

② 依据学生特点,指导个性化展示

课题成果的展示还要依据学生特点,采用个性化的展示方式,以充分发挥他们的长处,注意使不同个性的学生在展示中互补。

③ 积极肯定,指导激励性评价

教师要积极肯定,使交流过程成为激励性、欣赏式评价的过程。还可以指导学生从探究态度、参与程度、合作能力、纪律意识、交往能力等方面进行评价,采用等第、寄语、奖分制等形式,记录在《学生成长记录册》中。

3. 专业引领,改善课程指导行为

校本课程强调面对学生的生活实际开发课程资源,在所有的课程中,只有校本课程的开发具有"双主体",这就意味着校本课程"做什么"和"怎么做"不是老师说了算。教师要从前台退到学生中间,参与学生的小组活动,真正成为"平等中的首席",学生活动的参与者和指导者。经过调研,课题组发现在活动过程中,有很多细节的把握,特别是在学习方式拓展、学习兴趣保护、学习习惯培养和生成出来的新问题等方面,很多教师还把握不好,不能进行适时适宜的指导。这就需要教研人员的专业引领,改善教师在课程实践中的指导行为,有效提高学生活动的质效。因此结合校本课程的特点课题组设计了校本课程实施过程中的指导要点,引导教师在活动中重点关注以下几点,有效提高指导的效率:(摘自"奉贤区中小学校本课程管理与指导手册")

（1）关注学习方式的拓展。在对课程目标准确理解与设计基础上,强调课堂教学对过程性目标达成的支持。鼓励教师尝试自主式、探究式、问题解决式、体验式等教学方法,使教学充分体现过程性目标,拓展学生学习方式,鼓励学生经历不同的学习过程。

（2）注重学生学习兴趣的激发与保护。针对活动目标的达成,设计能够调动学生学习内驱力的活动任务、学习情境,注重学习内容、学习过程的趣味性、实践性以及组织形式的丰富性,促进学生积极、主动地投入学习。

(3) 关注学生基本学习习惯的培养。如,合作学习、表达交流、读写姿势等,使校本课程学习过程成为学生培养、内化学习习惯的重要载体之一。

(4) 关注学生质疑的回应。根据不同的学习对象,不同的探究内容,通过适当、适时的调控,帮助学生解决活动中的预设与生成的问题,达到教师指导的灵活性、变通性,从而促进学生的有效探究。

(四) 指导经验推广,推动课程发展

经过几年的课程实践,许多基层学校在课程实施、课程管理等方面积累了许多优秀的经验和做法。如何使这些宝贵的经验在区域内得到全面推广,可采取骨干拉动、龙头带动、案例推动等工作指导策略,进一步推动区域中小学校本课程的实施有效。

1. 骨干拉动,传播课程实施经验

校本课程实施者,是区域推进校本课程的最基本单元,也是推广课程实施经验的关键。校本课程的实施者,开始往往是摸着石头过河,他们在实施指导中不仅需要理论的支持,而且还需要实践经验的指引。因此通过培养校本课程骨干教师,就能把学到的课程理论和实践经验在校内传播,为学校推进校本课程实施奠定基础。

例如,奉贤区从 2014 年起就在一些中小学中有针对性的分批培养一批骨干(奉贤区拓展型课程、研究型课程教师高级研修、奉贤区校本课程特色教师培训、奉贤区校本课程骨干教师培训等），培养骨干教师设计主题活动方案的能力，带领这些骨干们参加市区级的培训会议和教学评比，带领他们观摩市、区开公开课进而承担送课下乡任务。通过这些骨干们的引领作用拉动学校校本课程的规范实施。

2．龙头带动，辐射课程管理经验

校本课程实施龙头学校，是区域带动校本课程实施的最有力单位。校本课程的实施由于缺乏群体效应，因而学校之间往往互相看样。如果有一部分学校在实施课程中具有示范引领作用，则可以辐射到周边的学校，带动区域内学校的集体发展。

例如：奉贤区在校本课程区域推进的第一年，就确定了两所中学和三所小学作为基地校。第二年又针对农村小学增加了三所学校为基地校。这些基地校在课程管理和实施中做出了特色，被市校本课程课题组列为基地校，他们申报的校本课程类的课题，还被市相关条线列为重点课题。2014 年区域又评选了 18 所"奉贤区校本课程实施先进校"，它们的管理经验和实施成效影响了周边校，并带动他们一起模仿着实施，整体推进了区域校本课程的规范建设。

3．案例推动，推广课程实践经验

为了大力推广区域内学校在课程实践中积累的经验，区教育研究中心组织相关教研员、学校分管领导、骨干教师分别编写了《教研员指导校本课程建设案例》、《学校校本课程管理与指导的案例》、《校本课程活动案例》,以案例的形式促成区域学习、借鉴和推动的效应。

(1)《校本课程活动案例》——成为教师的参考方案

参与撰写案例的教师以"亲近与探索自然"、"体验与融入社会"、"认识与完善自我"三个维度为切入点,充分考虑各年级学生年龄特点以及学生的兴趣、爱好和特长,紧密联系生活实际,充分利用学校及当地文化、自然、物产等资源,确定校本课程的主题。其内容主要包括:活动背景、活动目标、活动准备、活动过程、活动评价、参考资料等。通过案例的撰写与推广,一方面能帮助教师研究校本课程活动的主题,保障校本课程活动的常态化实施。另一方面能帮助教师开拓思维、互相借鉴,分享全区学校校本课程活动主题研究经验,增强校本课程实施的实效性,这些案例会成为教师很好的参考方案。

(2)《学校校本课程管理与指导的案例》——打开学校管理思路

参与撰写案例的学校领导从学校校本课程设置、校本课程资源利用、校本课程建设过程管理事迹三个方面出发,联系实际以案例或故事的形式撰写了如何管理、指导教师开展校本课程活动的经验和做法。为了提高案例撰写的针对性,课题组提供了部分撰写内容和要求,供基层学校选择与参考。撰写"校本课程建设过程中的管理事迹"的内容包括:

· 某一项校本课程制定的建设方案,方案对课程的建设目标、内容、时间、人员有具体要求。

· 课程计划的制订和执行监督（谁来制订课程计划？计划由谁来审批？计划执行谁来监督？发现问题怎么解决？执教者有困难谁来帮助？……）。

· 教材（课本、器材等）的来源出现问题怎么办？

· 必须有专用场所的课程，怎么解决场所问题？

· 学校如何为某一课程举行研讨会议，讨论课程落实的有关问题？

· 发现某课程实施中出现不理想问题以后怎么办了？

· 校本课程建设管理过程中的分工、协调工作如何安排？

· 创建中出现了矛盾，并且影响到课程目标的落实，怎么解决的？

· 有的家长比较关心孩子在校的学业成绩，怕校本课程活动与学业成绩有冲突，对校本课程有抵触。这一矛盾是怎么解决的？

· 学校是以何种方式帮助其他学校一起来解决校本课程建设中的困难的（如资源、师资、管理等）？

通过案例的撰写与推广，一方面能帮助基层学校及时总结校本课程管理与指导的经验和做法，不断提升学校的课程领导力。另一方面能帮助学校打开思路，分享先进学校在校本课程建设与管理等方面的实践经验。

（3）《教研员指导校本课程建设案例》——分享教研员指

导经验

参与撰写的教研员从指导学校校本课程建设、校本课程开发和组织区级教研活动三个角度出发，充分考虑学校和教师的需求，撰写了如何参与指导，提供帮助的过程。撰写的案例有具体指导、帮助的关键点，从指导和帮助对象的困难开始，一直到问题解决为止。例如在"帮助基层学校发掘校本课程的案例"的内容包括：

·从教研员所负责的学科出发，在拓展型、探究型课程发展比较成熟的学校中选择对象。

·如何帮助他们发现新的课程主题？

·如何推荐或者修改教材系列？

·如何提供非常关键的课程资源？

·如何围绕课程建设开展富有成效的教研活动？

通过案例的撰写与宣传，一方面能帮助教研员及时总结和提炼相关的指导策略，提升自身的指导水平；另一方面让基层学校领导和教研组长也能分享和学习教研员的实践研究经验。

二、区域指导实践中的多方法策略

在面对校本课程开发和指导管理的实际需要中，我们发现有的教研员对基层学校进行指导时还在沿用传统学科的指导思维方法，这种滞后的、单一的指导方法，已经阻碍了课程指导的效率。因此区教育研究中心组织教研员开展研讨，积极改变工作方法,在指导过程中采取"下水式、会诊式、分层式、分类式"等多种指导策略,针对不同层次的学校采用不同的指导方法,充分发挥他们的积极性,提升课程开发与实施的能力,使区域内不同层次的学校都能够有所提高。

（一）"下水式"指导,摸索课程设计方法

校本课程现状与基础性学科课程有比较大的差异,因而对校本课程指导者和实施者提出了更高的要求。为此,教研员可以选择一些变化较大的地方"下水",例如无先前经验可循的课程资源开发与设计,难度较大的课程方案设计与教材编写等等。

"下水式指导"是指教研员率先蹲点尝试,无论成败都给一线教师一个可供参考的参照系,经过教研员的总结反思和广大教师的进一步尝试,也许就能找出课程开发与设计的正确方法,进而运用掌握的方法指导一线教师设计与编写校本课程。这种指导方法对于提升教研员自身指导水平、课程开发能力和推进校本课程的有效实施具有十分重要的意义。

1. "下水"编写课程,摸索课程编写的方法

为了打造具有郊区特色的地方课程,发挥地方课程的引领作用,近几年奉贤区积极挖掘地区资源,由教育局牵头,区教育研究中心领衔,带领基层学校编写了《贤文化》、《环境教育读本》、《法治教育》等区本课程,初步形成了体现区域文化的课程群。

比如,在奉贤区积极开展全国文明城区和国家环境保护模范区创建活动中,教育局根据区委、区政府的要求,组织教研员和基

层骨干教师,在奉贤区教育学院孙赤婴副院长带领下,编写、出版了一套体现区域地理特点的《绿色行动 美丽家园》区中小学"环境教育"读本,作为全区中小学生共享教材,进一步加强了对全区青少年的环境保护宣传和教育,也增加了学校课程的综合性、均衡性和选择性。在这过程中教研员们率先下水尝试,积累了课程编写的经验和方法,既提升了自身的能力,又为基层教师提供及时、准确和有效的方法指导,提升了教师的课程编写能力,同时也保证了《环境教育读本》的编写质量。例如:

高中政治学科教研员张老师与曙光中学沈老师负责编写高中分册第三单元"循环经济"部分的编写。沈老师在高中思想政治学科教学,尤其是试题命题编制方面有较强的研究,就是在课题研究与论文撰写方面相对薄弱。那么,作为教研员将如何针对沈老师在编写读本中的困惑进行有效的指导与帮助,来高质量完成读本的编写,提高基层教师的科研撰写水平?

沈老师的困惑

困惑一:"循环经济"作为一个单元,具体内容的选择,即该从哪些方面哪些角度入手撰写?

困惑二:"循环经济"作为一个单元,编写的体例如何选择?

困惑三:奉贤"循环经济"乡土实际情况的第一手资料的来源及选择问题?奉贤乡土内容与国家内容如何整合?

困惑四:区本"循环经济"读本编写内容如何与高中思想政治学科教材中"循环经济"相关内容整合?

　　困惑五:针对区读本"循环经济"内容的学习,对本区高中学生作出何种能力要求的学习任务与思考?

教研员的指导与建议

　　对于困惑一与四,张老师与沈老师一起在研究国家关于"循环经济"方面的方针政策等基础上,结合高中思想政治学科教材内容和本区实际,最后确定将"循环经济"单元编写内容分为四节,即"经济增长的两种模式"、"废弃资源的循环利用"、"垃圾回收中的困惑"和"资源节约型社会"。

　　对于困惑二,张老师建议结合高中思想政治学科教材章节的体例。从高中学生学习情况的实际出发,确立了这样一些体例:"阅读思考"、"主题内容"、"相关链接"、"知识窗口"、"畅想争鸣"、"乡土内容"、"实践探究"、"环保卫士"和"任务"。

　　对于困惑三,在区创模办的统一协调下,区有关委办局针对环境教育提供了部分资料。根据张老师与沈老师对现有资料的筛选,以及编写内容的实际需要,建交委等部门又提供了一些相应具体资料。乡土资源结合学科有关教学资料,汇集成了编写"循环经济"内容的第一手资料。

　　对于困惑五,张老师根据本区高中学生思想政治学科的社会实践能力要求,结合读本"循环经济"学习内容的实际,建议沈老师从社会实践体验的方案设计方面作学习任务与思考。

　　在多次研讨与磨合努力下,沈老师出色完成了区环境教育读本"循环经济"部分的编写任务,为下一阶段编写区"法治教育"读本奠定了良好的科研能力基础。

2."下水"设计方案,提炼方案设计的要素

目前,在学校校本课程开发中出现了一些偏差,如多数学校将校本课程开发与设计等同于基础性学科教学设计,缺乏对一门校本课程(科目)的整体规划,没有明确的科目目标设计,不重视校本课程的评价等等。究其原因是学校领导对课程(科目)方案设计意识比较淡薄;教师的科目方案设计能力比较薄弱。针对这种现状,教研员要经常"下水"与一线教师共同设计科目方案,亲身体验全过程,从中提炼出科目方案设计的要素,每个要素的要求以及各要素之间的关系,以此帮助一线教师更好地学会系统的设计科目,为进一步提高课程实施的方向性和有效性奠定坚实的基础。例如:

2012年5月,在对区域学校进行快乐星期五评估活动中,发现许多有特色、有价值意义的校本课程,但课程(科目)设计不太规范,不够系统,从而影响了课程实施的效果。于是我们选择几个科目与课程开发者一起设计,旨在提升教研员和教师的科目方案设计能力。如倪老师是小学数学教师,是学校骨干教师,在数学教学设计和教学能力等方面都比较强,但是如何进行探究型课程的科目设计还是比较薄弱,不知道如何对自己开发的科目《制作家庭档案册》进行修改。那么,作为教研员将如何针对倪老师在科目方案设计中的困惑进行有效的指导与帮助,来高质量完成科目方案的修改设计,提高基层教师的科目设计能力?

倪老师的困惑

困惑一:《制定家庭档案册》作为一个主题探究活动,科目目标如何定位更加清晰?

困惑二:整个科目内容安排依照什么顺序展开更合理?

困惑三:整个科目的组织形式和课时如何安排更有效?

困惑四:在整个科目中,评价内容和评价标准怎么制定,如何操作更科学?

教研员的指导与建议

对于困惑一:建议倪老师在对学生学情分析的基础上根据《上海市中小学探究型课程指导纲要》和《奉贤区实验小学探究型课程纲要》的课程目标,从探究能力、参与程度、合作精神三个维度设定科目目标,细化到每一个具体活动的目标也可从这三个维度进行设计。

对于困惑二:建议在总目标确定基础上,选取科目内容。在教研员的建议下,对原来的设想作了微调,原先的内容设计在《认识家庭档案》后,就安排学生学习《家庭档案的分类》,但在对家庭档案作大量的资料翻阅后,发现家庭档案的框架是封面—扉页—正文—附言。这里的扉页就是指家人信息的档案,因此将内容安排作了以下调整:学生在认识家庭档案后,根据学生以往的学习经验,制作家人信息档案,初步体验简单地收集信息、处理信息的过程,然后再制作家庭档案(正文),这样安排的内容逻辑性更强,便于学生递进学习。

对于困惑三：在目标和内容确定后，制定相应的实施形式。《制作家庭档案册》这一科目特殊性在于需要家长参与整个调查、访问、收集、制作过程。科目的组织形式更多元，除课内指导外，更多利用课外的时间实践、操作，将探究活动延伸到课外。因此，建议在课时的安排上也应该同步，也就是要做到课内与课外的有机结合。如在设计第二个活动《制作家人信息档案》时除了安排1课时课内方法指导外，应根据实际需求还需安排1~2课时课外活动，让学生在课外通过调查访问采集家庭成员个人信息，与家人一起制作家庭成员个人信息档案，从而进一步增进与父母之间的情感。第3、4个活动家庭档案的分类和制作家庭档案同样如此，这样才能促进课程实施的多元性和有效性。（见附件2）

对于困惑四：基于教学目标与教学流程，建议分项制定每个单元活动的评价表。评价内容可围绕本科目目标，从探究能力、参与程度、合作精神三个维度制定，并依据评价内容和五年级学生的能力特点，制定学生学习的评价指标，并把每个指标分出序列。在制定评价表时，建议先确定★★★的评价要求，再根据不同层次的目标达成度，确定★★★的要求。同时建议每一探究活动结束后，开展一次活动评价，让学生每参与一个探究活动，就收获探究方法与学习体验，层层递进，激发探究兴趣。本项目结束后还应开展一次项目评价，这样的评价活动更全面、更科学、更有效。（见附件3）

通过教研员和倪老师多次面对面的研讨与修改，科目方案的设计得以较高质量地完成,同时在实践中该教师课程教学各方面能力得到快速发展。之后,该教师代表奉贤区参加上海市中小学探究型课程中青年教师教学评比活动,荣获市一等奖。

附 2:修改后的《制作家庭档案册》科目内容

学期	单元主题	教学内容	课时	教学目标
五年级	1. 家庭档案的认识	学习家庭档案的相关知识。	课内1课时	1. 了解家庭档案的相关知识,体会家庭档案建立的意义与价值。2. 通过调查访问采集家庭成员个人信息,初步体会制作家人信息档案的过程,增进与父母之间的情感。3. 学习家庭档案的分类,感受家庭档案的广泛性与多样性。4. 通过制作一份值得留存的家庭档案,增强规划意识,提高收集信息、整理信息、处理信息的能力。5. 通过学做档案册,养成认真记录和梳理的学习习惯和生活习惯,感受自己或家庭的变化带来的美好生活。6. 通过开展家庭档案交流会,进一步加深对档案的了解,感受家庭档案的丰富多彩和留存价值。
	2. 制作家人信息档案	1)选定某一家人制作个人信息档案。	课内1课时	
		2)为其他家庭成员制作个人信息档案	课外2课时	
	3. 家庭档案的分类	1)对家庭档案进行分类	课内1课时	
		2)与家人合作,收集某一类家庭档案的相关资料。	课外1课时	
	4. 制作家庭档案	1)自选主题,制作一份值得留存的家庭档案。	课内1课时	
		2)继续这一主题的档案制作。	课外1课时	
		3)另选其他1~2个主题制作档案。	课外1课时	
	5. 家庭档案交流会	开展各类家庭档案交流会	课内1课时	

附3:修改后的《制作家庭档案册》科目活动评价表

量　　规			自我评价	小组评价
★★★	★★	★		
完成了一次次家庭档案的资料收集工作,资料丰富、真实,反映家庭生活。	完成了一次次家庭档案的资料收集工作,资料比较少。	有几次没有收集资料。	☆☆☆	☆☆☆
我能正确地对各种家庭档案资料进行归类,且归类合理。	我能比较正确地对部分档案资料进行归类。	我对少数家庭档案资料进行分类,分类不够合理。	☆☆☆	☆☆☆
对家庭档案资料有序地归类,对自定的某一类家庭档案有一个整体规划,并且规划有序。	对家庭档案资料能归类,有一个规划,但分类和规划不够有序。	对家庭档案资料进行归类,但没有规划。	☆☆☆	☆☆☆
能围绕自定的主题制作家庭档案,精心挑选资料,合理布局,符合档案特点。	能围绕自定的主题制作家庭档案,资料安排不够合理。	制作档案时资料凌乱,不符合档案特点。	☆☆☆	☆☆☆
我对家庭档案的相关知识了解比较多,并且产生了浓厚的兴趣。	我对家庭档案的相关知识有了一定的了解,但兴趣不是很大。	我对家庭档案的相关知识了解较少,并且没有兴趣。	☆☆☆	☆☆☆
为了获得家人的信息,我亲自采访了每位家庭成员。	为了获得家人的信息,我只采访了一个人,其他为听说资料。	没有进行采访	☆☆☆	☆☆☆

(左侧纵向合并单元格:探究能力 / 参与程度)

（续表）

量　　规			自我评价	小组评价
★★★	★★	★		
参与程度	采访前我准备好了采访的问题,采访中我进行了记录	只做了其中的一件事	两件事都没有做	☆ ☆ ☆	☆ ☆ ☆
	积极参加家庭档案交流会,归纳出某一类档案的制作方法,收获很大。	我参加家庭档案交流会,有一点收获。	我参加家庭档案交流会,但兴趣不大,没有收获。	☆ ☆ ☆	☆ ☆ ☆
合作精神	我们把讨论的信息进行了汇总和记录,大家达成统一的意见。	我们把讨论的信息进行汇总和记录,但大家意见不统一。	我们无法汇总信息。	☆ ☆ ☆	☆ ☆ ☆
	交流档案时,表述完整,条理清楚,情感丰富,能虚心听取他人的合理建议。	交流档案时,表述基本完整、条理清晰,听取他人的部分建议。	交流档案时,表述不完整,条理不清晰,不太愿提取他人建议。	☆ ☆ ☆	☆ ☆ ☆
	主动给予制作同类档案的小组成员建议,也给其他同学合理的建议。	只是给予制作同类档案的小组成员建议。	没有给予任何同学任何建议。	☆ ☆ ☆	☆ ☆ ☆

星数总计				
等第	优 ★ ★★	良 ★ ★	合格 ★	须努力 ★

小组同学的鼓励与期望:

教师评价:

(二)"会诊式"指导,协助学校设计课程

"会诊式"调研指导,是区教育研究中心深入一线进行校本课程建设指导的一种双边互动教研活动体现形式。区教育研究中心和基层学校通过互动交流,获得了双向学习、两轮驱动的发展。"会诊式"指导形式一般有集体会诊、单项会诊、单科会诊等。

1. 集体会诊

集体会诊是指由区教育研究中心组织全体教研员深入学校对该校的课程建设与管理进行集体调研。目的体现在五方面,一是体验,二是倾听,三是诊断,四是引导,五是决策。让全体教研员体验一线实际问题,亲身感受学校开展校本课程的不易、校长的不易、老师的不易,使管理与指导更科学。倾听教师、家长、学生的意见和建议,尤其关注普通教师对于校本课程建设的内心真实想法。在真正掌握学校的"需求"后,做到有的放矢,提出"一校一策"。引导学校办学方向从只抓教学向"课程和教学"并进转变。在此基础上,为学校校本课程建设的发展,定举措、送政策、解难题。例如:

为了全面了解各校"校本课程建设"活动实施现状,区教育研究中心每年对课程实施情况作一次集体会诊调研,通过会诊调研加强对课程管理与实施的针对性指导。比如:在全区小学"校本课程"启动阶段,组织全体教研员深入全区38所小学,对校本课程活动进行地毯式会诊,发现存在的普遍性问题,如课程

整体规划、协同推进不够,课程目标机制有机衔接不够,课程教材的系统性、适宜性不够,与课程改革相适应的评价制度不配套等。为此,除了面对面进行反馈与指导外,还专门召开了全区小学教导主任会议进行集中反馈,针对调研中发现的问题提出了相应的对策,并推出了《奉贤区校本课程实施常规细则》,规定了校本课程管理与实施的相关要求,保障各校校本课程规范有序开展。

2. 单项会诊

单项会诊是在集体会诊的基础上依据学校的需求或者区域的需要,教研员深入部分学校和学校领导一起就校本课程开发和实施情况进行专项会诊。目的是通过诊断分析的方式,协助基层学校对校本课程开发和实施进行整体规划,理清关于校本课程建设的总体思路,以此帮助基层学校推进校本课程的整体发展。例如:

在某次常态调研中我们发现,某小学非常重视资源开发利用,根据学校实情相应开发设计了许多探究型课程的主题活动,但该校由于对探究型课程没有进行顶层设计和整体规划,因此学校的探究型课程只是一个一个主题活动的累加,没有形成整体“气候”,没有形成“体系”,一定程度上影响了课程的有效实施。那么,作为教研员如何针对该校在课程方案中的问题进行有效的指导与帮助,来高质量完成学校探究型课程方案的规划和设计?

学校存在的问题

问题一:学校没有对课程情境进行分析,缺乏基于学校实际,缺乏关注孩子们的学习需求。

问题二:原来制定的课程目标是从《上海市中小学研究型课程指南》上照搬的,所以育人目标与课程目标不能很好地实现对接。另外,对小学探究型课程的关键技能有哪些还比较模糊,关键技能在不同年级的落实不够到位。

问题三:学校虽然开发了许多主题,但对课程内容没有合理分类,课程之间的关联性与结构性比较弱,而教师选择内容也比较随意,很难发挥课程整体育人效果。

问题四:采用的课程实施方式单一,实施策略针对性不够强。

问题五:学校对课程的评价比较粗略,课程实施效果没有评价支撑,其结果可想而知。

指导与建议

对于问题一:建议学校在制订《探究型课程实施方案》时,要注重前期的调查研究,对学校的外部环境与内部情况进行深入的分析。分析内容包括所在社区的自然和经济状况、历史与现实状况、文化资源;学校的办学条件、教学设施、设备;学生的兴趣爱好、需求,生理、心理和智力发展的状况;教师的专业水平、专业技能、研究能力、特长等。在分析的基础上制定切实可行的《探究型课程实施方案》。

对于问题二：建议在分析的基础上从小学探究型课程培养目标及校情出发，围绕"核心素养、规则意识、关键技能"三个方面建立和规划具有学校特点的探究型课程目标体系。而在关键技能目标上，学生可以通过观察、记录、实验、收集资料、访谈、设计、制作等等来落实研究。对技能目标而言，应根据小学阶段儿童的年龄特点，制定分年级目标，学生从几年级开始接触，起始水平如何，毕业时达到什么水平，中间分几个等级都应先梳理清楚，然后再制定每个水平等级中的表现标准。（见附件4）

对于问题三：建议在确定课程目标的基础上，根据学生的兴趣爱好、已有的经验和能力水平以及课程资源的状况，对课程的内容进行整体设计。横向上可以安排观察、实验、收集资料、调查、访谈、设计、制作、表演等探究技能，保证活动形式的层层递进；纵向上分层次或分年级安排探究型课程的内容，增强内容之间的关联性，并注意安排上有一定的弹性。可以提供学生、教师充分的选择，以帮助学生全面均衡的发展。（见附件5）

对于问题四：建议根据学生的年龄、基础、能力等条件，确定课程的实施方式、实施流程，提出教师活动组织、指导的基本要求。

对于问题五：建议根据探究型课程学习评价的原则，结合本校学生的实际情况，提出对学生进行学习评价的内容与方法。依据学校探究型课程发展、完善的需要，对教师的课程开发与实施提出评价的内容与方法。

通过多次研讨与修改,该校领导、教研组长一起完成了《学校探究型课程实施方案》的整体规划,为下一阶段学校有效推进探究型课程奠定了良好的实施基础。

附件4:某小学探究型课程实施方案之课程目标

(一) 总目标

(1) 通过主题探究活动,让学生了解和经历问题探究的一般过程,获得探究活动的体验和经验,初步掌握简单的探究问题的方法和技能,尝试解决生活中的实际问题。

(2) 通过主题探究活动的开展,初步具有发现与提问、观察与实验、设计与制作、信息收集处理、合作与表达等能力,提升学生的综合素养,改善学生的学习方式。

(3) 通过对家庭生活、校园生活、家乡生活等方面的探究,学会亲近自然,关注自我,关心家庭、校园和家乡的人和事,发展和保持探究的兴趣;养成良好的科学态度与精神,具有初步的公民意识和社会责任感。

(二) 阶段目标

目标要素	分级目标		
	低年级	中年级	高年级
探究兴趣	对周围事物和现象有好奇心、求知欲和参与探究的兴趣。	有较浓的探究兴趣,乐于尝试,能主动、积极参与探究学习活动。	有较强的探究精神,在探究过程中能始终以专注的态度参与探究活动。

（续表）

目标要素	分级目标		
	低年级	中年级	高年级
发现提问	了解问题有多种表达方式,尝试表达自己感兴趣的问题。	了解提问的几种常用模式,能结合主题活动任务,尝试提出类似的问题。	通过参与家庭、班级、学校、社会等不同领域的主题活动,能独立提出相关问题。
观察	利用感官进行多种方法、多种角度的观察、比较。	在低年级的基础上,使用工具进行间接观察。	综合运用工具、感观观察的方法。根据观察所得出结论,为下一阶段的实践提供决策依据。
实验	能以口头的形式提出实验操作的大致思路,考虑实验所需要的器材、场地要求;能基于感官进行观察,采集数据,用图画形式记录实验现象、表述实验结果。	通过图画、简单文字表述实验操作的设计思路,考虑实验所需要的器材、场地要求;能用简单的测量工具进行定量观察,采集数据,用图画、文字形式记录实验现象、表述实验结果;能做控制变量、对比观察的简单探究性实验。	能以书面计划的形式呈现实验过程设计,列出实验的操作步骤、注意事项、条件要求等内容;能进行规范的观察记录,能设计简单实验报告,绘制简单图表。
调查	以访问为主。围绕二至三个问题,采用正字或计数统计调查结果。根据统计结果,得出倾向性的结论。	以问卷调查为主。围绕主题形成简单问卷,问题形式以是非题为主。根据统计结果绘制统计图,得出结论。	以问卷调查或两种方法的综合为主。围绕主题形成较复杂的问卷,问题形式可以为是非、单选、多选题等形式。根据统计结果绘制统计图,得出结论,为一下阶段的实践提供决策依据。

（续表）

目标要素	分级目标		
	低年级	中年级	高年级
信息收集	能够利用书报刊物、广播、电视、参观、调查、访问、等多种途径获取信息，关注信息形式的多样性，尝试开展信息的整理、分析活动。	能够结合需求收集不同形式的信息，并结合分类卡、对比卡、摘抄卡、辩论卡的使用，能对获得的信息进行简单的记录、分类和整理。	能够利用多种途径获取信息，学会对获得的信息进行分类、筛选、整理、分析等处理。能在较复杂的探究任务中，开展综合技能运用，并为探究活动的进一步深入提供相应的事实依据。
方案设计	围绕主题，明确设计要求，口头表述设计思路，借助提供的材料、工具，尝试模仿作品制作。	在老师的指导下，能根据设计要求，学会思考构想、绘制简单的设计图，经历工具准备、材料选择，模仿创作、作品评价与改进的过程。	模仿制定一个简要的设计方案，独立经历工具准备、材料选择，动手创作的过程，并针对作品完成情况进行合理评价与有效改进。
设计制作	提供给学生制作材料与方法的建议，学生可以模仿，通过探究改进材料、方法来进一步完善作品，尝试开展合作式的制作和记录改进方法。	在低年级基础上，能够比较、选择制作材料，尝试对规划设计步骤、制作方法开展探究。	在中年级基础上，能够在制作前了解制作对象的特点，对制作材料进行选择、收集，探究对象的制作方法，尝试绘制设计草图。
成果表达	尝试用简单的文字、实物、图片、表演等不同手段，配合口头表述进行展示、交流。	尝试用自己的语言、文字、图片、独立操作等方式，表达自己的观点、探究活动的过程及成果。能够进行口头、小报形式的交流，尝试开展表演、辩论形式的交流。	会运用文字表达信息，大胆表明自己的观点；会选择合适的媒体手段配合介绍，表达探究活动的过程及成果。

（续表）

目标要素	分级目标		
	低年级	中年级	高年级
分工合作	在教师的组织下，尝试与同伴合作完成探究任务，能听取别人的意见，发表自己的看法，感受相互分享的乐趣与收获。	在组长的带领下，尝试与同伴分工，合作完成分内工作，能认真倾听别人意见，发表自己的看法，通过相互交流，懂得合作的重要性。	经历任务分工协商，承担小组分工任务，虚心听取别人意见，独立完成分内工作，体会小组学习中互相监督、分享经验的重要性。

附件5：某小学探究型课程内容形式设计（节选一年级）

年级	活动形式＼主题	观察	实验	收集资料	调查	访谈	设计	制作	表演	参考教材
一年级（上）	熟悉我们的校园	√		√						校本课程
	认识校园里的教室	√		√						
	我的学校在哪里	√		√	√					
	我的家庭			√	√					校本课程
	我家的宠物	√		√	√					
	我家的邻居	√		√		√				
	我家的小区	√		√						
	身边的安全标志	√					√			学习包
	变色的水果	√	√							
	保护我们的牙齿	√		√					√	

（续表）

年级	主题 / 活动形式	观察	实验	收集资料	调查	访谈	设计	制作	表演	参考教材
一年级（下）	羊肉知多少			√	√	√				校本课程
	伏羊节广告语的设计			√			√			
	鼎丰乳腐名闻天下	√		√	√					
	宣传鼎丰乳腐				√		√		√	
	神仙美酒誉天下			√	√	√				
	装饰神仙酒瓶	√					√	√		
	我的朋友—书包	√	√				√			学习包
	小球蹦蹦跳	√	√							
	花的世界	√		√						
	我们爱运动	√			√					

3. 单科会诊

"单科会诊"是指学科教研员深入各校以教研组为单位进行"会诊"，主要从教师的课程设计、课堂教学等方面进行"把脉诊断"，查"病情"、找"病根"、提出"治疗"方案。授课教师和听课教师围坐一起，就课程和课堂本身畅所欲言，教研员全程参与及时指导。这种交流式的会诊方式，对于提升教师的课程开发和实施能力帮助极大。例如：

某次在对某校进行单科教学视导时，发现几位老师的教学都存在一个共同问题，就是在教学中对于考虑"教材上呈现了哪些内容"、"我怎么教"考虑得较多，而对"我为什么教"考虑较少。其实每一堂课都是一个复杂的系统工程,在这一系统工程中,需要设计、实施,考虑不全面,设计不充分,将直接影响课堂实施的效果。

为此,教研员和该校教研组老师一起,以《身边的标志》一课为例,主要就教学活动设计进行现场剖析、会诊。

存在问题及原因

问题主要出在两个方面:首先执教老师对本课程的课程目标、课程内容的定位不够准确,加上该主题是在原教材的基础上延续的新主题,没有可参考的教学设计,增加了一定的设计难度。还有,该教师对本次活动内容的分析不够全面,活动设计单一、不充分。我们说探究过程是内容的展开过程,而且这一内容的展开必须循着学生思维发展进行,如果缺少了内容这一支持性的载体,不考虑学生的学习需求和困惑,而将提炼出来的模式化探究方法作为主要内容来呈现,那么,学生不可能真正将"探究方法"内化,不可能真正理解设计校园内标志对自身生活带来方便的重要性,教学也只能是形式主义。

活动内容分析

关于学生的学习,教师应该考虑三个问题:1.学什么　2.怎么学　3.为什么要学。

1.学什么:讨论后认为,对于小学生来说,身边的标志尤其是校园内的各类标志为学生提供了非常有用的指示作用,所以这是一个很好的主题内容。从学习包内容的呈现看,主要有

（1）展示已学的交通标志、出示一些生活中的其他标志。（2）生成新的知识经验、情景引入学习标志。（3）设计标志。

2. 怎么学：从教学设计来看，该教师设计了交流上学期已学交通安全标志的有关知识为后续学习导入铺垫，采用了小组讨论、交流等形式组织学生设计标志。

3. 为什么要学：从主题来看是很明显，要让学生经历探究过程后，知道标志对人们的重要性，并要养成良好的文明习惯。

给出教学建议

1. 重新组织教学内容。

重构教学内容并不是老师一个人能办到的，必须对课程有一定的研究才能做好这一创造性的劳动。本堂课重构哪些教学内容，通过讨论后一致认为应该是：标志对人的作用、生活中缺少标志的不方便、不文明现象出现的原因、如何杜绝这种现象，调查、设计等探究方法应与这些具体内容整合。

2. 设计有意义的探究活动。

有意义的探究活动，必须考虑到活动的价值，通过探究是否让学生在认识层面能够提高，是否能够激发起学生内心想设计校园内标志的积极性，为自己、他人提供方便，同时在学习活动中学到解决问题的方法。基于这些考虑，根据大家讨论后的观点，活动可以这样设计：

活动一：情景设置，让学生交流（感受标志的重要性，激发学生学习兴趣）。

活动二:比较发现,请两位同学在一定位置借助标志购买东西(体会到购买东西时有标志的好处)。

活动三:放录像(课前老师带领学生在校园内拍摄 5~6 个需要放置标志的地方,理解校园内缺少安全标志可能造成危害的道理)。

活动四:调查、设计校园内的需要标志,讨论如何设计标志。

设计是一种诊断模式,我们可以从教材内容安排是否合理、学习者在学这些内容时会碰到什么疑惑、学习者对所学内容的兴趣等方面进行诊断。在诊断的基础上,整合教学设计:确定学习目标、组构学习内容、安排学习活动、寻求教与学时的可用资源、开发和利用新资源……用整体系统的思维去思考学生的学习,分析设计好每一堂课。

(三)"分层式"指导,有序开发特色课程

分层指导是指教研员依据不同特点、不同需求的学校,提出不同的适宜性要求,实施相应的针对性指导,促使不同层次的学校在原有基础上循序渐进,逐步推进校本特色课程开发与实施的进程。在指导过程中,教研员要深入学校,围绕以校本课程开发为主题,与学校领导、教师直面交流,对学校在课程开发与实施中遇到的问题与困难,及时采取措施给予指导。按照学校课程建设的不同程度来划分,可以将指导分为全程参与型、半程参与型和隐形参与型。其具体的指导过程和方法如下:

1. 全程参与型

开发主题由学校提出,学校凭已有的经验在教研员全程指导下经历课程开发的全过程。指导要点:当学校还没有积累和具备一定的课程开发的经验和能力时,教研员要全程参与并及时指导,要善于设计有逻辑性的问题,要为学校和教师预先准备好有价值材料,要对缺乏课程开发能力和缺乏开发经验的教师给予较多的指导。例如:

全程指导——《灵性剪纸》特色课程开发的过程

2008 年 9 月,奉贤区第一个剪纸项目组正式启动了。之前,教研员向各校教导处发出通知,自愿选派一位剪纸教师参加活动。经过招募,由教研员领衔和 11 位教师参加的剪纸教研活动开始了。在活动中积极性颇高的江海第一小学的沙老师坦言,因为该校还未编写过校本课程,这方面的经验和能力比较缺乏,因此该校朱校长安排她来参加此次培训活动的,要求她学习一些编写课程的方法,然后编写一本关于剪纸方面的校本课程。

沙老师是小学美术教师,而且是区美术学科名教师,在剪纸创作和小学美术教学能力等方面都比较强,但是如何进行科目方案设计、创编教材等方面的经验和能力还是比较薄弱和缺乏的。她感到不知从何做起,于是她请求教研员帮助。基于这种情况,教研员全程参与了该课程开发的整个过程,针对沙老师在创编教材中的困惑进行有效的跟踪指导,帮助沙老师高质量地完成了剪纸课程的编写,提高了沙教师的课程设计能力。

沙老师的困惑

困惑一:科目方案如何设计,应该考虑哪些要素呢?

困惑二:剪纸的具体内容该从哪些方面哪些角度入手撰写?

困惑三:内容有了,但从来没有编写过教材,难度太高了,编写的体例结构如何选择呢?

困惑四:体例结构确立了,那么从哪里着手开始编教材呢,也就是如何将每个素材点转化成一个个可操作的学生活动?

困惑五:课程设计完成后,其他教师如何共享使用呢,使用中还要注意些什么呢?

教研员的指导与建议

对于困惑一:提供了《上海市中小学拓展型课程指导纲要》和《奉贤区中小学拓展型科目设计》两本书。建议从科目背景、目标、内容、实施、评价五个方面考虑进行科目设计。

对于困惑二:建议沙老师对现有资料进行筛选,内容框架要依据学生基础,层层推进,可以围绕方法篇、植物篇、生活篇、创意篇展开;在具体内容的选择上,本着感悟—兴趣—体验—创作的学习原则,选择一些贴近学生的生活实际的内容,由简单到复杂进行设计。还指导沙老师运用思维导图,理清了内容框架。

对于困惑三:对于体例结构的选择建议以拓展型课程的基本教学模式来呈现,每一课以"问题——思考——操作——拓展"也就是"是什么、为什么、怎么办、怎么样"的结构,结合剪纸课程和小学生特点确定了四大基本板块：生活在线、探索平台、小试身手、创意乐园。

对于困惑四：建议沙老师先选择了比较典型的《剪茶壶》一课设计样张，对应体例结构设计相应的问题和一个个可操作的学生活动。同时还要注意图片的选择、剪纸步骤的拍摄、语言的选择等一定要与每个环节的问题对应，要站在学生的角度进行推敲。这样，学生拿了教材可以自己思考，教师拿到教材可以直接使用。

对于困惑五：建议在学校教研组内和区项目组内进行教学实践，通过课堂实践来检测设计的课程是否能达到培养学生动手、创新能力的预期目标，如有问题应及时调整，保证教材使用的科学性和可操作性。

通过多年持续的实践研究，沙老师的剪纸课程被评为区特色课程，并在区域内共享，她的课程设计和实施能力得到显著提升，由她设计的《灵性剪纸》科目方案和执教的《家乡的黄桃》一课荣获上海市中小学拓展型课程中青年教师教学评比二等奖，同年她被评为区校本课程特色教师。在《灵性剪纸》课程的推动下，由沙老师主编的《灵动撕纸》已经代表奉贤撕纸艺术走上上海电视台《艺术课堂》，还走向外区送教，作品交流走向了世界。

2. 半程参与型

课程开发主题或由教研员提出，或由学校提出，教研员参与课程开发的一个或几个环节,在适当引导下由学校自主完成。该策略强调:当学校已积累和具备了一定的自主开发课程的经验和能力,教研员可以半程参与并适度指导:课程开发所需的资料教研员事先准备好,或者由学校提出要求,教研员再准备;要为教师的活动提供指导建议,甚至开发程序;教研员指导的程度应根据开发课程的难度、教师的经验等方面的需要而进行调整,从扶到放,逐渐让学校更多地自主开发。例如:

半程指导——《节文化探究》特色课程开发之"内容建构"

主题确定　看似偶然

说起古华小学的《节文化》课程开发真的是来自一个偶然。该校徐校长一贯重视学校校本课程的建设,在课程开发方面积累了一定的经验。为了进一步培养学生的创新能力,想开发一门有特色的校本探究课程,但一时又想不出合适的主题,于是和教研员王老师一起讨论了几次,由于各种原因课程主题始终没有确定下来。

说来也巧,那是 2011 年的 11 月,教研员王老师受邀再次来到古华小学参加该校《走进民族节,传承中华情》德育主题教育活动。在观看学生活动展示时发现"节文化"活动蕴藏着丰富的育人素材和探究元素,它既让学生了解中国传统节日文化,陶冶民族文化情操,增强民族自豪感;又能培养学生探究意识、创新能力以及社会实践能力,于是建议校方开发一门以"节文化"为主题的探究型校本课程,以此来拓展"节文化"活动的生命力。正好校长也有此想法,于是一拍即合。

但在课程开发开始阶段,课程开发小组在选择《节文化》每个年级子主题和相应的子活动时就遇到了困难,基于这种情况,教研员采用半程参与的方法对该课程开发中的重点内容进行适度的指导,后续的开发交由学校的课程开发团队去完成。

步步引导　选择内容

探究型课程没有规定的课程标准,也没有统一的课程内容,而"节文化"内容又极其丰富,开放广泛,涉及学生感兴趣的面非常广。那么,应该如何选择课程内容呢?

于是教研员与该校德育主任、探究组长头脑风暴、反复研讨,选择了"春节、元宵、清明、端午、中秋、重阳"六个典型传统节日为主题,并深入挖掘节日的文化内涵,每个节日确定一个子主题及相应可以尝试的探究方法。

总主题	子　主　题	可以尝试的探究方法
节文化	《春　节》:健康快乐过新年	观察、查阅、收集、制作、设计、游戏、体验、访谈、问卷调查、交流与展示等
	《元宵节》:欢天喜地闹元宵	
	《清明节》:清明,寻找先辈足迹	
	《端午节》:粽叶飘香话端午	
	《中秋节》:中秋节,团团圆圆诉真情	
	《重阳节》:重阳节,敬老我先行	

确定主题及基本框架后,老师们感到最困难的是每个子主题内容的确定。因此,在教研员的引导下,首先从"节文化"中

选择一个子主题,要求教师根据主题确定某一方面的研究侧重,如观察、制作、查阅、访谈等,使学生能逐项掌握研究方法,为今后的学习做好准备。鉴于以上思考,组织低、中、高三个年段教师针对主题设计活动内容。

首先低、中、高三个年级段老师围绕"闹元宵"主题准备了30个左右活动内容。接着让各年级段学生挑选最感兴趣的活动内容,在这个过程中既有学生对"闹元宵"主题活动内容的补充,又有对各年级主题活动内容的调整和删减。通过双向选择后整理出以下21个内容:了解元宵节的由来、元宵灯谜、元宵花灯、赏花灯、认识元宵、讲一讲元宵节的习俗、诵诵元宵节诗歌、童谣、花灯制作、讲讲元宵节的故事、朗诵元宵节的诗歌、制作元宵节小报、了解元宵节的习俗(小调查)、和父母长辈一起做元宵、说说我喜爱的花灯、做元宵、元宵故事会、送温暖行动、自己制作一盏花灯、写写"难忘的元宵节"、元宵灯谜会。最后在教研员和课程组长的统筹下,每个年段分别选择了2到3个适合学生年龄特点及能力的内容,形成了一个较为完整的探究内容体系。(见附件6)

以点及面　形成体系

一个主题完成后,在进行其他五个主题活动内容设计时教研员建议:要考虑到横向发展探究能力的螺旋叠进,纵向观望每一种探究方法,由易到难、循序渐进,再进行调整。另外还要注意活动内容之间的内在联系,在内容与方法上尽量避免重复、类似。

基于以上思考,教研员放手由该校教师自主设计,又展开了一次由点到面的设计活动,最后形成了整个节文化课程的内容框架。(见附件7)

经历此次课程内容开发,课程开发团队的每位教师知道了校本课程内容不仅是跨学科的,而且可以是跨年级的;在课程内容设计时可围绕一个共同主题,不同的年级按不同的要求,循序渐进的开展探究,这种螺旋式上升的课程内容延长了活动周期,增加了跨年级活动,有利于解决学生探究活动缺乏不断拓展的问题,有利于学生创造力和创造性格的培养。

附件6:《节文化探究》之"元宵节"内容体系

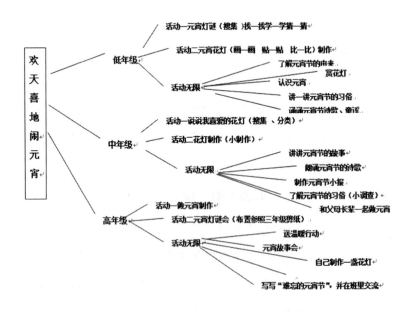

附件7:《节文化探究》(节选"春节"、"清明节")

主题	年级	活动内容	探究方法	课时安排
春节,健康快乐过新年	低年级	活动一 小雪花迎新年	(制作)	2课时
		活动二 小小电话送祝福	(角色扮演)	2课时
		活动无限:了解春节、听父母讲"年"故事、认识饺子、"吉祥如意绘画比赛"、学古诗等		
	中年级	活动一 家乡的春节习俗	(小调查)	2课时
		活动二 对联贺新春	(制作)	2课时
		活动无限:学包饺子、过年消费、新年日记、年夜饭的文化、对联的学问		
	高年级	活动一 采购年货	(设计方案)	2课时
		活动二 合理利用压岁钱	(设计方案)	2课时
		活动无限:编中国结、剪窗花、春节摄影评比、春节手抄报、春节送温暖活动		
清明节,寻找先辈的足迹	低年级	活动一 花儿朵朵献先辈	(制作)	2课时
		活动二 小小故事话清明	(搜集)	2课时
		活动无限:了解清明节、听爷爷奶奶讲英雄故事、品尝青团、和爸妈一起踏青、诵古诗等		
	中年级	活动一 "寻找身边的先烈"	(采访)	2课时
		活动二 "我心目中的英雄"	(宣传画)	2课时
		活动无限:清明节的来历、清明节的习俗、写踏青日记、讲故事赞英雄、学先烈见行动		
	高年级	活动一 清明习俗辩论赛	(辩论)	2课时
		活动二 "缅先烈 话理想"	(设计主题方案)	2课时
		活动无限:慰问离退休老干部、小报创编、清明习俗知多少、参观革命烈士墓、清明小报展		
		活动无限:重阳习俗搜索、慰问行动、采访爷爷奶奶、重阳故事会、重阳敬老宣传画		
其他四个节(略)				

3. 隐形参与型

课程主题由学校提出,课程的问题主要由学校发现。在整个过程中学校为活动主体,教研员是学校的促进者、协同者。该策略强调:当学校已积累和具备了较强的独立开发课程的经验和能力,就让学校独立开发课程;教研员可在指导前收集有关主题的信息并预想多种指导可能,对学校提出的问题进行及时点拨。例如:

隐形指导——《我爱我家》特色课程开发之"内容拓展"

实验小学自创办以来,一直重视校本课程的开发和实施。通过校本课程的开发,不断探寻、激活、整合、生成优质教育资源,从而来不断提高教师的教育教学能力,培养学生的特长和个性,最终实现学校跨越式发展。

该校师资力量雄厚,有一支较强的课程开发团队,编写的多门课程被评为区级特色课程。应该说该校已积累和具备了较强的独立开发课程的经验和能力。在整个课程开发和实施过程中以学校为活动主体,教研员是学校的促进者、协同者,经常与学校开发团队交流沟通,一起解决学校在课程开发中遇到的问题。

比如,该校为了进一步丰富学生探究型课程内容,于2010年7月起成立了《我爱我家》校本课程开发小组,学校组织教师充分挖掘校内资源,依托"上海市小学探究型课程学习包"开发和编写了《我爱我家——校园生活探究》校本教材和活动设计专辑。2011年9月起,落实于各年级第一学期的探究课教学计划中,一定程度上丰富了学生的探究内容,唤醒学生的主人意识,培养学生爱校如家,爱校荣校的情感,取得了不错的效果。

但在实施一段时间后,学校领导和教师感到课程内容还不够丰富,涉及探究方法不够全面,不利于学生综合能力的培养,也不利于整体育人目标的有效实现。为此,邀请教研员一起进行思维碰撞,进一步充实和拓展了"家"的内涵内容,除了学校外,还可包括家庭生活和家乡生活,由此形成三位一体的课程内容,使得培养学生创新能力和实践能力的载体更丰满。

于是,2012 年 7—8 月,学校组织部分老师挖掘乡土资源,设计了《我爱我家——家乡生活探究》活动设计专辑。经过一段时间的实施、补充、完善,2014 年 1～2 月,学校进一步组织原班人马编写了《我爱我家——家乡生活探究》校本教材(上下册)。2015 年 9 月起,落实于各年级第二学期的探究课教学计划中,让更多的学生了解自己的乡土文化,把探究的触角逐步从校内拓展到校外,激发学生作为奉贤子弟的自豪之情。

在此基础上,2016 年 2—3 月,学校再组织部分教师自主开发和编写了《我爱我家——家庭生活探究》校本教材和活动设计专辑。2016 年 9 月起,落实于各年级第一学期的探究课教学计划中,让学生回归到家庭,通过深入了解、认识自己的家庭,激发学生对家人、对家庭的热爱之情。

为了保证《我爱我家》校本课程的顺利实施,学校教师和教研员一起修改完善了探究型课程实施方案,还成立了课程领导小组,加强对课程的管理与评价,保证该课程扎实推进。经过长期的实践探索,该校在校本课程建设方面取得显著成效。学校被评为区校本课程先进校,教研组被评为区优秀教研组,多位教师以该教材内容为载体设计的方案、执教的课、撰写的论文、案例,在市、区各类评比中获奖,其中有两位教师分获上海市中小学探究型课程、拓展型课程中青年教师教学评选一、二等奖。

(四) 分类式指导,打造区域品质课程

分类式指导是指教研员依据区 101 门特色课程的不同特点对其进行梳理分类,并组织开展同类别的专题研究和指导活动,以进一步提升这些课程的品质。

奉贤区自 2011 年起至今,为了解决区域内优质资源短缺的现状,分两批评出了 101 门区特色课程。这些特色课程在区域内相对比较优秀、成熟,也起到了一定的示范和辐射作用。但在实践运用的调研中发现,这些课程有的目标设定不够完善,有的课程内容安排不够合理,有的课程的可操作性还不够强,有的配套资料还不够完备,从而使课程的品牌化发展遇到了瓶颈。究其原因,主要是由于这些课程都分散在全区各个地方,缺乏同类项目研讨交流的氛围和平台,有的又缺少专业的指导。为此,课题组结合区情采用"分类建组、确定专题、分类指导"的方法对 101 门特色课程进行过程性的专题指导。其指导过程和方法如下:

1. 分类建组

我们把区 101 特色课程分成 6 大类(见表),组建 6 个项目组,安排相应学科的教研员担任组长,并要求其带领项目组成员定期开展教研活动。

教研员指导联系项目组安排:

课程类别	A角(教研员)	B角(101课程负责人)
德育	政治教研员	课程分类表(略)
语言	语文、英语教研员	
科技	科学、自然教研员	
音乐舞蹈	音乐教研员	
工艺美术	美术教研员	
综合	拓展、探究教研员	

2. 确定专题

在前期一线调研的基础上,教研员和项目组成员一起根据项目组的实际情况和存在问题,确定每学期的研究重点和专题教研任务。如:2015年(下)各个项目组研究的专题:科技、德育类(课程目标序列梳理),综合类(课程重构),音乐舞蹈类(内容序列),语言类(体例结构)、美术类(评价指标)。

3. 分类指导

各项目组在教研员的带领下,制定完成其教研目标的具体实施方案,并以教研主题为单元,组织专项教研活动。在进行具体的分类指导时,采取改编、补充、拓展、充实等不同的改进方式,解决项目校本课程化的问题,提高其课程质量,进一步打造成具有区域特色的品质课程,从而保证区域内优质课程资源更多、更优。

（1）改编

"改编"，就是对原有的课程做一些调整，以使它更加符合本校学生的特点；或者对某一门课程进行局部的再开发。

课程是学校教育的"心脏"，课程内容是实现课程目标、落实课程育人价值的重要载体，课程活动是促进学生主动、有效学习的抓手。因此，在校本课程的开发中要特别重视课程内容序列的研究和学生活动的科学设计。但从区101门特色课程的教材评审中发现，部分教材内容宽泛、凌乱，没有序列；也有部分教材"重知识陈述轻实践操作"或者"重结果轻过程"，没有关注学生的活动和操作环节的设计，因此教师在教学中较难把握教学的难点和重点，也很难有效引导学生进行自主探究、培养学生的实践能力和创新能力。这也使得这些教材就很难承载或实现课程所要达到的育人目标，失去了课程设计应该有的价值。

比如，综合类课程中十二个特色项目就存在类似问题。为此，在综合组教研员的组织下针对这些问题，以星火学校校本教材《动物与人类》一书为例进行专项研究，对该教材进行了重构，重点对课程内容和体例结构进行了改编，包括增设了动手实践的环节。一年后，一本有利于体现学校办学思想，有利于学生综合能力提升的学本《探究我喜欢的小动物》改编完成。受其启发，奉城二小的《轴承的秘密》、汇贤中学的《水汇贤校》等特色课程按照此方法也启动了改编工作。例如：

2015 年 10 月 10 日下午,星火学校的会议室里正在进行校本教材《探秘我喜欢的动物》讨论活动。参加本次讨论的有区探究型课程、拓展型课程教研员,该校分管领导、教师以及综合项目组研究教师。几年前,学校已经编成了校本教材《动物与人类》一书,这次讨论是要对其进行重新设计和编写。

星火学校靠近海湾森林公园,是绿色生态环保学校,开展《动物与人类》教学,旨在指导学生认识动物、培养人与动物和谐相处的积极情感。该书以重知识陈述轻实践操作的读本形式,介绍了部分动物的习性特点,介绍了爱护动物的相关知识,学生阅读此书可以拓宽视野、学到保护动物的相关知识,但是作为承载学校办学理念、供教师教学使用、学生课堂学习的教材,显然还是有所欠缺的。所以在学校的需求下、区教研员的协同下,开启了这次校本教材的修改设计活动。

目前,许多学校依然把开展校本课程的第一位困难认定为没有合适的教材或者合适的教材太少,所以校本教材编写,应该紧扣学校办学思想、尊重实际需要、注重点上突破、以实用为主,校本教材应该是学生"喜欢学、能够学"的学本,也是方便教师开展教学活动的教本。基于这样的指导思想,首先确定了本次教材编写以"一课一题"的形式呈现,每周开展一个课题的活动,一册教材不少于 15 个课题,满足 1 个学期的使用。在版式方面,以一个课题占两页左右的篇幅来方便阅读和使用。

接着讨论教材编写以哪些动物为对象？以怎样的内容线索

开展设计与组织？针对星火学校事先做的学生调查问卷与访谈活动，以尊重学生兴趣选择和实际可操作为原则确定了十几种小动物，如：鸭、牛、兔、狗、青蛙、蚂蚁、金鱼、鸽子等，也确定了"以人能感知得到的动物的习性特征"为内容设计线索，不求面面俱到地体现知识体系的全面性和逻辑性。（见附件9）

然后全体讨论人员从各个角度进行头脑风暴，分享每个课题的相关素材。比如：瞎子摸象的故事、青蛙是两栖动物、小狗看家、蜻蜓与飞机……挖掘每一个动物可能蕴含的素材，搜集记录下来。再在发散的基础上归纳概括，最终确定了比较丰富的内容设计角度，有外形、环境、食物（捕食）、繁殖、生活方式、睡眠、保护方式、人类利用、仿生、文化、图腾等。就这样，教材的内容序列与框架逐步成形了。

内容有了，线索也有了，接下去该如何组织呈现呢？校本课程是国家课程的补充，所以它的教学形式是有别于学科教学的，只是很多教师缺乏这样的认识，也就是说，校本课程的教学还是很多教师需要面对的问题。所以讨论组认为继续坚持"实用性"原则，内容呈现形式以拓展型课程的基本教学模式来呈现，每一课以"问题—思考—操作—拓展"也就是"是什么、为什么、怎么办、怎么样"的结构，将每个素材点设计成一个个可操作的学生活动。这样，学生拿了教材可以自己学，教师拿到教材可以直接教。比如：《动物的外形》一课，设计的基本环节是：

1. 听故事《盲人摸象》,思考:盲人们分别摸到了大象的哪个部分? 你觉得大象的外形有哪几大部分组成?

2. 想一想、说一说:将体形相似的小动物归类。

3. 议一议,哺乳类、鸟类、鱼类、爬行类动物的外形分别由哪些部分组成?

4. 活动无限:你最喜欢哪一类动物呢? 请你根据它的体型结构,画一种你最喜欢的小动物。

一天时间在大家热烈的互动讨论中不知不觉过去了,本次研讨明确了校本教材《探秘我喜欢的动物》的修改定位,实现了变原先的"资料汇集、知识读本"为"实践活动为主、知识内容为辅";项目组教师在专家的指导下了经历了课程设计与教材编写的过程,大家脸上洋溢着收获的喜悦。于是趁热打铁布置了课题其余的编写任务,项目组成员主动认领,并期待着两个星期后的再次分享与修改讨论。

附件9:重构后的课程内容

表1　不同学习领域的培养目标

序号	课　题	代表动物	外形、环境、食物(捕食)、繁殖、生活方式、睡眠、保护方式、人类利用、仿生、文化、图腾等
1	动物的样子?	大象	
2	动物生活在哪里?	鱼/鸟	
3	动物怎样生小宝宝?	鸭/鹅	

（续表）

序号	课　　题	代表动物	外形、环境、食物（捕食）、繁殖、生活方式、睡眠、保护方式、人类利用、仿生、文化、图腾等
4	动物们爱吃什么？	兔	
5	动物们如何捕食？	青蛙	
6	动物们睡觉时是什么样子的？	猪	
7	动物们喜欢住在一起吗？	乌龟	
8	该怎么饲养小动物呢？	金鱼	
9	动物们也有害怕的事？	蛇	
10	我们最忠实的伙伴	狗	
11	动物的作用	牛	
12	与动物有关的科学	蜻蜓	
13	动物世界里的大学问	鸽子	
14	人类崇拜哪些动物？	龙	

（2）补充

"补充"，就是在保持某一课程基本目标不变的情况下，增加一些相关内容或资源，以更好地实现原定目标。如音乐类项目组十几位老师在实施中发现，自己编写的教材内容比较简单，没有层次感，在教学中很难兼顾到老学员和新学员，调和学生之间的差异。为此在教研员的组织下针对此问题进行专项研究，重点对各自的校本教材内容进行调整，增设一些灵活机动的教材内容，有的课程在每一个单元中增加一个音乐乐园，有的课程在每个单元设计了一些拓展活动等等。这样通过内容的增设来弥补教材的不足,从而适应不同年龄、阶段、能力的学生,老师可以结合教学实际,进行及时的调整,这样老师上课就可以更灵活,学生学得更轻松。

（3）拓展

"拓展",就是对原有校本课程的目标体系或者某一关键技能目标体系进行梳理和提升。

校本课程目标设计是校本课程开发的关键环节。遗憾的是,我区现阶段的校本课程包括区 101 门特色课程的目标设计还存在着许多问题:一些教师对校本课程目标的设计不重视,或者存在认识上的偏差;校本课程目标内容不全面,过于笼统、层次不清;校本课程目标表述不规范等等。这些问题的存在无疑会阻碍校本课程的进一步推进。以科技类、德育类项目组为例,在教研员带领下主要以案例研究的方式,组织开展对某一关键技能进行目标序列梳理和提升的专题研究。

比如:德育类项目组中大多数项目以学生调查为主要方法开展探究活动的,因此该组选择了调查类探究技能目标序列梳理为研究点。在教研员的组织下,以古华小学的《节文化探究》课程为研究案例,对该课程涉及的几种调查类型如口头调查、书面调查、访谈调查进行了目标梳理和提升,接着理清了各个年级之间的逻辑关系,最终形成了一到五年级调查类目标序列,以及相应的结果和所要达到的技术路径,供项目组其他课程教师参考使用。(见附件10)

附件 10：小学调查类探究技能目标序列

素养名称	起点年级：1~5	起始要求：低年级：能看懂、听懂简单的问题，具有一定的口头交流和数数的能力。中年级：具有一定的记录、整理信息的能力。高年级：具有一定的交谈、沟通和分析信息的能力。		
	年级	目标	结果	技术路径
调查能力	低年级	经历口头调查的一般过程，初步认识口头调查，会进行简单的口头调查活动并形成初步认识。	1. 能以口头交谈的方式取得信息资料。 2. 能用简单的方法进行统计。 3. 能用口头形式交流调查结果。	1. 创设情境（引导学生发现问题，对调查结论进行猜想）。 2. 组织交流（选择统计的方法）。 3. 组织调查（实施调查时注意问题：教师事先设计问卷，小组合作的方式） 4. 交流结果（对调查结果进行统计整理，交流调查结果）。
	中年级	经历书面（问卷）调查的一般过程，初步认识问卷和问卷调查，会进行简单的问卷调查活动并形成认识。	1. 能够围绕主题，模仿设计简单、已完成的问卷。 2. 能进行简单的问卷调查活动 3. 能准确、完整记录调查表。 4. 能对问卷数据进行合理统计并处理。 5. 能对调查结果进行合理分析并得到一定的结论。	1. 创设情境激发兴趣（发现调查对象存在的问题，对调查对象的假设）。 2. 样例学习认识问卷（问卷时要考虑的因素：问题设计思路、问题的表述、选项设计）。 3. 小组合作模仿设计（提供半开放调查问卷模板）。 4. 自主合作实施调查（调查实施过程中注意的问题：小组合作方式、记录方式等） 5. 收集整理进行分析（收集整理方法、结论分析） 6. 交流评价小结拓展（展示交流内容、形式的设计，小组合作方式、对其他小组操作方法和结果的质疑、评价等）

（续表）

素养名称	起点年级：1～5	起始要求：低年级：能看懂、听懂简单的问题,具有一定的口头交流和数数的能力。中年级：具有一定的记录、整理信息的能力。高年级：具有一定的交谈、沟通和分析信息的能力。		
	年级	目标	结果	技术路径
调查能力	高年级	经历访谈调查的一般过程,初步认识访谈提纲和访谈调查,会进行简单的访谈调查活动并形成认识。	1. 能围绕主题模仿设计简单、已完成的访谈问题。 2. 能进行简单的访谈活动。 3. 采访记录准确、完整。 4. 能对访谈记录进行整理,加深认识。 5. 能简单表述访谈的结论,正确表达自己观点。	1. 问题导入(对现实问题的质疑,假设访谈结论)。 2. 选择访谈对象(以小组为单位讨论并确定访谈对象及途径)。 3. 拟定采访计划(包括设计访谈内容、设计访谈记录表、讨论访谈中的注意事项及需要的访谈工具等)。 4. 进行访谈(访谈时应注意的问题:认真倾听、做好记录、不随便打断别人说话;要大方有礼貌)。 5. 整理访谈记录(收集整理方法、把访谈结果以多种形式展示)。 6. 交流访谈感受(整理分析访谈资料,简单表述访谈结果)。

又如:科技类项目组在教研员的带领下以西渡学校《花卉栽培与探究》课程为研究案例,结合课程内容和初中学生的特点,选择了实验类探究技能目标序列梳理为研究点。通过专题研讨,分别对实验类探究课的四个环节"设计方案、收集证据、处理信息、解释验证"的目标进行了梳理和提升,最后形成了六至九年级实验类目标序列,以及相应的结果和所要达到的技术

路径,供教师参考使用。(见附件 11)

附件 11:初中实验类探究技能目标序列(节选设计方案)

技能名称	起点年级(6~9):			
	年级	目标	结果	技术路径
设计方案	6~7	能根据生活经验或科学证据提出问题。	能提出合理的问题。	观察事件、现象等,引发思考,进而提出问题。
		能根据生活经验或科学证据进行猜测。	能根据经验作出猜测。	对问题开展讨论,提出假设。
		能根据生活经验设计对比实验、有控制变量的意识。	能设计对照实验组。	讨论、范例学习、小组设计。
		合作分工设计方案。	能在制订计划时进行小组合作分工。	在老师引导下分工、讨论。
		设计观察记录表。	有观察记录的意识。	讨论、范例学习。
	8~9	能根据生活经验或科学证据做出合理假设。	会做假设。	观察事件、现象等,引发思考,进而提出问题。
		能用控制变量法制定较科学的计划。	会用控制变量法。	对问题开展讨论,提出假设。
		能设计实验方案、判断方案的可行性。	会对制定的计划进行预检测。	讨论、范例学习。
		合作分工设计方案。	能自主进行小组分工与合作。	分工讨论。

（续表）

技能名称	起点年级（6~9）：			
	年级	目标	结果	技术路径
收集证据	6~7	略		
	8~9	略		
处理信息	6~7	略		
	8~9	略		
解释验证	6~7	略		
	8~9	略		

（4）充实

充实就是在改编、补充、拓展教材的基础上，每门课程形成一套相应比较完整的课程资料，以更好地促进校本课程有效实施。为此，6个项目组老师在教研员带领下对原有课程资料进行重新梳理，针对遗漏、疑难等问题进行专项研讨，逐一解决。通过一年多的努力，101门区特色课程都已有比较完整的配套资料，包括课程实施方案、全套教案和配套课件等，进一步保证了课程的校本化、常态化实施。同时区教育研究中心要求每门课程都建立专题网站，从课程介绍、课程资源、活动新闻和成果展示等几个板块呈现特色课程风貌，最终汇集形成奉贤区中小学特色课程信息化资源平台，使这些优质资源区域内得到全面共享。

三、区域指导实践中的多途径策略

校本课程的有效实施离不开区域教研和培训部门的专业引

领。在区域课程指导中采用研训一体、构建模式、校际联动等多途径联合作战的策略,可以充分发挥各自的优势,有效提高教师的课程开发与指导能力,促进区域校本课程建设的整体发展。

(一) 研训一体,提升课程能力

作为一种全新的综合性课程,校本课程打破了学科的界限,强调学科之间的交叉与融合,对教师的综合素养提出很高的要求。因此,现有的师资还不能完全满足课程实施的需要,必须经过培训才能胜任校本课程的教学指导任务。以前由于培训部门在培训中缺乏与教研部门的协同,导致不少教师反映参加的培训活动与实际教学问题相差甚远,收效甚微的情况时有发生。实践表明,研训一体的培训方式最受教师的欢迎。在区域推进校本课程的行动中,奉贤区教育研究中心除了组织教学研究和指导活动外(如专题教研、教学视导、蹲点指导等),还积极开展了相应的主题培训,针对教师培训主要采取了"三多"的研训一体策略(即层次多、内容多、模式多),遵循的基本流程是:教师课程申报—培训组织部门审核通过—列入师训课程"菜单"(菜单式培训项目体系)—教师自主选择—组班培训—结果考核。其优势在于:

第一,层次多。有高级教师校本课程开发 540 培训,中级教师高研班校本课程设计 240 培训,特色课程推广项目组长培训,某一门优质课程的区域共享实施推广培训等。

第二,内容多。内容包括校本课程功能定位与特征,课程资源开发,课程设计,学科类课程开发,活动类课程开发,校本课程实施,《贤文化》、《环境教育读本》等区域课程推广培训等。

第三,模式多。不同的班级培训模式灵活运用,有研训教一体化的实训模式,如小学《灵性剪纸》、初中《语文阅读指导》等十四门区域共享课程的一体化的实训;有与高校交流合作培训模式,如积极与国培基地南京东南大学、上海师范大学合作开展校本课程和《stem 课程》的师资培训;还有课程案例分析与实践设计培训模式、集体讲座培训模式等。

(二) 构建模式,规范课程管理

在市级总课题《区域中小学校本课程管理与指导的实践研究》的引领下,各实验试点校结合自身的实际需要,选择和确定自己学校要研究的子课题。各实验校围绕总课题积极探索适合本校及联盟体的校本课程实施模式。这些试点学校在区域推进中充分发挥了榜样辐射和示范作用,有力地推动了学校校本课程常态化和校本化实施,形成了校本课程"典型培育和课题群相结合的区域推进模式"。

如:南桥小学、育秀学校试验区探索出"以特色课程活动为主线、方法类指导课为支撑"的跨校共建共研的实施模式。江海一小试验区形成了"运用网络平台"促进校本课程跨校共享模式。解放路小学试验区开发出了"运用评价机制优化校本课程管理"的推进模式。实验小学试验区形成了"校本课程师资队伍培养与管理"的实施模式。这些校本课程开发和实施模式的探索,对推动区域内校本课程的常态实施和有效实施起到了重要作用。

(三) 校际联动,实现课程共享

目前,由于中小学校本课程的实施教师常常是由学科教师兼任的,他们在本专业学科上就要花费大量的时间来开展教学,对兼任的校本课程往往缺少时间来钻研。同时,学校在实施校本课程时,同一个学校教师承担校本课程的主题大多不同,同一主题研究团队的薄弱,造成不是活动资料缺乏,就是实施主题活动开发、设计经验不足。因而区教育研究中心组织开展了校际之间课程实施教师同伴互助活动,最大限度实现资源、经验共享。通过扎实开展听课评课、课程经验介绍、课程资料展示、案例分析等丰富多彩的校际教研活动,有效地弥补了课程师资资源、经验的不足,实现校际互动、彼此借鉴、资源共享和共同进步,促进了校本课程开发与实施水平的整体提升。

第五章　凸显课程建设中的共建共研

随着区域校本课程建设的不断发展,区域层面需要不断深化校本课程建设理念,规范课程建设行为,促使学校校本课程建设逐步走向成熟,并走出自主创新之路。

本章中从区域内依托资源联盟体、镇教管办、校本课程示范校、专业教研机构、特色教师群五大共建机制,阐述在区域校本课程管理上,发挥奉贤区教育研究中心的核心指导力,统整各大方面,在融合中形成区域校本课程共建共研范式。

本章中还基于 STEM 在校本课程中的探索,从已有的 STEM 的概念来解读 101 门奉贤区区级特色课程,从一些 STEM 的核心特征等特点中挖掘值得开展的 STEM 课程项目,并通过校本课程中 STEM 课程建构来思考 STEM 项目活动,强调 STEM 活动的核心是基于某一真实问题情景,运用跨学科能力进行综合实践。希望由此改变一些校本课程建构,从而让学生受益更多,提升他们的综合实践能力。

第一节　区域校本课程共建共研机制

校本课程的全面推进,需要站在整个区域的高度,建立基于以校为本的课程共建共研机制。经历多年的实践探索,奉贤区教育研究中心发挥课程指导和教研指导的核心作用,依托资源联盟体、镇教管办、校本课程示范校、专业教研机构、特色教师群等,形成了五大"共建共研"机制。

"共建共研"是手段和方法,是为学校"自主发展"服务的,旨在帮助基层学校提高校本课程自主发展意识,提高校本课程研究能力,提升师资队伍课程建设水平,解决资源开发的困难,尽早走出困境,并走向创新发展。

一、盟主学校发挥校本课程活力

根据区域划定的"A＋X＋Y"办学资源联盟体,选择盟主学校有影响力的校本特色课程,要求盟主与整个盟体内的学校形成课程共建共研机制,从师资培训、教材及教学资源、课程管理等多方面开展校本课程的共建共研,激发盟体内所有单位校本课程建设的活力。

(一) 发挥优势,实现"双赢"

为了优化资源联盟体建设,统筹推进区域内外、校际之间优质教育资源的共享,树立"紧密型办学资源联盟统领内涵发展"的一体化理念。奉贤区教育研究中心注重对盟主学校的指导,并发挥其校本课程建设中的优势,带动联盟体内学校的推进,实现"双赢"。

在学校资源联盟体共建共研思想指导下,各资源联盟体的盟主学校都制定了以校为本的校本课程实施方案。例如：

华亭学校，作为资源联盟体的盟主学校，制定了《华亭资源联盟体学校特色课程活动方案》，旨在以特色课程的开展为载体，提升特色课程指导老师的课程执行力，使校本特色项目在课程实施过程中体现学生创新意识、弘扬学生个性和激发学生潜能。通过联盟体联动活动，使校本特色课程在特色、价值、效果上能有更好的发展。具体活动是通过教师定期交流培训、教育教学信息交流、联合举办教育教学研讨、校际展评活动、联合课程开发、共享教育资源等策略来落实。促进联盟体学校共同提高、共同发展，达到"双赢"目标。

在盟主学校的规划下，联盟体内各校统合思想，有序地开展研究活动，学校、教师、学生在校本课程建设中都得到了发展。

（二）精选课程，资源丰实

在资源联盟体活动中，奉贤区教育研究中心教研员定期进行课程建设的共建共研指导，主要采用帮助几大盟主学校精选课程，开展课程建设的教研指导活动，形成优质资源区域辐射。目前，古华小学的"节文化"课程，已经在奉城一小、奉城二小、头桥小学、超群小学、青村小学、泰日学校、光明学校移植与发展；奉教院附小的特色课程《功夫少年》已经在洪庙小学、塘外小学开花……例如：

华亭学校《好玩的彩泥》是盟主学校精选课程之一，这门课程学习可以培养学生想象力、创造能力、动手能力。这门课程分成了基础篇和提高篇,分别在低年级和拓展提高班进行实施。基础篇是根据一二年级学生的特点,教授基本的彩泥制作技法,选择的内容都是学生喜闻乐见的物品或者动物,让学生在玩的过程中掌握基本的技能技巧。在同一个基本型的基础上进行创意改变成新的造型,让学生自己感悟彩泥活动乐趣的同时掌握彩泥制作的基本方法。提高篇则在掌握基本形的基础上进行有目的的创作。尝试由画到塑,由平面到半立体到立体的发展创作思路。

利用学生自己创编故事来进行场景的设计,使作品更有情节。让学生玩中学,学技法、学观察、学合作、学创意、学表达,轻松地进行泥塑创意。如今,庄行学校、邬桥学校、胡桥学校,西渡学校、泰日学校、童梦小学、星光小学等盟体内学校,已经将这门课程带回到自己学校。

像这样的优质课程,整体设计完整,内容安排合理,还有着丰富的配套资源,深受联盟内各校的欢迎,盟主学校发挥了校本课程优质资源的积极作用。

(三) 实践探索,效果明显

在四年的实践探索中,各联盟体学校主要以课堂为立足点,以教研活动为平台,以解决教学问题为突破口,使校本课程教研活动具有实效性、针对性。例如,华亭学校联盟体的《快乐折纸》就通过“技能培训、网络教研、课件共享、教学展示”四大部分,扎实地实践探索,校本课程建设效果显著。

图为联盟体内共建共研实践探索四大活动

1. 技能培训

华亭学校纸艺课程王老师在折纸的技艺培训时,每次活动都是充分准备示范作品,分步指导教师们折纸技法,学会识图,看图,学会折法。

2. 网络教研

每次活动都围绕某一主题开展研讨。为了更好地开展指导,王老师通过网络联系提前预告主题研讨内容。技艺培训后,老师们有什么困惑可以及时提交,王老师有问必答。

3. 课件配套

作为快乐折纸的盟主学校,华亭学校鼓励课程教师将多年制作的课件、教案、微视频等教学资源与盟员学校共享。

4. 教学展示

资源联盟体围绕校本课程的实际问题开展研究活动,如重点开展"同课异构"课堂教学的实践研究,通过设计、磨课、实践、观摩、研讨等系列活动,探索折纸教学基本思路,重点落实如何启发学生观察理解和动手操作,突出了教师主导,学生主体的作用。例如:

王老师在上《鸟》折纸教学中设计了探究性活动,以探究活动的方式逐步掌握折纸的方法,并在这个过程中学会创新折法,让学生领悟折法可以创新,体验"探究快乐折纸"活动,不仅学习了折法,更重要的是创新精神的培养。庄行学校的夏老师则是采用了演示法,让学生观察老师是如何折一只小鸟的,随后师生一起归纳折法。联盟体内两位老师围绕同一内容进行教学设计,虽然都以鸟为主题,内容是统一的,但是每一个人都发挥了各自的优势,充分展现了创意。

资源联盟体的教研活动不仅为区域内更多教师提供了优秀的课程资源,同时也带动了校本课程本身的升级和发展,带动了教师的专业发展,为学校的特色形成创造了有利的条件。

二、镇域学校形成校本课程系列

为了避免学校在特色课程建设上各自为战、不同学段间缺乏系统连贯性的问题。"教研中心——镇教管办——镇内学校"进行着基于以地域为特色的校本课程共建共研。区教育研究中心在深入引导课程研究方面努力做着多方引导,将各阶段学校之间的课程形成序列,将具有各自特色的课程整合起来,在不同学段有序衔接,从而形成具有镇域特点的幼儿园、小学、中学一条龙的镇域校本课程。

（一）关注传统文化的课程设置

地处上海远郊的洪庙地区，随着城乡一体化进程的加速推进，过去一派田园风光的乡村，如今已被居民社区、工业园区、经济园区所环抱，学生农村田野实践的空间、内容不断缩小。但是这一地区的各校在课程构架上关注传统文化的课程设置，各学段学校之间注重相互衔接，打破了狭小的空间，拓展着校本课程的视野。初步形成了幼儿园、小学、中学校本课程建设共建共研的良好氛围，为镇域学校校本课程系列形成提供了范例。例如：

2015 年 12 月 14 日下午，洪庙小学何校长迎接了洪庙中学王校长带领的行政班子成员，两校进行"小初衔接，快乐成长"交流活动。何校长向大家述说着，洪庙小学是一所百年老校，前身是革命烈士李主一创办的"竟成小学"，学校以"志者竟成"为校训。办学理念是"人人有才、人人成才"。办学宗旨是"让梦想永不止步！"学校构建的"小蜜蜂课程"，设定四大板块：学科特色课程、兴趣爱好课程、节庆仪式课程、专题导引课程。

学校围绕教育部《传统文化教育指导纲要》开展课程实施，拓展传统文化教育的内容，以校本课程为横轴，各年段传统文化教育目标为纵轴，初步形成了《小蜜蜂传统文化教育课程指南》。这一指南不仅将传统文化教育的内容融合于各类课程，而且明确了学校各年级实施优秀传统文化教育的目标。主要包括：中华语言文字、传统节日、传统礼仪、传统艺术、传统美德五个方面的内容。根据课程需要学校还编制了传统点心、传统游戏、节庆仪式、专题导引等校本教材。

在体育节上,举办农耕运动会,学生从教室活动到教室外。依托区域资源,开展系列主题实践活动,让学生走出校园,走进社会。洪庙小学的农耕馆从校内博物馆参观到校外长堰村基地实践,体会的是劳动人民的智慧,是身为农民的骄傲。学校校本课程实施注重立体式的体验,课程随着空间的打破而丰富。让学生自主参与,拥有丰富的学习经历,快乐学习、快乐游戏,让每个孩子拥有梦想。

通过这样的活动,两校共同致力于研究培养有梦想的洪庙学生,让学生快乐成长。两校的校本课程文化、育人理念得到了有效衔接和传承。

(二) 融入乡土文化的课程活动

每一块土地都是具有其独有的文化气息,它是很好的课程文化资源,可以帮助学生了解自己生活的家乡,增加对家乡文化的认同感。镇域特色课程活动中有机地融合乡土文化内容,增加社会实践体验,从调查、寻访等活动中可以增强学生对本土文化的情感。例如:

洪庙中学《贤文化之走进贤城》校本课程,就是融合了乡土文化的内容,注重综合运用社会实践活动,组织学生对家乡有代表性的文化资源考证与研究,对历史文化名人进行调查、访谈,对历史名胜古迹进行实地考察和造访。启发学生思考与讨论自己所处的"奉贤文化"氛围,去了解自己生于此、长于此的土地,去认识、发现、领悟奉贤的历史、现状及未来,去关注、关心这块土地上的普通民众。让孩子们建立自己和乡土的血缘联系,并把这一切融入各自的灵魂与血肉中,成为生命的底蕴与存在之根。对于那些外地来沪学生而言,能让他们更亲近眼下生活的土地,更快地融入奉贤的文化,建立与奉贤的乡土之情。

图为"海农"奉贤"五色"人文地图图景

其中以"海农"为主要特征的奉贤"五色"人文地理图景包含着古色乡土、红色革命、金色农业、绿色生态、蓝色海洋五大内容。洪庙中学占老师在教材编写的心路历程中提到的"不忘初心,把根留住":生活在上海远郊的我们是幸运的,我们毕竟还有一些机会可以和裸露的田野亲密接触,我们眼里仍然能看到金灿灿的油菜花开,我们耳朵仍然能听到大地深处传来的阵阵蛙鸣,我们嘴里仍然能吃到悬挂露水的菜蔬,鼻子闻到瓜果飘香的味道,我们的双脚可以踩在松软的海滩上……让我们一起触摸奉贤这块土地的温度,一起感受生命的力量,这将为我们一生的发展奠定一个坚实的丰厚的精神底子。从此,无论我们走向哪里,都会骄傲地、毫不迟疑地大声说:"我是奉贤人"!

洪庙中学《贤文化之走进贤城》校本课程,在奉贤区教育研究中心不遗余力的帮助下趋于成熟,不仅在初中的六、七、八、九年级得到一贯制的实施,更是推广到了镇域其他学校,在区内外也取得了很好的反响。

（三）重视革命教育的课程实践

中国人民志愿军纪念馆所处位置在奉贤区环园南路,就在洪庙地区。它是学校开展德育活动、校本课程、拓展活动的优势资源,是洪庙镇域内学校的德育实践基地。基地里有 13308 平方米的志愿军纪念馆、纪念广场、纪念墙、徐特立纪念馆、贤人文化园等场所,通过宣传抗日战争、解放战争、抗美援朝、和平年代各个时期军人代表形象,对广大青少年进行革命传统教育和爱国主义教育。洪庙地区的各学校在校本课程建设中就有机地融入了这一基地中的革命传统教育的内容,成为重要的校本课程实践活动之一。

说起这个基地和学校的牵手,却是源于一场美丽的邂逅。

案例:一个火热的夏日,孙老师正在洪庙社区散步,忽然一个指示牌映入眼帘——中国人民志愿军纪念馆即将开馆。看到这，孙老师心中一个想法闪现：我们学校贤文化课程不正在思考如何向纵深推进吗？这不就是一个很好的方向吗？于是，带着好奇心他沿着指示牌的指示，来到了纪念馆所在地，认真参观了馆内部陈设。一件件有年代感的物件，一个个感人的故事，一张张震撼的图片，深深触动了他，这是多么好的教学资源啊！看完后他心里很是激动，就和馆方负责人交谈了起来，表达了合作的意向。回来后，孙老师立即向校领导汇报，王校长听了后异常欣喜，委托孙老师商谈合作事宜……

由此，洪庙中学《贤文化之走进贤城》校本课程得到了进一步丰满！

瞧，学生们正在参观的是一年一度的重阳节书画展，举办地是学校的德育实践基地——中国人民志愿军纪念馆。

"这幅画画得真好，你看那虾多像真的""嗯，好顽皮的虾！"

"快来看，这是什么字体？怎么都没怎么见过""这个是小篆吧！"

"老师，迟浩田是谁？你看他题的'重阳．老兵．书画'"

"迟浩田是我国很著名的将军，曾任军委副主席哦！"

"哇，这幅画是一位九十五岁的老兵画的，太强了"

……

让校本课程内容与革命传统教育融合起来，校本课程实践的意义更加深远！

（四） 开展实地探访的课程体验

实地探访,在亲身体验过程中感悟,进而将书面的知识立体化。在校本课程实施和建设中,学校积极开展实地探访的课程体验,带领学生走进洪庙中学周边的名胜古迹,记下有关的历史资料,留下了自己探寻的足迹。组员间分工协作,认真地写文章、拍图像,询问当地居民有关于对这些古迹的保护措施的问题,做好资料的记录保存,还对当地居民进行保护古迹的宣传,希望引起人们对古迹的重视、保护。

下面就是孩子探寻后的话语——

"老师,以前每次经过高桥都觉得那是一座挺破烂的桥,觉得应该要建一座新的桥了,但那次我们在搜集了高桥的历史,又实地去探访了后,现在每次经过都有一种敬畏感。没想到如此破烂的高桥有那么繁华的过去、悠久的历史。现在反倒担心它会被拆掉"

"对的,老师。还有奉城残存的那一段城墙。"

……每每听到这些话语,心中总会升起阵阵暖意。

是呀,正如孩子们所体会的:奉贤和其他历史名城一样,拥有灿烂的文化和悠久的历史。奉贤的古迹七零八落,不是集中于一地,以前的人们对此保护不够、认识不够,有些古迹已日益没落了,这是我们不愿看到的。开展实地探访的课程体验活动可以激发学生对这些问题的深度认识的兴趣,也让他们发现奉贤那尘封的过去。

三、示范学校校本特色课程共享

奉贤区评选出了 16 所"校本特色课程实施示范校"后,要求这些示范校将特色课程在全区面上学校推广运用,解决一些薄弱学校课程资源短缺问题。比如:教院附小,将"武术操"、"集体舞"、"绳操"、"感恩操"、"功夫扇"共享给了洪庙小学、塘外小学、明德小学、民办星光小学、民办致和小学等,并开展校本课程管理与评价的专题研讨:①教导处课程管理人员、教师参与的校本课程教学常规及考核制度的研讨专场。②教导处分管领导、师干训领导及教师参与的教师校本课程的开发与设计的研讨专场。

(一) 明确目标,形成共识

共享课程的目的并不只是单纯的技能传授,更多的是帮助参与课程学习的老师能够领会到项目建设的理念、教学开展的方法等。

《功夫少年》共享课程迎来了第一批求学的教师。教院附小吕老师在第一节课向老师们介绍了自己的专业,并介绍了共享课程的内容和目标。老师们有些是兴致勃勃,但也有些老师表示不太感兴趣,只是想来锻炼锻炼身体。

吕老师告诉大家的是此次共享课程的目的并不只是教授武术技能,更多的是让大家一起了解这门课程她是怎样进行有效规划,具体设计时联系哪些的思想来确定课程目标的,围绕课程目标,如何采用武术课堂教学的方法与策略开展课程等等。所以她着重地向老师们介绍了学校《功夫少年》拓展课从课程开发到开设再到普及和提高的过程,让老师们对课程共享的意义有了深入地了解。

(二) 分享资源,提升技艺

示范校的特色课程培训着力于让每一位参加培训的教师都会分享到和自己要开发的课程相关的资源,如课程科目设计、科目方案等,有效地提升了教学技艺。例如:

塘外小学的张老师找到了教院附小吕老师,原来她们学校也开设了太极拳拓展课程。她说自己很喜欢太极拳,所以开设了太极拳的拓展课,但是她的太极拳课程开设情况并不是很好,而且没有很系统的课程设计,能不能请吕老师帮助指导提高?看着她急切的眼神,吕老师感受到了她对这门课程的兴趣和热爱,马上就答应了她。

针对塘外小学的情况,吕老师先把自己的《功夫少年》课程进行了整理,把科目设计电子稿直接发给了她,并且向她介绍了每个学期的教学内容为什么要这样安排,目的是什么。让她根据吕老师的科目设计修改她的太极拳科目设计。

几周以后张老师还是很沮丧地说:"虽然科目设计是好了,但是学生对于太极拳练习的兴趣还是不太高,很多孩子都说太极拳是爷爷奶奶才会练的,小朋友为什么要练太极拳。孩子们更喜欢比较活泼欢快一些的教学内容。"听了她的反馈,吕老师也开始思索起这个问题,是呀,在人们的印象当中,太极拳都是公园里的老人才会练习的,我们怎样让孩子对这个项目也感兴趣呢?于是她们俩一起分析了小学生练习太极拳有哪些好处,从哪些方面来激发小学生的学练兴趣,跟她一起分析了小学生学习太极拳的优势和优点,主要可以采取哪些练习的方法手段来激发小学生练习太极拳的兴趣等等。

最后将科目目标改成除了学习太极拳基本技能以外,还要培养学生的表现力以及让他们学会欣赏太极之美。

(三) 有效方法,提高质效

在课程探索的过程中,资源分享是其一,更重要的是离不开有效的方法来实施推进课程落地,而这些方法是在一次次磨砺中总结而成的。这些有效的方法促进课程实施和进一步的发展。除了校本课程的相关技能,还需要融合更多的资源,比如学习太极拳,为了提高学生学习的兴趣,可以配合一些优美的音乐,策划一些比赛和表演等等……课程需要不断地创新和探索,许多时候,课程就是这样成熟起来的。

案例:吕老师《功夫少年》课程教学就采用了多种方法和手段。收集了张三丰、杨露禅等太极名师的故事,还有一些优秀的儿童太极拳运动员的比赛和表演视频给学生欣赏,让学生知道太极拳是一种很受欢迎的拳种,除了能够健身,更能够培养专注力、协调性、意志力和优美的形体及良好的表现力。还把太极拳的种类进行了简单的分类,最后把小学生的练习内容定为 8 式太极拳、16 式太极拳和太极拳的基本步法、行进间基本动作练习等几项内容。吕老师还将原先的长拳、五步拳技术教学,调整为 42 式太极拳教学,既满足了老师们健身的需求,也帮助向她求学的张老师解决了自身技术动作不扎实的问题,便于更多的老师能够在自己的学校进行推广。

四、试点学校积极开发校本课程

针对在校本课程建设中有积极意愿的试点学校,在奉贤区教育研究中心教研员带领下,开展校本特色课程的规划设计与实施研究,促进学校的特色课程建设规范、有序,然后将试点学校的经验特色通过现场展示等大型活动辐射到面上学校。比如指导奉城二小开展"粉彩奉城"的课程设计与实施完善,于 2014 年 5 月向学段面上所有学校展示交流,受到好评。

(一) 教研合力,在磨砺中成就课程

《粉彩奉城》色粉画课程的成熟是区教育研究中心拓展和美术两门学科教研员合力指导下的成果。课程的成功不仅鼓励了教师发展,更是让学生受益匪浅。

案例:奉城二小闫老师谈到,时光荏苒,奉城二小色粉画校本课程《粉彩奉城》自 2010 年实施以来,转眼已经进入第七个年头。从开始的毫无头绪、上下求索,到如今积累了丰富的教学经验,展出了学生的几百幅作品,逐渐进入课程理想化状态。

很久以前,闫老师参加了宜川中学的美术特级教师孙老师

开设的一次色粉画兴趣课活动，他回到学校后就尝试画了一些色粉画的作品。区教育研究中心教研员看到了闫老师的几幅画，第一感到闫老师画得不错，另外这类画在区内还没有这样的课程，于是建议他可以尝试探索下去，并将其发展成自己的校本课程。

于是，闫老师经调研发现，奉贤区基本没有学校开设色粉画课程，只有极少校外培训机构有此课程。抱着试试的想法，他的色粉画课程确立了。

虽然画过色粉画，但是并没有相关教学经验，在宜川中学也只是看到几幅高中学生画的色粉画静物，小学生肯定画不了这种难度。于是，他买了大量色粉画书籍，另外通过网络搜集相关知识，自己先学习起来，之后制定教学实践探索计划。在实践中摸索教学方法、绘画技巧，还选取学生的作品作为教材范例，经历了一次次课堂磨砺，在失败中积累经验，最终成功地编辑了色粉画校本教材，并被评为区特色课程。

期间，拓展学科教研员带领区中心组团队进行指导，促进了该教师科目设计的规范化，帮助凸现其科目的优势，鼓励他积极创新发展。同时美术教研员带领美术中心组教师进行指导，还推荐课程负责老师与江海第一小学沙老师进行名师带教结对。他们不断帮助闫老师理清课程脉络，研究课堂教学设计，还不定期邀请市教研员，以及外区教研员多次听课剖析问题，不断提升闫老师的课程执行能力。学生在本课程学习中不仅学习了色粉画表现技法,而且运用色粉画的表现手法描绘家乡的各种风景,增强对家乡的热爱之情,体现了美术特色课程的育人价值。这门课程最终命名为《粉彩奉城》,闫老师也承担起了市课程教学评比和展示活动。

（二） 多方合力,在携手中形成课程

区域校本课程建设的共建共研,需要多方力量的合作,才能有实效。位于奉贤区偏东一隅的塘外小学是一所典型的农村小学。学校秉持着让每一个学生进步的理念,不断探索自主、合作的校本课程教学模式,开展校本课程的开发和实践。2010 年,奉贤区教育局发出了积极开展"快乐星期五活动"的通知,学校认识到要发展必须进行创新,必须努力探索符合校情的具有特色的学校文化和育人途径,加快校本课程建设的步伐。

塘外小学校长介绍《走进刻纸》课程形成时,她说主要离不开四大因素,其一,学生好动、爱玩,特别喜欢动手。学生喜欢用自己的作品反映童年的生活,用自己的作品反映对客观世界、自身生活的认识,用自己的作品表达自己的情感。刻纸是一项手脑并用的实践活动,正好利用了这一特点满足了学生的需要。学习刻纸不仅能锻炼学生双手的灵活性和协调性,培养学生的耐心和细心,提高学生的动手能力,而且有利于培养学生的创新意识。

其二,塘外小学地处农村城镇,在这里刻纸有一定的历史渊源与民众基础,学生家长中有许多人会剪纸。2010 年起,学校在张老师的带动下刻纸项目已有了一定的氛围,部分青年教师对刻纸也产生了兴趣,有一起投入刻纸课程开发的积极性。

其三,在塘外社区内民间老艺人周宝才对刻纸有一定的研究,对传承中华传统工艺有很浓的感情。

其四,刻纸创作离不开生活素材,农家的瓜果蔬菜就是创作的源泉,农家的一砖一瓦就是创作的素材,这些生活气息都是师生喜欢的。

学校决定在原有基础上完善《走进刻纸》校本课程的建设。期间,奉贤区教育研究中心教研员多次对这门校本课程进行指导,进行课程的顶层设计,帮助学校更好地梳理脉络,学会借助多方力量邀请民间艺人指点技艺,走进花果山、百枣园等基地观察、寻找课程素材,激发创作的源泉。学校校本课程建设的过程中离不开学校、教师、教研员、家长、社会资源等多方的力量支持,有了大家的协同,农村学校的校本课程发展也拥有广阔的天空!

五、特色教师品牌课程区域辐射

发挥特色教师品牌课程的优势,共同建设课程,促进课程的发展。奉贤区目前已有一批校本课程特色教师,每一位特色教师主持着一项比较成熟的校本课程。比如育秀实验学校徐老师的《阅读指导课程》,实验小学张老师的《快乐的泥巴》,奉贤中学翁老师的《机器人设计与制作》……在奉贤区教育教研中心的指导下,开设区域教师培训项目,在这些特色教师的主持下开展教学技能培训、课堂教学研讨,并将成熟的科目方案、教学设计、校本教材、教学配套资源等共享到参训教师中,让参与学习的教师们形成团队,一起研究,提升课程建设的水平。

(一) 学习指导有方,学生爱上阅读

《阅读指导课程》是育秀实验学校的校本特色课程,十多年来学校坚持阅读指导课程实施,并取得了一系列成绩,创出了特色。学校涌现出了一批优秀的读书指导老师,其中,特色教师徐老师的阅读指导课在上海市有一定知名度,曾获市一等奖、全国一等奖,经常应邀到各地讲学,他主持区特色课程《阅读指导课程》,起到了示范辐射作用。学校在一至八年级每周安排一节阅读指导课,内容涉及天文、地理、历史、科技、文学、艺术。在培养学生书籍的选择及阅读、分析、思维等各方面能力时,需要教师的精心指导,给予学生正确有效的阅读方法,让学生爱上阅读。例如:

《话说丰子恺》是育秀学校《阅读指导课程》之初二年级课外视听读物"话说序列"阅读指导课之一。

为了上好《话说丰子恺》阅读指导课,徐老师阅读了丰子恺大量的多版本的漫画、散文和其他作品,阅读其多本传记;阅读李叔同、夏丏尊、马一浮、经亨颐、朱光潜、朱自清等与其相关的师长朋辈的作品和传记;多次专程谒访以丰子恺为中心的相关文化名人的集镇、故居、墓地和纪念馆等,探寻其人生经历和思想轨迹。徐老师对丰子恺先生作多方位、立体式的阅读和探究，且形诸自己的文字，或随笔，或散文，或诗词，以自己丰富的人生阅历和文化底蕴去指导学生阅读。

徐老师上《话说丰子恺》一课制定了两个目标：一是话说丰子恺先生的漫画随笔，让学生感悟其作品的思想内涵和艺术品味；二是话说丰子恺先生的人生履历，让学生懂得生活环境、师长教导和自身努力是成就学业和事业的必备条件。上述阅读指导目标是将阅读、感悟、写作及处世为人有机融合在一起了，体现文道统一的原则。

徐老师结合自己寻访丰子恺先生的历程和自己所创作的诗、词、散曲和随笔作品，引导学生关注阅读主题。徐老师的部分诗文作品有散文《杭州两日》和《春风二月石门行》，有诗歌《白马湖诗选》(两首)，有词作《西江月·桐庐熹光》和《西江月·梦寻白马湖》，有散曲《庆东原·白马湖即景》。他以见闻经历和情感体验的现身说法，给学生以情绪感染，学生阅读的兴致自然会高扬起来。

课内丰子恺先生漫画与随笔的少量导读，让学生了解其作品内容的宽泛，感悟其思想情感的真切，欣赏其艺术手法精湛，激发他们作品阅读与欣赏的情趣，从而促使学生课外大量的自读。课上徐老师运用了多媒体技术教学，以介绍丰子恺先生和赏析其艺术作品为主要内容，老师如导游般引领学生从家乡奉贤出发，一路缓缓前行，走进京杭运河畔的桐乡石门镇，抵得西子湖岸上的浙江第一师范,到达白马湖边的上虞春晖中学,寻觅着当年丰子恺先生的童年、少年和青年之人生履历。指导老师的导游,让学生们如临其境,如见其人。见景致,见风物,见天地,见人文,学生饶有兴致地游历着、阅读着,感受着。

像这样的阅读指导课,徐老师已经形成了多个序列。

下面是截取的八年级推荐的话说序列目录部分

1. 话说徐志摩

2. 话说郁达夫

3. 话说沈从文

4. 话说王洛宾

5. 话说余秋雨

6. 话说余光中

7. 话说李太白

8. 话说杜少陵

9. 话说苏东坡

10. 话说华夏散曲

11. 话说华夏对联

12. 话说华夏名楼

13. 话说三教九流

14. 话说《红楼梦》

15. 话说《清明上河图》

16. 话说奉贤村镇老街

　　徐老师以先进的教育理念为指导,以扎实的跨学科知识底蕴为依托,以高质量的现代教学技术为手段进行阅读指导,实实在在地引导着学生如何课外自读,如何阅读作品、阅读生活。他还出版了多本阅读指导书籍,形成《初中课外视听读物阅读指导课程阅读指导篇目》,每学期有 16 篇,其中巴金、朱自清、萧红、茅盾、三毛、海明威、高尔基等古今中外名家作品选读形成系列,更有话说徐志摩、郁达夫、沈从文、王洛宾、余秋雨、华夏散曲、华夏对联、华夏历史等话说系列。课外视听读物的有量、有序而有效阅读,着实增进了学生阅读和写作的能力,更重要的是让学生养成了阅读的好习惯,这有益于他们终身可持续的发展。由此,徐老师受邀成为奉贤文化中心阅读指导教师,暑期和节假日多次为市民大众进行阅读指导,他的阅读指导课程已经走出校门,走向社会,走出区域,走向外省市。

（二）校本研训有成,快乐泥巴易学

　　区域校本课程建设以校为本开展课程共建共研,实验小学的《快乐的泥巴》课程在其他学校正有效地辐射、推广、普及。实验小学校本课程教研组依托多年来该课程开发和实施中累积的丰富经验,以校本研训为载体,以课堂实践为抓手,以点带面深入开展"精诚合作　共生智慧　打造团队品质"联盟内"泥巴"科目主题研讨活动,联盟体内其他学校积极参加课程的教研活动,教师们在泥工制作和创作方面的水平得到了很大的提高。2015 年 11 月 25 日下午,在实验小学体育馆陶艺室围绕

"聚焦课堂　提高教师对课程的执行力"开展了主题联盟活动。活动由教研组长陆老师主持,课程负责人张老师带领学生们为大家呈现了一堂《泥板成型——创作》研讨课。新颖的泥巴造型手法,教师教学步骤清晰,学生操作方便,作品效果理想。

张老师向大家谈到,很多时候,他感觉自己的作品不错,但是在教给学生时,很多学生会说:"老师我不会做,太难了!"是呀,自己做这些精制的陶艺作品,从塑型到烧制,要好多道工序,就拿塑型来说,因为自己在师范求学时就是喜欢雕刻和陶艺,有着十多年的功底,一般学校的老师刚来学都很难实现,更何况是小学生呢。这是一个现实问题!

怎样突破这一问题,让小学生也能接受这门陶艺课程,爱上泥巴造型?在校本研训的过程中,他和学校一起研训的教师们提出这个困惑。

齐白石大师有一句话"画妙在似与不似之间…"在泥巴造型时,能否以形似来概括。于是,他自己进行了多次尝试,将自己创作的简化的作品带到学校和大家一起研讨。多次地实践和摸索,终于,大家一齐发现了泥板组合创作的方法:几块泥板重叠组合,添加细节,可以将写实的形夸张,大大降低了创作的难度,作品也同样富有新意。于是,他用泥板成型的方法设计了好多范作,有动物系列,如小兔子、小刺猬、小马等。有单层的、双层的、三层的,作品把握了动物或事物的特征,抽象地进行表现,效果也很好。在泥板成型制作的工具上教师们也进行了改进,选用了圆木棍和大别针,便于制作。

在活动中,张老师带领着学生们用两片椭圆形泥板相叠,组成了兔子的形体,用剩下的泥板勾勒出兔耳,扒开头部泥板夹进耳朵,后面夹进尾巴,形象非常可爱。参加活动的老师们也兴趣浓厚起来,学着三层叠个小刺猬,一起感受着泥板造型的快乐。

就这样,陶艺一门操作性极强的课程,在校本研训的过程中突破困惑,在继承与创新中寻找到了适合小学生喜爱的泥巴造型的方法。如今,张老师不仅将系列动物泥板造型烧制成功,还通过微课的形式进行拍录,将制作方法向区域推广。他的课程得到了学校的大力支持,学校专门申请了"奉贤区星光灿烂项目",借助项目资金,在学校建立了《泥巴的故事》特色馆,迎接了一批批观摩的客人。整个课程得到了发展,教师和学生都在泥巴创作研究中收获着创作的快乐!

(三)"薪火"燎原,创客团队诞生

2016年奉贤区教育创客团队诞生了,这是一群在校本课程实践领域勇于实践、勇于创新的快乐教师。团队负责人是奉贤中学翁老师,2009年她所研究的市级课题《以机器人设计与制作为载体,建设高中劳技校本课程的实践与研究》获得了上海青年教师教育教学研究课题成果鉴定二等奖。研究期间,一门校本课程《指尖上的智慧——机器人设计与制作入门》创编,并与出版社合作,在2015年出版发行。之后,在区教研员的动员下,在全区成立了《机器人设计与制作》共享课程,并有西渡学校、弘文学校、汇贤中学、青少年活动中心加盟。

1. 整合课程确定项目，奠定创新基础

中学生的各类机器人大赛种类繁多，机器人的英特尔创新大赛也已开展了好几届。在进行机器人的设计与制作过程中，学生可以将学到的机械原理、电路控制原理、传感器原理、电脑运用、编程、模型制作、工具使用等知识综合应用，同时也培养了学生发现和解决问题的能力、创新设计能力、实际综合应用能力、团队合作精神等。随着现代科技的迅猛发展，机械的控制方式越来越智能化，结合了电子技术和信息技术等相关技术的机电一体化产品在生活、生产等各领域的应用越来越广泛，机电一体化专业成为 21 世纪热门专业之一，机电一体化人才也是现在社会紧缺人才。所以开展机器人的教育项目是非常有必要也是很有意义的。

奉贤中学翁老师的思考是：我可以作为一个组织者、服务者或者是引导者，和大家一起来实践、思考、学习，如何借助于机器人这样一个非常好的载体，来发展促进我区的科技教育。目前奉贤区内的机器人项目相对于市中心城区说，还是比较薄弱，希望可以借助大家的共同努力，将我区薄弱的项目慢慢做起来，并且可以把它做好。

2. 引领团队走近专家，提高指导水平

团队中的西渡学校不仅在前几年的各类机器人项目上屡屡获奖，而且也正在积极创建新的机器人实验室，同时也聘请了上海大学机器人学院教授授课指导。于是课题组就组织老师们一起听李教授的关于《舞蹈机器人的设计与开发》讲座,跟随李教授到海湾大学生创业基地——上海睿草动力科技有限公司,听取两位年轻的创业者介绍,了解 3D 打印机和雕刻机的工作流程,观摩了他们自主研发的智能穿戴机器人和其他几款机器人的演示。

因为所有的机械部件和电路都是自主研发的,他们的产品就更具有个性化和创造性,给大家留下了非常深刻的印象。创业者介绍了通过众筹,筹集到了批量生产的启动资金,公司发展得很好,他们还受到了李克强总理的亲自接见,并合影留念。通过微信,他们发给了翁老师一张和李克强总理握手合影的照片。老师们亲自见证了这样一个机器人创业公司的发展,受到了很大的冲击和启发——一条走向创客之路的道路已经展现在面前。

3. 直面实际问题,探索应对策略

见识了 3D 打印技术和雕刻技术后,团队对机器人 DIY 更有了兴趣和信心,于是就组织大家献计献策,如何能够顺利开展区内青少年的 DIY 教学活动。讨论中,大家遇到了这样一些问题,并且也有了一些初步想法:

(1) 联盟体老师的机器人 DIY 综合专业技能和知识还较欠缺,必须进行相关培训和指导。

(2) 普及型教育的活动难度较大,可以先从点到面,发挥联盟体老师发挥特长,以共同开设兴趣班的方式进行。

（3）小学、初中、高中各学段，学情和学习能力各不相同，选择适宜的机器人载体进行活动。

（4）活动的时间、场所、费用等问题，建议联合区教育研究中心、区青少年活动中心及各学校共同解决。

随后项目组为区域老师进行相关基本知识与技术的普及指导，开设了电子技术、单片机及 DIY 机器人等相关教学活动，并组织大家对深圳柴火创客套件和上海的火柴人创客套件进行组装和了解。共享团队一直在积极探索和寻找适合各年龄层次的学生和不同专业背景的老师们可以共同感兴趣，并能够很好开发实践的载体，而那一天就这样来了。

4. 点燃"薪火"，创客教育迈步

2015 年 10 月 30 日，奉贤区"机器人 DIY"共享课程教研组老师及奉贤中学"启航"教师工作室的老师们一行共 16 位，来到徐汇区乐田火柴人少年创客空间进行参观及合作洽谈。火柴人少年创客空间是多元智能化空间，可以用手机控制整个空间的运作，使整个空间方便操作又极具人性化。火柴人少年创客负责人为老师们详细介绍了他们自主研发的魔幻板及魔法软件，并展示了沙盘中各具功能和造型的创意作品：准点报时城堡，自动亮灯的篮球场，噪音报警器，烟雾报警器，智能空气加湿器，脑电波测试仪，具有自控功能的老北京四合院和中国馆……引起了老师们极大的兴趣，大家纷纷试戴、试用，感受科技创意的魅力。

随后，一行人又参观了娄山中学的火柴人创新实验室，了解火柴人的产品在教育教学中的实际应用。老师们对此次活动极具热情，并希望这样的课程能够尽快在奉贤区推广实施，惠及每位学生。在老师们的积极参与和倡议下，成立了奉贤区"薪火"创客教育团队，着力建设区级学生创客活动平台，开拓学生视野，提高学生创新能力，培养创新型人才。

机会总是为有所准备的人把握的。借助于我区创新素养课程在学校的开设，以及学校劳技创客教育课程的开设，奉贤中学在 2015 年 7 月与深圳的柴火创客空间建立合作，10 月与上海的火柴人创客空间建立合作，与上海交通大学、华东理工、多家3D 打印公司和单片机公司进行创新实验室各个项目合作洽谈。在各方资源的支撑下，学校创客教育的发展大好时机到来了，学校新引入了机器人、无人机等项目等，创客教育坚实地迈开了步伐！

如今，在奉贤区教育研究中心的带领下，各校在基于以校为本的课程建设中积极寻求主动发展、共建共享，展现了蓬勃的发展趋势。

第二节　区域校本课程共建共研范式

目前区域内不少课程在区教育研究中心历经多年的指导和培育下走向成熟。已经组建了十多门区域层面校际互动共享课程:剪纸、折纸、国画、中华小鼓手、玩泥巴、节文化、手工制作、礼仪……开展"异校同科"校际之间的课程教研活动,形成了"调查分析——确定科目——组建团队——同科教研——设计科目——课堂实践——形成课程"教研基本模式。

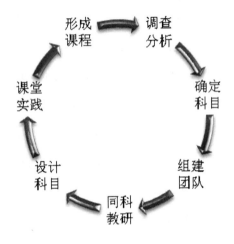

图为"异校同科"校际之间的课程教研活动基本模式

　　基于校际互动的课程教研为基层学校之间的校本课程的开发、实施、活动等提供了实践经验。同时在区教育研究中心的指导下,许多项目组不断拓展思路,创新发展,形成了基于校际共享的课程教研共同体,并开展着各具特色的校际之间课程教研活动,推动着各校校本课程的发展。

一、《灵性剪纸》课程创生

　　近几年,区域内不少小学纷纷开展剪纸科目教学。但这一科目的教师在学校难以获得有效的本校教研。他们虽具有一定的特长，但缺少系统、规范、科学地引导，能力的参差不齐使各校剪纸科目教学的发展不均衡。那么，怎样的教研活动能够有效地解决这些实际的问题呢？于是区拓展学科教研员对全区小学进行调查与分析，在此基础上，由区教研员牵头将江海第一小学、南桥小学、华亭学校、育秀实验学校、阳光外国语学校、洪庙小学等 11 所学校剪纸教师组建起来，形成了剪纸同类学校校际之间的课程教研共同体，并以江海第一小学为基地学校，由区特色教师沙老师担任负责人，一起创生开发《剪纸》课程。项目组成立至今已有八年多，参加活动的学校也越来越多。

（一）　共研指向——异校同科，研究课程

通过调查、交流发现，不少剪纸教师的专业研究能力比较薄弱，因此，教研共同体的研究指向主要是针对特色课程教学研究，以解决教师们教学中的困惑，并在团体中开展学习、交流、研究，从而给予团体中教师有效的教学支持和帮助，形成了课程开发、教材编写的基本流程，也形成一定的教研机制。

（二）　研究范式——扎实六步，创生课程

通过成员共同努力，初步形成了课程开发的基本范式：通过"课程设计、课程实践、课程提炼、课程编写、课程验证、课程共享"六个阶段的实践研究，最终编成了《灵性剪纸》共享课程，并汇编成册出版。随后，相应延伸出了《灵动撕纸》《缤纷剪纸》等校本课程，为剪纸教师提供了有效的学习支持、教学指导和帮助。

课程开发基本流程：

图为课程开发基本流程

1. 课程设计

在研究的初期阶段,组织教师进行课程的科目方案设计,重点选择科目内容,并考虑要循序渐进。十一所学校的联盟积聚起来许多资源,由浅入深的排列形成系统,并达成了共识:植物类适合低年级的学生,生活类比较适合中年级,而彩色剪纸类、黑白剪纸类等适合高年级。选择了一些适合的内容,形成了入门篇、植物篇、生活篇、创意篇。

2. 课程实践

校际课程共研在低、中、高三个阶段进行课堂的实践,发挥了校际之间每一位教师的优势。通过《吉祥的葫芦》、《家乡的黄桃丰收了》等不同课型的实践,提炼了欣赏和感悟——探索和发现——创意与表现——交流与展示四个环节,初步形成剪纸课的基本课型模式。

3. 课程提炼

从学生的认知角度出发,设计适合学生技能发展和理解

图为课程样张体例结构

能力的教材,对实践的课例进行剖析,逐步发现适合课程的体例结构。经过反复实践,提炼的体例结构主要有四个板块组成:对象的认识——结构分析——方法的指导——作品的创意。接着围绕教材体例结构选择了课例中《剪茶壶》一课设计样张,对应教材体例结构的四个方面确定了四大板块:生活在线、探索平台、小试身手、创意乐园。随后从图片的选择、剪纸步骤的拍摄、语言的选择等进行了推敲、确认。将稿件分发给大家提出意见,讨论,为大家后续研发教材翻开了崭新的一页。

4. 课程编写

通过半个学期的努力,完成了所有内容的初步设计。其中经验丰富的老师不仅承担了研讨展示课任务,还通过"剪纸之家"信息群及时对其他老师设计中遇到的困难进行点拨和帮助。有些老师开始有点不敢入手,但是看到样张后,也学着承担了一到两节课。初期稿件经历了几上几下,文字、图片、封面的设计、前言、教材的说明、后记等方面进行了几次审核,保证了整册教材的完整,规范,最后汇编成册形成了校本教材。

5. 课程验证

（1）课堂检验

剪纸教师们不仅在自己学校进行教材的课堂实践检验,深入分析学生学习教材时理解方面的接受层度,教材的可操作性。还采用了分工检验的方法,由不同学校剪纸教师在学生层面分头检验。

（2）调整教材

在检验的基础上,大家反思、总结并再次进行研讨,做到细致深入。特别是每个个体在设计时,项目组及时地反馈其他教师检验的意见,进行教材的反复调整。

6. 课程共享

（1）借助平台,推广使用教材

项目组借助构架好的网络互动平台,将共享的校本项目教材对外公开,提供给许多学校进行浏览、下载、使用和参照。

（2）教师运用,积累剪纸作品

校本共享教材经过了三年多的编写调整,经历了一个完整的实践过程,现在已经使用了六年,在使用教材的过程中,师生的剪纸创作积累了许多优秀的作品。

（3）教材使用,学生受益匪浅

当项目组的教材发到学生手中,许多学生都爱不释手。认真地看图,急迫地尝试,有的一会儿就能初步剪出一幅像模像样的剪纸作品。在老师的点拨下,一幅幅漂亮的作品应运而生。

校际课程共建共研的活动不仅帮助了剪纸教师掌握科学规范的教学设计，更是在实践的过程中学会以校为本进行课程创生，为学生更好的实践提供了便于学习的校本教材，我们的孩子们在剪纸创作中将更加快乐。

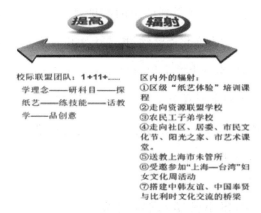

图为课程创生历程中由提高到辐射

校本课程的教材创编只是课程建设的一个起点，课程开发只有不断创新，才能不断发展。江海第一小学沙老师在奉贤区教育研究中心的指导下开启了对纸艺系列课程的探索、创编、实践，如今"中国红"系列纸艺课程《灵性剪纸》、《灵动撕纸》校本教材已经创编成功。校际联盟团队：1＋11＋……（指原来一所基地学校与11所兄弟学校一起开展开发课程、实施课程、验证课程、课程教研）到现在又增加了更多的学校加入团队，一起学理念——研科目——探纸艺——练技能——话教学——品创意。

"撕纸"纸艺项目启动后，项目组积极发挥校际教研作用，江海第一小学成为奉贤撕纸基地学校,沙老师成为奉贤非遗"南桥撕纸"非遗传承人之一,带领着撕纸团队创作的"祥龙齐飞　展望未来"主题画获上海市最佳创意奖,选送北京,献礼十八大。2012上海市"六一"大队主题集会上,孩子们将创作作品献给了原市长韩正,并得到韩正的高度赞赏;作品还受邀参加"上海—台湾"妇女文化周活动;选入上海电视台艺术课堂;"指尖升华"活动方案获上海市优秀单项活动方案……沙老师带领着撕纸文化走向资源联盟学校、农民工子弟学校、市民文化节,在搭建中韩友谊、中国与比利时文化交流的桥梁的发挥积极作用,一路追梦着那片"中国红"!

二、《中华小鼓手》课程实践

不少教师在校本课程实施的过程中感觉自己有兴趣,但是缺乏很强的专业技艺,怎样才能解决这一问题呢?南桥小学《中华小鼓手》课程就是一门有着很强技艺要求的课程,有着丰硕的成果,课程体系经历了多年的实践也已经相当成熟和完善。奉城一小、奉城二小、头桥小学、超群小学等几所学校对这门课程都有着浓厚的兴趣,于是在区教育研究中心的牵头下,组建了五校共建共研团队,在校际课程共建共研中提升教师的技艺,在实践中提升教师课程的教学能力。在推进此类课程的发展过程中,可以采用的方式是分享资源,丰富资源,交流经验,目的是拓宽学习途径,提高学习兴趣,增强学习能力。

(一) 共研指向——**技艺分享,激发活力**

《中华小鼓手》是一门技能课程,它需要教师对中国的民族打击乐非常了解,同时也要具备一定的音乐专业技能。通过调查发现,许多学校的拓展课教师在专业知识和技能方面都比较欠缺。教师们渴望提升自身的专业技能,提升课程实施能力。因而这一门校际共享课程研究指向主要针对民族打击乐专业技能教师的培训,提升教师的教学技艺。

(二) 研究范式——**五大流程,提升能力**

两学年来,在课程负责人区特色教师陈老师带领下,本课程通过上门学艺、网络交流、下乡指导、联盟活动、主题展示等形式,提升了教师们的专业技能和课程实践能力。

课程实践基本流程:

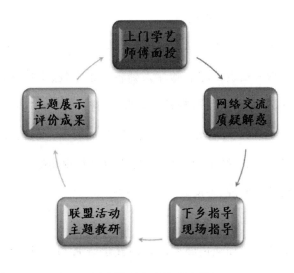

图为课程实践基本流程

1. 上门学艺,师傅面授

每学期两周一次上门集中学习培训,针对每个学校师生的不同情况,结合中华鼓教材进行改编整合,本着由浅入深、循序渐进的教学原则安排教学内容。将鼓的基本技巧学习、鼓的创意打法、鼓乐作品三个板块,根据课程计划进行面对面教授。教授形式是观看视频、讲解、示范,交流,参加培训教师及时做好课堂记录内容与心得体会,任教老师做好课后反思。

2. 网络交流,质疑解惑

教师回到自己学校教授课程后,通过网络平台互相交流教学心得,及时反馈教学中的情况,将遇到的问题通过网络平台共同探讨,及时解决。让中华鼓课程的技能方法在不同学校有更好地运用与发展。

3. 下乡传艺,现场指导

每学期在学期中和学期末项目组负责教师分别进行两次下乡指导。课程负责人陈老师深入到各乡镇学校,走进他们的教学现场和活动现场,通过观看活动现场,进一步地了解项目共享学校的学生情况、硬件设施和场地情况,同时给他们出谋划策,就鼓点敲击方法、队形变化、配乐知识等进行现场指导。通过听课、评课,及时发现、解决教学中的问题。

4. 联盟活动,主题教研

为了进一步加强拓展型课程的教学研究,促进教学质量的提升,联盟学校积极开展主题式教研活动,如:拓展型课程如何进行科目设计的研讨,校本课程开发及拓展型课程如何实现育人价值等等,教师们通过观摩课堂,交流研讨的形式,加强了交流与合作,实现了共同发展进步的目标。

5. 主题展示,评价成果

近年来,《中华小鼓手》课程推广到四所学校,各校老师相互学习,取得了很好的成效,在区内成功举办了"悠悠中华情铿锵中华鼓"五校校际共享课程汇报展示,其内容包括:五校同台表演鼓乐《北京喜讯到边寨》;教研活动展示,就《中华小鼓手》中的《辉煌—配乐创编》一课,围绕拓展型课程如何落实育人价值展开研讨活动。整个活动现场得到区领导、专家一致好评。同时在整个活动中教师和学生在专业技能上都得到了进一步提升。

三、《节文化》课程走动

探究学习中华民俗节日文化,大部分乡镇学校都在做,但大都还未形成课程体系,指导老师缺乏这方面的系统性经验,因此需要相应的课程资源和师资培训。古华小学作为盟主学校,在区特色教师带领下开发了《节文化》校本课程,在实践中积累了丰富经验。青村、头桥、清溪、志华等5所小学都有这门课程的合作意向,于是,在区教育研究中心的协调下,组建了《节文化》校本课程校际共建共研团队,安排古华小学顾老师(区特色教师、区探究中心组成员、《节文化》校本课程的开发者之一和具体实施者)支教青村小学,承担起课程研究、推进的主要职责。

在教研员支持下,顾老师认真组织 5 所学校课程实施老师开展专题研究,实现城乡校际间师资流动、课程走动,促进课程资源的共享。为了使每一步工作落到实处,5 所学校还成立《节文化》校本课程实施领导小组,各校紧密联系,配合工作。

(一) 共研指向——联动教研,助力发展

通过课程走动,帮助乡镇学校形成系列主题明确的节文化探究活动及方案;帮助教师创编教材,展开节文化活动的实施和科学评价。通过课程培训,促使教师深入课程研究,成为课程的开发者、建设者,在这个循环往复的过程中,提升对校本课程的理解力和执行力。

图为城乡联动教研基本模式

(二) 研究范式——走好四步,以点促面

通过近年来的实践研究,初步形成了课程走动的基本流程:

课程培训、课程指导、课程实践、课程展示,同时初步形成了城乡联动教研基本模式:送教上门、指导教研、以点带面。

课程走动基本流程:

1. 课程培训

首先组织分层培训:一是教研员为三所学校的相关教师开设课程内容与教学理念的专题讲座,提升教师的课程理念;二是由古华小学分管领导介绍"节文化"校本课程实施方案及校际教研活动方案,让大家对《节文化》课程有整体的认识,尽快走进课程;三是由课程负责人具体指导教师"如何解构节文化教材,开展有效教学活动",帮助大家解读"节文化"教材,尽快走进教材。

2. 课程指导

在"节文化"课程的共享推进中,重点抓好以下工作:一是示范引领,由课程负责人执教《巧用月饼盒》,在联盟体内展示"节文化"课程,并且一起听一听、议一议,把握课程中将传统文化的教育与探究能力培养紧密结合的特点。二是指导教研,组织成员围绕"解构节文化教材,开展有效教学活动"进行专题研讨。

利用古华小学的区优秀解构案例做样例让大家初步了解解

构教材的一般步骤,尝试解构节文化教材。然后三校各推荐一名青年教师分别执教《春节》低、中、高三个年级的内容。联合教研活动中,注重听课、磨课,一起来改进方案,教研员也参与实施指导。三是通过青年教师先行,以点带面的方式推进课程实施。在推进中,重点抓青年教师群体,让她们成为"节文化"共享课程的先行者。

3.课程实践

为了使课程在各校间真正走动起来,让孩子们在活动中既了解传统节日文化知识,又能掌握相应生活技能。项目组主要采取了策略:一是利用班会、午会、黑板报进行"中秋节、重阳节、春节"的传统文化教育。二是在拓展课程中进行渗透,把汤圆、蒸糕等加入青村小学的"舌尖上文化"拓展活动,把元宵宫灯、端午香袋等小制作参与到"布一样的生活"活动中,孩子们学会了包汤圆、做水饺、做香袋、扎中国结等,同时学会了跳格子、踢毽子等"弄堂小巴辣子"的传统游戏。

4.课程展示

利用区教学节的契机,将课程从校内走向校外。在向全区中小学展示"节文化"校本课程的活动中,项目组共享学校各派代表参与活动,有制作类的、有展示类的……学校师生各有自己的亮点,但共同的一点是各校学生、老师、家长都积极参与到《节文化》课程中来了。

在《节文化》校际课程共建共研的过程中,虽然城乡学校在生源、环境条件上存在一些差异,但是都挖掘到着有利于课程开发的资源,也正是这个同中求异的过程使校本课程的开展更具生命力、更有意义。

四、《炫动足球》课程推广

齐贤学校是"上海市青少年足球运动普及和人才培养联盟"的点上学校,在区教育局领导的牵头下成立了奉贤区足球"一条龙"联盟(共有 8 所小学、4 所初中、2 所高中以及一所大学),联盟的成立着眼于培植更多的校园足球人口,为培养文化素质高、专项技能强、全面发展的足球后备人才奠定基础,也着眼于探索一种适合校园足球发展的新型模式。但在实施过程中发现,教研主体过于单一,"单兵作战"不利于教学质量的提升;教研主题内容流于形式,且教师主动性不强、团队气氛不浓、理论与实践脱节。针对这些问题在区教育研究中心的引领下,建立了集团化学校教研共同体。

所谓集团化学校教研共同体,是以奉贤区校园足球联盟学校(包括对足球活动开展有意愿的学校)为基础,以齐贤学校《炫动足球》校本课程为核心的一个校际教研共同体。"共同体"的建立解决了以往教研的一些问题,拓宽了教研的思路,激发了教师教研的积极性,提高了教研的实效。

(一) 共研指向——互学互促,主动发展

初建立时,共同体中教师,在足球教学理念、教学手段方法

方面存在着校际差异,于是通过区教育研究中心的协调,经过"教研联动,课程共享、互学互促"的优化组合,借助集团协作的力量,在校际之间合作开展足球教学研究与设计活动,激发教师教研的活力,促进教师的主动发展,为学校的特色发展提供有力的支撑。

(二) 研究范式——以赛促训,以研促教

集团化学校教研共同体活动主要是在区教研员的协调下,由负责学校为主确立活动的指导思想、实施方式、活动主题、活动形式、活动安排等具体安排。在活动中切实做到"三定":定期、定人、定地点,力求"五有":有主题、有实践、有交流、有启发、有收获。

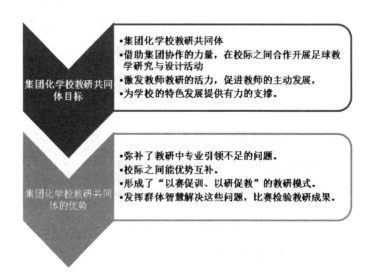

集团化学校教研共同体目标
- 集团化学校教研共同体
- 借助集团协作的力量,在校际之间合作开展足球教学研究与设计活动
- 激发教师教研的活力,促进教师的主动发展,
- 为学校的特色发展提供有力的支撑。

集团化学校教研共同体的优势
- 弥补了教研中专业引领不足的问题。
- 校际之间能优势互补。
- 形成了"以赛促训、以研促教"的教研模式。
- 发挥群体智慧解决这些问题,比赛检验教研成果。

图为集团化学校教研共同体目标及优势

集团化学校教研共同体的建立体现以下几点优势：一是弥补了教研中专业引领不足的问题。二是校际之间能优势互补。三是激发了教研的积极性。也形成了"以赛促训、以研促教"的研究范式，在平时发现不了的问题通过比赛暴露的更加清楚，通过教学研究发挥群体智慧解决这些问题，最终再次通过比赛检验教研成果。该研究范式如下：

1. 小型比赛，发现问题

让老师通过观看学生的小型比赛思考你的不足之处，紧接着进行问题交流，确定学期教研重点和方向。共同体内各所学校围绕每次确定的主题在本校范围内进行研究，并通过 QQ 群等形式进行讨论交流。

2. "同课异构"，解决问题

以拟研究解决的重点问题为主题，以"同课异构"的形式通过教学研究寻找差异，通过老师们的共同研讨，集思广益，追求异中有同、同中求异，得出解决问题的方案。

3. 校际比赛，检验成果

在研讨课的基础上进行校际之间的足球比赛检验教研成果，同时再次发现问题与不足。聘请专家现场指导，组织教师进行针对性的教学基本功的培训，提升教师的专业水平。

4. 总结反思，提升水平

通过反思，总结活动的经验、存在问题等。通过反思过程，教师的教学能力得到提升，学生的运动水平也得到了提高。

集团学校间开展校际教研合作,在骨干教师专业引领下,通过"同伴互助"对校本课程的改进与提高起到较好的促进作用。同时,利用各校的优质资源,整合了共同体内教师专业发展的人力资源,通过"共建共享"提高了学校的足球教学水平。集团化学校教研共同体建立,是基于学校和教师自身发展的考虑,是切合学校和教师的实际需要的,所以极大的引发了学校和教师的积极性,促进了学校和教师的快速成长。

五、《创意折纸》跨区拓展

南桥小学、华亭学校和江海第一小学几位骨干教师一起合力研究折纸课程,形成了《创意折纸》课程(南桥小学)和《快乐折纸》课程(华亭学校),成为区的折纸课程代表。为了进一步开阔视野,促进校本课程建设的发展,经过区教育研究中心的联系,在教研员的带领下老师们带着课程和虹口区的《折纸》项目开展了区际之间的教研活动。

(一) 共研指向——区际教研,提升完善

在教研活动中,两区就《折纸》课程开发与实施的情况作了专题介绍,期望通过研讨,对该课程的内容架构、学生组织、课程实施以及课程评价中的实践经验进一步提升和完善。

(二) 研究范式——三大路径,促进发展

1. 科目培训

南桥小学《创意折纸》负责人钟老师和江海第一小学沙老

师为虹口区教师就我区开展折纸科目方案设计进行介绍,对科目方案背景分析、科目目标、科目内容、科目实施、科目评价的设计作了详细分析,对折纸科目的整体设计以及课程各要素间的相互统一作了经验介绍。

2. 教材研讨

奉贤区华亭学校王老师介绍《快乐折纸》校本教材的编写框架,以及在实施过程中遇到的困难及解决办法。虹口区长青学校缪老师介绍她负责的折纸校本教材的开发情况。通过虹口区与奉贤区折纸校本课程编写老师之间的互动交流,两区就《折纸》校本教材编写的体例结构、教材呈现形式、框架结构等开展交流共享,发现虹口的校本教材有着大都市的浪漫与精致,奉贤的教材有着浓浓的乡土气息。通过交流活动,对两区的折纸教学起着有力的促进作用。

3. 教学研讨

两区教师还从各自教材中抽取动物折纸部分进行交流分析及学生作品交流,同时也对教师的指导方法做互动式研讨,分析两区的教学特色,专题研讨在折纸教学中所遇到的困难及解决的办法。

通过两区的联盟研讨,《折纸》科目的教师建立了交流渠道,促使教师走出本区,寻找不同风格的科目建设路径。所以,每次活动教师们都积极地各抒己见,讨论精彩纷呈,将区际教研交流活动引入一个个高潮。

在奉贤区教育研究中心的引领和指导下,区域校本课程共建共研的过程中不断涌现成熟的校本课程。由最早的10门逐步增加至16门,如今又新增了《好玩的彩泥》《花卉栽培与探究》《变废为宝巧手做》《泥巴的故事》《有趣的童心花泥画》《节文化》等课程,每一门课程都在区域中发挥着引领、示范的作用。

如今,江海第一小学由原来的剪纸课程,发展成《灵性创意纸艺体验》课程体系,分设灵性剪纸、灵动撕纸、维度折纸、肌理卷纸四个子项目。撕纸成为区域品牌项目,不仅迎接了来自贵州的对口学校观摩,还在中福会少年宫的引荐下与上海市未成年犯管教所结盟签约,每两周送教一次撕纸课程。灵动撕纸更是在全校推开,学校已经连续举行了七届撕纸文化节。2016年9月学校"灵动撕纸"项目被授予上海市中华优秀文化研习暨非遗进校园十佳传习基地,受到电视台的采访,在上海市时尚频道播放。南桥镇党群办聘请沙老师担任镇政府举办的暑期爱心暑托班特色课程教师。

此外,实验小学的《泥巴的故事》特色馆已经建成,积极开展着课程培训;奉城二小闫老师的色粉画也已经编印成册,成为孩子们喜欢的课程……参加共建共研活动的教师们也将学习后的体验带回自己的学校,并发展成为自己的校本课程。

第三节　基于 STEM 的校市课程共建共研

STEM 越来越成为一个热门的词语,我们发现,在美国,STEM 教育已经成为教育发展的重要趋势,并且被反复强调这项政府人才计划在创新教育运动中的地位,不断加大科学、技术、工程和数学教育的投入,培养学生的科技理工素养。

中国《国家中长期教育改革和发展规划纲要(2010—2020年)》中提出:建立创新人才培养模式,以适应国家和社会发展需要……创新教育教学方法,探索多种培养方式,形成各类人才辈出、拔尖创新人才不断涌现的局面。《2015 年地平线报告:K12 版》提出:"STEM 学习的崛起"将成为"未来技术驱动 K12教育的重要趋势",我们的教育会"由学生作为教育的消费者向学生作为教育的创造者的进行转变"。教育部出台的《关于"十三五"期间全面深入推进教育信息化工作的指导意见》中明确指出"有条件的地区要积极探索新技术手段在教学过程中的日常应用,有效利用信息技术推进'众创空间'建设,探索 STEM教育、创客教育等新教育模式,使学生具有较强的信息意识与创新意识,养成数字化学习习惯,具备重视信息安全、遵守信息社会伦理道德与法律法规的素养。"

奉贤区在《奉贤区推进教育综合改革实验区项目方案(2015—2020 年)》中强调要以"全面课程、校本特色"为目标,加强跨学科综合课程和校本特色课程建设,推动学校建设一批跨学科综合课程,加快推进校本课程的特色化向区域性、品质化发展。要试点引进和试验 STEM 课程,依托驻奉高校以及区内外先进企业、现代农业园区等资源优势,共建"创新实验室",推进创新人才培养。

结合区综改要求,奉贤区教育学院教育研究中心于 2015 年向上海市教委成功申报了《奉贤区 STEM 课程建设与开发实践研究》、《奉贤区 STEM 创新实验室》两大项目。STEM 项目研究得到了各级领导及相关部门的支持,对如何开展研究提出了指导性意见:要有国际视野并主动寻求资源支持,要把 STEM 项目推进与每个学校的特色建设联系在一起,项目实践要与奉贤的企业建立深度合作,要结合 3D 打印等前沿技术发展……

校本课程如何与 STEM 项目开展更好地整合与融合,在校本课程开展中建设怎样的 STEM 课程,并利用原有的校本课程,或挖掘资源发展 STEM 课程,值得我们期待与探讨。

一、校本课程中的 STEM 建设探讨

从 2010 开始的校本课程的区域开发已历经多年,在多年的校本课程的开展中,奉贤区评选出了 101 门区级特色课程,围绕 STEM 的概念及特征,我们从这些校本课程中去寻觅 STEM 的元素。

（一）综合比较，发现 STEM 身影

校本课程有很多不同的活动，在申报特色课程活动的过程中，我们对这些校本课程的申报进行了分类管理，分别有德育、工艺书画、音乐舞蹈、语言文字、科普与制作、体育、学前教育这几类，现就这些活动进行梳理与统计如下：

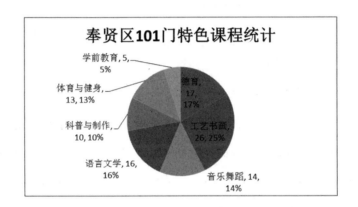

在奉贤区 101 门校本特色课程中，科普与制作类活动共有 10 项，仅占了 10% 的比例，应该说这是一个很小的比例。

我们再来看看 10 门课程的项目名称：

序号	项目名称	类　别
1	绿色教育	科普
2	校园观鸟	科普
3	壁挂设计与制作	制作
4	变废为宝巧手做	制作
5	风筝	制作
6	机械制图	制作

（续表）

序号	项目名称	类 别
7	小学数学思维训练	制作
8	智能机器人	制作
9	轴承的秘密	制作
10	麦秆贴画	制作

从项目的名称来看,前两项应该是科普为主的活动,后 8 项是以制作类为主的活动。

以"轴承的秘密"为例:

课程概况:《轴承的秘密》是奉城第二小学依托学区内的上海人本集团有限公司共同开发的校本课程。通过探究轴承秘密的实践活动,了解人本集团的企业文化和轴承的用途、种类等,引导学生参与实践探究活动。目前课程开设已有两年,由该校陈老师担任教学工作。学校多次组织学生到人本集团参观,开展探究活动。该课程深受学生的喜爱,备受来自社会的好评,在学校重大活动中多次进行展示课交流。

课程成效:通过对轴承的探究活动,以及对人本集团的参观访问,学生们加深了对轴承与企业的了解,同时也提高了创新意识、分析问题和解决问题的能力。在探究过程中,学生积极撰写调查报告,并将有价值的探究成果,具有建设性的意见和建议整理后提供给人本集团。

课程亮点:《轴承的秘密》校本课程的实施采用观察、调查、实践等多种方式,提供探究课题,引导学生自主探究。学生自选探究内容,开展实践探究活动,在探究的过程中提高探究的乐趣,掌握探究的方法,提升合作精神和社会责任意识,也加深了对企业、社会、自我的认识和体验。

以"壁挂设计与制作"为例:

课程概况:我们不是缺少美,而是缺少发现美的眼睛,《壁挂设计与制作》课程就是老师本着这一理念研发的校本课程。课程融德育于艺术教育,目前已开设八年,一直奉行节约、环保、创新的教育理念,实施中所需材料大多取材乡村自产、易得资源,简单质朴。

课程成效:艺术壁挂的形式主要有编制,手绘,剪纸,刺绣,拼贴,木雕,组合壁挂等。做壁挂的材料非常普通,它可以是一针一线,可以是草绳、画布,也可以是干枯的树叶,总之许多废旧物品都可利用。材料是易得的,来源于农村孩子赖以生存的环境,所以在这种状况下,学生们最大程度获得了创作的材料并作出可以装饰他们生活空间的美的作品,使他们最大程度体验到了成功的喜悦,学生有了成就感自然就会萌发出新的动力,从而产生一个良性循环,创造出更加优秀作品。

课程亮点:《壁挂设计与制作》课程,自开创以来深受学生和家长的欢迎,提升了学生的审美水平和实践动手能力、创新能力,开拓出农村中学美术教学的新思路。过程中学生的材料运用与搭配能力、想象力、创造力都有显著提高,潜移默化中陶冶学生热爱家乡,热爱祖国的美好感情。

以"风筝"为例:

课程框架:齐紧学校的风筝活动起始于 1988 年,已有 27 年的历史。2000 年风筝教学纳入学校课程,风筝教学在实践中摸索、在摸索中创新,改进风筝教学方法,自编拓展型风筝教学教材,形成供低、中、高学生进行制作、放飞和探究的风筝教学系列,《风筝》曾获区科技教育特色项目。两位老师专门负责开展风筝教学和课外活动,组建了"齐乐"风筝队。

课程成效:设置每班每周一节风筝课,普及风筝的基础知识;每周六乡村少年宫风筝活动,作为校级提高班;每周五风筝兴趣小组是拓展班。风筝特色课程网站给学生开拓了课外自学的空间。三类风筝班促进了学生动手能力的快速发展,有效保障了风筝活动的开展。

课程亮点:风筝活动从最初单纯的制作、放飞,逐渐发展为着重活动探究。从风筝的扎、糊、绘、放四大环节去探究,引导学生善于发现问题、分析问题、解决问题。风筝活动已经成为该校学生继承优秀传统文化与技术,培养学生探究和实践能力,体验合作精神与践行素质教育的一个平台。

"轴承的秘密"是利用周边的企业资源,创设校本特色活动,以企业提供的原有轴承为样板,拼装与制作为主要活动载体,让学生初步知道轴承的简单拼装,从学校现有的"轴承的秘密"的开展来看,它基本是一个基于企业的"轴承"产品,让学生进行轴承拼装的活动。

"壁挂设计与制作"是基于教师的一技之长，挖掘教师的技能，发挥教师的长处而开发的一门校本课程，在整个校本活动的开展中整合了不同制作方式，让学生学习不同的技巧，为"美"而把多种不同的活动方式融合在一起，用"壁挂"作为载体呈现出其特色。

"风筝"是一项民俗传统项目，也是齐贤学校的一个校本特色项目，在活动初期齐贤学校把它与课堂结合，更多的只是关注了风筝制作的本身，关注风筝的制作技巧……

它们是 STEM 项目吗？值得进一步思考。

STEM，即 Science、Technology、Engineering、Mathematics 这四个词的开头字母的组合，为了培养在未来竞争中领先世界的人才，鼓励孩子进一步探索科学、技术、工程和数学四大领域，把培养下一代的科技理工素养作为教育的立国之本之一。

STEM 活动是跨学科教学的整合，以整合的教学方式培养学生掌握知识与技能，并能进行灵活迁移、应用，解决真实世界的问题。STEM 课程旨在使学生参与以活动、项目和问题解决为基础的学习，它提供了一种动手做的课堂体验。学生在应用所学到的数学和科学知识来面对生活重大挑战时，他们创造、设计、建构、发现、合作并解决问题。

校本课程中的 STEM 活动既可以是整个项目的，也可以是校本课程中的某个活动，它们都可以成为 STEM 活动。

（二）　区别对待，搜索 STEM 元素

STEM 教育应具备一些核心特征：跨学科、趣味性、体验性、情境性、协作性、设计性、艺术性、实证性等特点。

在奉贤区原有的 101 门特色课程中，不难从中找到 STEM 的这些特征，趣味性、体验性、协作性、艺术性等几乎是所有校本课程都具有的特点，然而在一项课程中，特别是某一个活动中找到所有的这些特征似乎有些困难。如德育中"爱心、责任"等重在说道理，通过一件件的事例讲清我们该做什么，不该做什么；艺术书画中的"版画"通过一件件版画的制作，体现一种美，给人们带来快乐；音乐舞蹈中的"葫芦丝演奏艺术"重在葫芦丝乐器演奏的技巧培训，用乐声给人带来美；语言文学的"经典诵读活动"也是一种综合性活动，但更注重文学的熏陶；体育中"射箭"更是一种力量的象征，需要不断地锤炼，才能百步穿杨；学前教育中的 5 个课程对于幼儿园的小朋友来说，大多是综合性的体验活动，注重活动的过程，但少了一些科学概念的陈述，幼儿园的孩子只是在愉快的活动中累积一些经验。

在科普与制作的 10 项校本课程中，除了两项科普类的活动，其余都是制作类活动，从项目的解读来看，很多项目都是以任务驱动展开探索。

以"智能机器人"为例：

课程概况：《智能机器人》作为西渡学校科技教育品牌项目始建于 2006 年，学校着眼于未来发展，高瞻远瞩，确定学校机器

人科普教育采用"两手抓"的方式：一手利用校本课程的开设抓普及教育，广种广收；一手利用竞赛、课题研究抓特长教育，提升品质。

课程亮点：单片机的专业性与学生的原创性相融合。西渡学校的机器人教育，以任务驱动，采用探究性的学习方法，从学生实际出发，提供充分的活动和交流机会，并对学生的学习过程进行激励性评价。学生享有个性化、自主化的学习与发展空间。单片机的编程与学生的创意相结合，学生的创新精神和实践能力得到了培养，学校机器人小组尤其在舞蹈机器人歌舞表演项目中已经有自己的独特研究。

课程成效：在"两手抓"思路的指导下，学校智能机器人科普宣传教育受益学生达万人，有的还直接影响到学生一生的发展。曾经在学校机器人课题小组参与机器人灭火竞赛的学生范婕现在加拿大滑铁卢大学精算系深造，舞蹈机器人课题组学生顾琳慧现就读于上海交通大学物理与天文系。随着《智能机器人》校本课程开发的深入，相信会有更多的学子走进科学的殿堂。

项目以区、市青少年活动比赛为指向，材料是由专门的公司提供，通过日常的活动组织，培养了一批在机器人活动中有着骄人战绩的孩子，但更多的孩子只是知道有这么一个机器人活动，并没有条件参与其中。

（三）深入探讨，形成 STEM 共识

科学问题源于自然，源于对某一现象的问题，如"为什么杯子里的热水会变凉?"工程问题则源于需要解决的某个难题,例如"怎样让房子更保暖?"这两个貌似不相同的问题,其本质却都是热学中能量的传递问题。当教学围绕这个本质展开时,就有了一条隐形的线索,将科学和工程问题有效地结合在一起。

STEM活动把科学、技术、工程、数学之间存在着一种相互支撑、相互补充、共同发展的关系进行整合。如果要了解它们,尤其是它们之间的关系,就不能独立其中任何一个部分,只有在交互中,在相互的碰撞中,才能实现深层次的学习、理解性学习,这样才能真正培养孩子各个方面的技能和认识。

随着理论与实践的发展,STEM教育及其课程特点日渐明晰。STEM教育的课程设置不是将科学、技术、工程、数学四门课程简单地拼凑,简单地组合,而是基于某一真实的现实场景,运用工程方式,在解决的过程中集合信息、数学及多学科知识的运用,最终完成现实问题的解决。在此过程中,强调了活动有目的、有方法、有系统的融合,这与学科教育以单一学科内容为主形成了鲜明的不同。

STEM课程通过科学与工程问题创造出一个多维的课程空间,为学生提供一系列具有一定程度关联性的学习经历,因此,它与学科教育相比在综合性、实践性、开放性和动态性方面都不相同。

1. 综合性是 STEM 教育的核心

STEM教育综合了科学、技术、工程与数学的特点,承载着跨学科、跨领域的观点。跨学科、跨领域的关键在于能在这些不同的学科和领域之间建立关联,包括学科特有的以及学科间通用的概念、方法与技能。因此,STEM 教育必须将知识的获取、方法与工具的利用以及创新生产的过程进行有机统一,以系统的、联系的思维面对知识经济时代全球化、多元化的文化发展,这就是STEM 教育的综合与集成,也是单一的学科教育不能达成的。

2. 实践性是 STEM 教育的过程

培养学生综合解决问题能力是 STEM 教育的最重要的目标,无论是科学问题、工程与技术问题,还是如何运用数学的问题。在 STEM 教育的课程中,这些问题都被一个或一组具体的、与学生日常生活相关的情境或问题连贯起来,呈现在学生面前,再通过学生的科学和工程实践,发现解决问题的方法、实践解决问题的途径、分析解决问题的结果、评价解决问题的方案。学生在"动手做"和"动脑思考"中才能实现 STEM 素养的培养,综合实践是其主要的学习途径。

3. 开放性体现了 STEM 的发展

STEM 教育认为知识是不断更新的,是动态与发展的。由于 STEM 教育系统的开放性和各要素之间的动态关系,导致课程内容和实施方面较传统学科教育呈现出明显的开放性和动态性。STEM 教学场所不再局限于课堂和学校,这种转变与尝试,使学生有了更多接触 STEM 职业场所的机会,并获得将科学探究转化为实践以及进行科学创新的机会,从而彰显了 STEM 课程实施方式的开放性与动态性。

二、校本课程中的 STEM 教育开展

在校本课程的开发与实践中,如何开展 STEM 教育是比为什么需要 STEM 教育更切合实际的问题。这涉及一个根本问题——STEM 教育是一门课程,还是分立的四门课程,还是有其他的组织方式? 我们在 STEM 教育研究的过程中发现,要真正实现 STEM 教育从理念走向实践,需要克服传统教学的诸多固有意识和做法,需要更多地关注 STEM 的教学模式、对 STEM 的教学内容进行甄别、并努力挖掘 STEM 教学内容。

(一) 解读课程,探讨 STEM 模式

在课程方面,STEM 教育代表了课程组织方式的重大变革。目前中小学最广泛应用的课程模式是分科教学模式,即数学、科学等学科教师负责教授各自科目,很少重视学科之间的联系。然而,要让学生为未来的职业发展做准备,他们必须超越学科的界限进行思考。

有研究表明,学习者接受 STEM 教育有助于获得对数学和科学等学科内容更加深入的理解;同时也有助于培养他们获得在真实世界应用这些知识解决问题的能力,因为这些问题从本质上就是跨学科的。因此,STEM 教育的课程设计应该使用“整合的课程设计模式”,即将科学、技术、工程和数学等整合在一起,强调对知识的应用和对学科之间关系的关注。

学科整合的课程设计模式,在原有学科的基础上,加入其他学科或其他的活动内容,在活动的安排中注重相关内容彼此的关联。

如校本课程之"校园观鸟",是"初中科学"、"小学科学"中相关内容的提炼,在本活动中不仅仅是进行日常的观鸟活动,还可以利用校园内的树木、围墙等鸟儿易居的角落,展开"鸟巢"的设计,而在展开鸟巢的设计过程中,因为鸟儿的习性不一,制作的材料不一,整个问题情景的创建,鸟巢的设计、制作及最后的成果面临着很大的个体差异。

综合实践的课程设计模式,没有非常明显的学科界限,完全是一种新的学习领域。在这个模式中不强调某个课程的学习,更倾向于通过不同的活动,形成连贯的、有组织的课程结构。

如校本课程之"风筝",根据不同的情景或项目要求,设置不同类型的风筝制作,如按类型可以分为硬板子类风筝、软板子类风筝、软翅类风筝、硬翅类风筝、立体风筝、龙形风筝、特异风筝等,通过不同类型的风筝的制作,把整个项目连接起来。

总的来说,在校本课程中,学科整合的课程设计模式和综合实践的课程设计模式这两种不同的模式都有呈现,但融入STEM元素后的活动,都应该更注重其整合性。

(二) 梳理活动,甄别 STEM 内容

STEM 项目是基于某个真实的情境问题,借助多学科的知识,用实验手段、工程技术的方法来解决问题。不难发现,在

STEM 项目活动中,不仅仅回答为什么解决问题,更要用实践去回答如何解决问题,它包括了精心构建的一个情境,能用来观察、测量和检验他们的观点和假设。

对我区业已成为区域校本特色课程的 101 门课程进行统计与分析,如何正确看待校本课程中的 STEM 教育,如何有效地选择校本课程中的 STEM 项目内容,还是需要我们去甄别。

木工活动是一项富有创意的活动,也可以是 STEM 活动内容的一个重要选项,但同样的木工活动,如何制定活动框架及实施,则它的意义是不一样的。

比如,可以通过淘宝买到一把椅子的所有零件,然后拿回来后,让学生根据图纸进行拼装,按部就班最后完成了制作,这是一项拼装活动。

同样"制作椅子"活动,可以设计给不同年龄的人坐的不同情境:婴儿、少年、年轻人、老年人;给不同环境中的人坐的场景:办公椅、餐椅、吧椅、休闲椅……即使是我们小朋友坐的椅子,也可能由于学习场景的不同,分为一般教室的椅子、实验室的椅子、音乐室用的椅子、阅览室用的椅子等等。随着同学们提出自己的需求,个性化的要求也会随之在之后的活动中体现。

STEM 活动需要精心地进行设计,给予了学生不同的场景。教师提供了木料,拿回来后,利用简单的工具进行切割与加工,并根据不同的情境要求,同学们进行设计与讨论,最终装配成不同的设想的椅子,并把他们的作品(椅子)所实现的功能进行解释与宣讲。

同样是制作活动,结果显然是不一样的。前者纯粹是拼装,而后者是在情境创设下,随着情境的变化,根据现有的条件,设计并创造性地完成作品,并能诠释自己的设计理念。

STEM 活动是建立在一个精心构建的情境中,能观察、测量、设计、制作,并能检验之前的观点与假设,当然其中的变量尽可能地被观察、测量、计算和比较,这样的活动尽可能在可控的环境条件下完成,并能够有最终的表现性的成果体现。

对 101 门区级特色课程再次梳理,发现除了 10 门"科普与制作"类活动外,有些校本课程中也可以开展 STEM 活动。比如:

项目名称	德育	工艺书画	音乐舞蹈	语言文学	科普与制作	备注（可 STEM）
小学生防灾减灾教育	√					√
走进柘林	√					√
爱心、责任	√					√
会好玩的彩泥		√				√
巧用石膏粉		√				√
让泥巴活起来		√				√
线条会说话		√				√
扎染		√				√
箱包童话城				√		√
在网络情景中学习				√		√

以上这些活动,分别属于德育、工艺书画、语言文学等,针对不同的项目内容,如果设计好不同的情境,规划好相应的框架,同样可以通过工程制作的方式完成实践活动,呈现最终的工程作品,并展现学生个性化的解释。校本课程中有着丰富的 STEM 教学内容,这些内容有待我们去好好关注与甄别。

(三) 理解特征,实现 STEM 发展

STEM 教育要求四门学科在教学过程中必须紧密相连,以整合的教学方式使得学生掌握概念和技能,并运用技能解决真实世界中的问题。如何将四门独立学科知识紧密关联实现整合,有三种取向:

1. 以学科知识为主

分析校本课程中的项目开发,不难发现,大部分活动的学科特色是比较清晰的,而在这些校本课程中,如果可以转化为 STEM 课程,有的课程还是具有较清晰的学科背景,如属于生物学科的"校园观鸟",如数学学科的"小学数学思维训练",如信息技术学科的"在网络情景中学习"、"智能机器人"……这些项目还是具有较为清晰的学科知识结构的。这类项目开展 STEM 教育的关键是把不同学科知识点进行连接与整合,将分散的课程知识按跨学科的问题逻辑结构化,将各学科内容改造成以问题为核心的课程组织,通过序列化的问题有机串接起各学科知识,使课程要素形成有机联系和有机结构。

如"绿色教育"校本课程。它是学校多年来实施环境保护教育的专题教育课程。绿色教育课程的实施,主要通过以下途径落实:课堂教学、校园文化建设、校园节日活动、校外活动等相结合。形成系列的校级活动:绿色环保亲子活动,环保科幻画创作活动,开展环保创新方案设计活动等。具体的活动有:环保小课题探究活动、环保科幻画创作评比、野生动物保护系列竞赛、"低碳生活"创意金点子评比和"保护环境,守护生态"小报制作评比等。

这些活动无不与自然学科相关,在开展活动的过程中更应注重学科的科学性,借助学科背景,利用好一定的资源开展好活动。

2. 以民俗生活经验为主

校本课程开发的过程中很注重周边的资源的利用,特别是一些民俗特色活动,而有些民俗特色活动非常关注工程制作活动,那么把所学的知识与这些民俗结晶有效地结合,注重知识的社会功能,也就是基于学习者的需求,然后以项目设计与实施为载体,也可以成为很好的 STEM 项目。选择适应儿童的项目,进行结构化设计,让学习者在体验和完成项目的过程中,习得蕴含于项目之中的多学科知识与技能,或从改造和完善现有状况的角度,选择挑战性项目,如"扎染"、"麦秆贴画"、"风筝"等项目。

变传统的风筝纯制作活动,在课程框架设计中加入情境,并让学生在不同的情境的要求下完成项目活动。

课程框架:风筝作为中国民间艺术的瑰宝,有着悠久历史和灿烂文化,风筝的制作和放飞包含了物理、数学、地理、历史、气象、绘画、民俗、工艺、体育等诸多知识和技能。齐贤学校开展风筝校本课程教学活动以培养学生创新精神和实践能力为重点,帮助学生学习运用多种知识和技能解决具体的问题。

主题活动基本框架:根据内容设计情景—学生找出问题—设计解决方案—尝试解决情景问题—活动评价与总结。

课程具体内容框架:

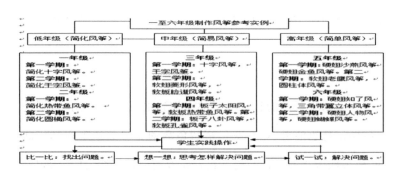

"快乐风筝"活动案例:

活动主题:"围城求救"

活动内容:十字风筝的制作

活动对象:3 年级

活动时间:3 课时(120 分钟)

活动地点:风筝室、操场

活动资源:"快乐风筝"校本教材、多媒体、制作材料和工具、活动学习单和评价单。

活动情景：梁武帝（公元 549 年）时，侯景作乱，叛军将武帝围困于梁都建邺（即今南京），内外断绝，有人献计制作纸鹞，把皇帝诏令系在其中，向驻扎附近的部队求救……

3. 以学习者体验为主

学习者的主动学习，是校本活动中所期望的，在校本课程中，有些项目特别强调学习者的体验，在这样的项目活动中不强调由教师预设问题或项目，而由学习者个体或小组调查、发现问题。它不仅强调解决问题能力的培养，还强调发现问题的创新能力，是一种依据学习者需求，以学习者生活经验为基础寻找各学科整合点的模式。它强调学习者成就感与自我效能感，强调学生好奇心与兴趣的维护与保护，强调分享、创造的愉快。在理念上，它清晰地体现了教育的人本主义思想。

如"会好玩的彩泥"、"让泥巴活动起来"、"线条会说话"，在"可爱的泡泡"项目活动中，创设"六一儿童泡泡节"的情景，然后提供必要的器材，讲解一些必要的泡泡的制作原理，让学生自由选择与搭配各种液体，吹出各种不同的泡泡。

学习者中心取向整合模式强调创设学习者可以主动介入、研究与发现的丰富教育环境，让学生在蕴含丰富 STEM 教育的环境中进行交互、探究与发现，在建构性的环境设计中寻找蕴含 STEM 元素的整合点，开展有意义的实践性、体验性活动。

三、校本课程中的 STEM 策略研讨

校本课程需要跨学科的课程开发。在当前的课程设置中，小学自然、数学、劳技、信息技术，中学的数学、物理、科学、化学等学科都与 STEM 教育息息相关。在这些学科进行学习的过程中，如何充分地展开其中的一些研究？我们发现，仅仅用课堂教学中的有限时间，显然不能让学生充分地体验学科中蕴含的科学魅力。让学生在这些学科中进行真正地探究，我们就会发现，某一问题的探究并不是单一的，它会涉及学科的延伸、多学科的知识、资源的重新整合、多方位的协作运用等，这些还不仅仅是教学时间的问题，这都需要我们付出极大的热情去研究与实践。

（一）课内外结合的活动策略研讨

《奉贤区 STEM 课程建设与开发实践研究》项目组是由自然、科学、劳技、信息、探究、数学、物理等多门学科的优秀教研员组成。在研究团队中，彼此信任、互补长短。教研员们充分利用教研活动，向学科教师进行 STEM 教育理念、STEM 案例分析等方面的培训，引导教师挖掘学科资源，将 STEM 教育理念有机融入学科教学的实践活动中。例如：

在科学学科教研中开展了"制作降落伞"、"探究水果的秘密"、"制作过滤柱"等 STEM 教学方案交流活动，结合科学教材中降落伞设计比赛组织学生开展课堂实践活动，并编写成学生

STEM 小课程。

在劳技学科教研中组织各年级教师梳理劳技教材中能渗透 STEM 教育理念的活动,如七年级的框架结构、高中的寻迹小车和风筝的制作等内容,开发成适合不同年级的 STEM 小课程。

在探究、拓展型课程中举行"微生物和 STEM、探究果蔬保险"STEM 课例研究活动,通过备课、试教、展示课,引导中心组和骨干教师整理教研活动全过程资料,梳理出实验探究的"关键技能"和"规则意识",积累和总结比较成熟的课程案例,使更多的教师对 STEM 教育有新的认识。

在小学自然学科中开展"保温杯"研究,"保温杯"在小学自然与初中科学中都有相应的学习内容,但仅仅靠课堂时间来完成"保温杯"的探究,时空上得不到很好的保证,如要进一步的探究,很好地完成一个探究过程,也可以打造成 STEM 校本短课程,通过一至两个月来完成。

保温杯的概念是基于科教版自然学科二年级第一学期第五单元"怎样保温"和三年级第一学期第七单元热传导所展开的活动。活动的目的在于让学生能够在日益寒冷的冬天,让热水可以存留更长的时间。对于小学低年级的学生而言,以任务的形式展开课程可以带给他们很好的使命感,进而展开一次简单的 STEM 活动。

课程内容可以涉及保温杯的结构和用途、夹层的作用,不同材料的保温,制作过程更关注保温杯的整体外形的设计和制作,填充材料的选择和加入。

情景导入：在野外，当你顺利地收集到了淡水，净化了水，把水烧开后，放在杯子里，水很快就凉了，一直烧水也麻烦，如果能利用现有的材料做成一个保温杯，那么喝热水就不成问题了。聪明的你，能帮我解决这个问题吗？

针对以上的每一项内容都可以设置 1 至 2 课时进行探究。

（二）自主与创新实验室结合的策略研讨

在区 101 门特色课程中，有好多课程已经由学校配建了活动所需的创新实验室，实施的过程中，学校能抓住自身特色，或者利用好周边的资源，挖掘潜力进一步开发、完善基于学校自身需求的课程。

洪庙小学是我区的乡村小学，地处海滨，周边有多处绿地，南面有大型生态公园"奉贤区森林海湾公园"，学校占地面积也比较大，学校利用原有的绿地进行改造，并开发了"法布尔生态实验室"，学校希望打造法布尔生物课程，以这一张绿色的名片，给予学生在体验中感知、收获、种下绿色的梦想。

结合生态实验室的推进，设施设备的逐步完善，随之而产生一些结构类的基础建设，这是可以很好地融入 STEM 理念，并打造成 STEM 课程群。

比如，在生态实验室中有一条小渠，在小渠上需要架一座桥，"桥"本身也是一个经典的 STEM 课程；在实验室的北侧靠墙边，准备建鸡舍，小朋友们的鸡舍是怎样的，有待同学们去开发;在南侧一片植物种植地上,搭些棚,可能植物长得更好,植物的棚架会随着植物的不同而有着不同的变化……以法布尔生态实验室为基础进行 STEM 课程群的打造还需要学校从长远的目标出发,以学生为本去不断地思考、建设。

(三) 就地取材主题研究活动策略研讨

剪纸、折纸、刻纸……很多学校利用纸这种材料,围绕纸建立了校本课程,从现有的课程来看更多地属于"工艺书画"类,运用纸营造一份工艺美,培养学生的美育,当然在活动的过程也关注了学生的动手能力、创新能力的培养。

纸对于学生来说是非常熟悉的,而且在现在的学习生活中,纸也伴随着学生的成长。在 STEM 校本课程的建设中,材料是一项必不可少的资源条件,有怎样的材料,就可能构建怎样的 STEM 活动。纸是大家都熟悉的,而且能够就地取材,具有低成本地建设、开发纸系列 STEM 课程的优势。

奉贤区第一期教师 STEM 培训班开班后,近 50 位学员参与了培训活动,随着培训活动的深入,我们感到学员们对 STEM 有了一定的了解,对 STEM 的意义已经有所领会,对 STEM 的训练模式也有一定的领悟,虽然培训的内容丰富多彩,但如何在教学活动中落实 STEM,并不是简单的培训就能够获得的,通过怎样的形式让我们的学员们在自己的学校落实 STEM 项目,这需要我们项目组的成员进行统筹规划,更需要我们的学员们全体参与。

达成共识。全体项目组成员赞成先试着自己去做做 STEM 活动。即使再高深的项目，即使有权威专家的理论体系，但项目还是需要最基层去实施，或许专家有其权威性，但基层最有发言权，因为他们在行动。何况 STEM 活动还在不断地研究的过程中，理论体系还不是最完善，还在不断的争论中前进，我们希望有一个能够让老师们亲身感受、实施的项目，在区域不同层次的学校进行推进，并在实施的过程中及时地进行反思，更好地诠释 STEM 的推进。

寻找载体。STEM 需要实实在在的具体项目来开展。在商议用怎样的载体让更多的教师开展区域的实践活动时，我们发现很多 STEM 项目的推进选择了虚拟的信息技术软件为主体，也有选择像积木类的企业推广类的产品为主，更有选择 3D 打印这样的工具来开展 STEM 的项目，但这些对于想在全区几十所学校马上推进，让大面积的学员一起参与研究在经费、设备等方面好像有点困难，我们必须选择更为普遍的，不仅为我们的老师所熟悉的，更可能为我们的孩子所了解的器材支撑我们的 STEM 活动，逐渐的"纸"进入到了我们的视野中。

纸对于我们的孩子再熟悉不过，孩子们每天都使用它进行学习，在传统的学习之余，还把纸作为一种可玩伙伴加以利用，做一个小飞机，做一艘小船，折一个小动物……纸在孩子们的手里可以玩出很多的花样。其实纸还有更多的玩法，项目组老师及我们的学员老师以动宾结构试着说说可以怎样玩纸，不到半小时,我们梳理出了超过 30 条纸可玩的方法,看来纸确实好玩,但作为一个项目,不是纯粹的玩,而需要去很好的解构。

梳理项目。在众多的可玩活动中寻找一些包含 STEM 素养的项目,并为大家所认识,以便于更好地开展活动。STEM 素养是科学素养、技术素养、工程素养和数学素养的有效组合,在项目开展的过程中能够有效地融合 Science(科学)、Technology(技术)、Engineering(工程)、Maths(数学),所以并不是所有的玩纸的项目都可以被选择为 STEM 项目,为了便于在实践的过程中进行交流,我们选择了纸船、纸桥、纸塔、纸凳、纸袋、纸绳等主题,把这些作为可开展的 STEM 项目,并在学员中招纳自愿者。

搭建框架。每个项目的开展我们都应该想清楚我们可以做些什么,做到什么程度,该怎样做,那就需要我们去理性地思考每个项目的框架体系。以"纸船"为例,我们以船的演变史,用思维导图对此进行了梳理,从而发现在船的演变过程中,船的个体从小到大,船的结构从简单到复杂,船的动力也有一个演变的过程,然而无论怎样演变,船的发展其实质是科学技术不断发展的过程。作为 STEM 项目是不是所有的这些都可以做一做,当然不大可能。我们可以从船的功能上去解剖,船需要浮于水面,船作为工具需要承载任务……为此我们设计了 6 个子课题:能浮在水面上的纸船,能运送石子的纸船,能承载重物的纸船,能够风力助动的纸船,能快速行驶的纸船,能抗风浪的纸船。

校本实践。以第一批 STEM 培训学员为基础,我们组成了

6个纸系列课题,每个课题布置给相应的培训老师,并让老师开发成校本课程,在学校层面进行校本实践。比如,明德外国语小学陈老师,他的选项就是"纸船",把纸船作为STEM短课程来开发,在学校活动中进行实践,每周一次定时、定点、定内容开展活动,在2016年12月的STEM区级展示中进行了课堂教学的展示与交流。

(四) 专题项目活动策略研讨

青少年活动中心有专门负责学生科学活动的科学部,在日常活动中,根据市青少年活动中心以及上海市科协、科委等有关部门的工作布置开展工作。据统计,现在每年常规的科学活动有28项,如"DI青少年创新思维大赛"、"上海市未来工程师大赛"、"上海市新星大赛暨创客嘉年华活动"、"创造发明系列活动"……28项活动中有些活动是可以转化STEM活动的。

海湾小学就在区活动项目"创意模型"的基础上,利用"创意模型"的原型材料进行STEM活动的设计——《STEM融入大型建筑模型制作实践体验活动的研究与实践》

研究目标:以大型建筑模型制作实践体验活动为载体,打破常规的科技学科界限,让学生"做中学",建立跨学科的创新思维和应用能力,开发学科融合的STEM校本教材;STEM融入科创实践研究中,更新项目研究团队相关教师的知识理念,发展相应的教育教学能力;创建STEM融入大型建筑模型制作活动创新实验室,将科技教育与人文教育相结合,培养学生的创新精神和实践能力,促进人文素养和科学素养的协调发展。

研究内容:活动内容的拓展,以"大型建筑模型制作"为活动主轴,在原有的"古建筑"模型制作基础上,挖掘社区资源,结合区域著名人文建筑进行拓展,在实践中生成课程资源,确定活动内容。

制作技术的创新:将 STEM 项目强调解决真实问题的理念融入大型模型制作实践体验活动中。运用编程、建模等技术手段,为学生提供一种可供体验的虚拟环境,学生设计模型,设置参数,学习如何将工程、技术、数学、艺术知识结合人文信息构建建筑模型,改变传统的模型制作思维模式,培养学生综合学力。

校本教材的开发:以一个个区域著名人文建筑为研究项目,通过查阅资料、实地勘测等方式全面了解建筑知识,设计模型制作。从模型制作材料、制作方法与技巧、建筑风格与人文历史等方面进行梳理提炼,使学生边实践边体验,开发校本教材,形成一个教师、学生广泛参与的学科融合的 STEM 实践平台。

在该项目的研究中,还确立了一些核心问题:以 STEM 融入科技教育为切入点,充分利用学校师资资源,挖掘社区资源,以项目团队为开发主体,尝试建筑模型制作与数学、科技和艺术类课程对接融合,培养学生的科创素养和人文素养;创编学校自主校本教材,满足教师教学、学生学习的需求,促进教师专业提升,促进学生全面素养的发展,促进学校自主课程系统的开发。

其实在 STEM 实施的过程中,还有许多的策略实施,我们

STEM 项目组团队也在不断地帮助基层学校寻找 STEM 课程开发点，与试点学校校长就 STEM 课程开发实施作互动交流，到一线参与 STEM 活动的实践，在广泛的调研指导中让更多的教师、学生通过自己的设计、制作、测量、记录……感受 STEM 课程，并对 STEM 教育产生浓厚兴趣。

奉贤区 STEM 教育的推进将根据上海市教委十三五规划要求，在区教育局"自然、活力、和润"的南上海品质教育区建设目标引领下，指导学校构建起具有自身发展特色的 STEM 课程和 STEM 创新实验室，推进区域 STEM 教育科学、特色、有序、规范开展，推进区域校本课程的特色化向品质化发展。

区域 STEM 项目研究将紧紧围绕奉贤区创建"东方美谷"的目标，打造具有郊区特色的绿色生态的 STEM 教育。

第六章　课程实践中的推进学校发展

校本课程是在实施国家课程、地方课程的前提下,在明晰了学校的办学宗旨、育人目标情况下,通过对本校学生的需求进行科学评估,并充分利用学校课程资源和社区资源开发的多样性的、可供学生选择的课程,是针对地区、学校、教师、学生差异性,着眼于满足学生的个性发展,教师专业发展的需要,能与国家课程、地方课程相整合,突出校本化实施的课程。

然而,在各校校本课程的实践中,我们可以看到校本课程的开发,一方面展示出其蓬勃的生命力,但另一方面也存在着肤浅和表象的迹象。有的学校校本课程游离于学校提出的育人目标,致使学校育人目标成为漂亮的口号;有的学校校本课程对象定位不清,把校本课程设计工作完全"放权"给学科教师,由学科教师根据自己的学科背景和兴趣爱好及特长设计供学生选修的课程,但并不关注学生的兴趣所在;有的学校虽然是为体现学校特色而开设校本课程,但不关注课程实施对学生发展的意义……这样的校本课程开发,纵使一个学校开设了几十门的课程,这些课程也是没有生命力的。

本章节就学校校本课程实践中存在的问题、做法,探讨当前学校进行校本课程开发、实施中应思考和解决的一些重要问题。

第一节 校本课程设计中的资源开发

校本课程的开发过程,实质上是一个以学校为基地而进行的开放、民主的决策过程,校长、教师、课程专家、学生以及家长和社会志愿者共同参与课程计划的制定、实施和评价,采用"实践—评估—开发"的课程开发模式,它涉及学校教育的各个方面。

因此,严格意义上说,学校当前开设的"选修课或活动课"并非就是校本课程。鉴于这一特点,在学校进行校本课程开发实施中应高度重视对学校自己开发课程的科学性、价值性、需求性的评估研究,建立恰当的学校课程决策程序与学校内部课程监测机制,及时加强对学校领导、教师课程意识与理论的培训,进行课程开发技术的具体指导,切实加强学校课程资源的建设。这些都是校本课程开发中必须解决的重要问题。

问题 1:学校如何顶层设计,整体规划校本课程?

校本课程的开发与学校的办学理念、育人目标是一致的,其开发需要有顶层设计。学校在设置校本课程整体规划时首先要清楚自己学校的办学理念、育人目标、育人途径方法。在校本课程的"顶层设计"中,除课程目标外,课程内容规划无疑也是一项重要工作,课程内容的设置要考虑校本课程实施对象,分析学生的独特需求等因素。科学合理、切实可行的校本课程一定是"有结构"的,而"有结构"的课程一定要紧扣学校办学理念,统整于学校课程系统,并且丰富多样、有弹性可选择。

案例:用"三原色"绘就孩子靓丽的人生(解放路小学校本课程开发情况)

1. 学校校训:协同　进取

2. 办学理念

学校办学理念表述为"用三原色绘就孩子靓丽的人生"。红、黄、蓝,三原色是最简单、最基本的色彩,却可以调和出最美丽、最丰富的无穷的色彩世界。小学阶段是基础教育阶段,孩子们在这里打好人生底色:勤奋、创造、文明、健美……"三原色"教育是可持续发展的教育,是以人为本的教育,是空间最大的教育。学校用"三原色课程",给予孩子丰富的学习经历,任孩子们涂抹、创造、发挥,为自己的人生调和出最灿烂的色彩。

3. 办学目标

以培养精神高尚、人格完美、德行优秀、具有创新精神和实践能力的一代新人为教育目的,以创建具有共同价值理想、独特精神气质、鲜明办学特色、显著办学业绩的卓越学校为发展目标,精心实施文化立校、科研兴校、人才强校、特色名校四大战略,努力建设融书香校园、数字校园、生态校园、活动乐园、成长家园于一体的新型学校。

4．培养目标

学校的培养目标是在协同、进取的校训下,培养勤奋、健美、文明、创造和谐发展的学生。

勤奋:珍惜时间,学思并举,勇于实践

创造:自主主动,敢于质疑,求异创新

文明:遵守规范,懂得礼仪,明白是非

健美:身体健康,心理健康,充满活力

"和谐发展"是指学生身体、智慧、情感、态度、价值观和行为的统一协调发展。学校的这一培养目标与学生的核心素养有着密切的关系,二者的内在要求和价值取向是一致的。文明,即遵守规范,懂得礼仪,明白是非,体现了学生对社会责任、国家认同、道德礼仪的要求;勤奋,珍惜时间,学思并举,勇于实践,体现了学生学会学习,不断提升自己的人文底蕴的要求;创造,即自主主动,敢于质疑,求异创新,体现了科学精神和实践创新的要求;健美,即身体健康,心理健康,充满活力,体现了学生审美情趣,身心健康的要求。

学校基于校训,立足办学理念出发,通过课程的重新构建和适度调整,使其成为培养学生核心素养的有效载体。

5．课程目标

(1) 学校课程理念的具体诠释

"三原色"原理

色彩中不能再分解的基本色称之为原色,原色可以合成其他的颜色,而其他颜色却不能还原出本来的色彩。"三原色"即为红、黄、蓝三种颜色,为颜色中的基本色,任意一色都不能由另外两种原色混合产生,而其他色均可由这三色按照一定的比例混合出来。

(2) 学校"三原色"课程体系的诠释(即解放路小学"RYB"课程体系)

"用三原色绘就孩子靓丽的人生"这一办学理念,也是学校各类课程校本化和校本课程开发的根本理念。

每一个孩子犹如一张白纸,学校通过教育在这张白纸上,通过丰富多彩的课程,绘就孩子靓丽的人生。

R 即是 red,红色代表浓烈,即代表国家课程中的基础性课程;

Y 即是 yellow,黄色代表希望,即代表学校探究型课程;

B 即是 blue,蓝色代表梦幻,代表无限延伸,即代表学校拓展型课程。

(3) 三色调和成七彩的世界,犹如三类课程的拓展衍生——七彩校本课程,内容既有基础型的,也有拓展型的,更有体现学校特色的校本课程,学校以"全面课程、校本特色"为指导,积极构建"七彩课程、快乐成长"的学习环境,让每一个孩子健康快乐地成长。

(4) 学校发展的最终任务是实现学生、教师和学校的共同发展,所以由三原色调配出来的多姿多彩的颜色也体现了学校"协同"的办学思想。解小的课程是建立在师生、师师、生生、师长、干群、家校以及环境等教育诸多因素和谐的基础上,努力创设使教师可持续专业发展的平台,构建学生和谐发展的课程,最终实现全校师生的和谐发展。

6. "七彩童梦"校本课程内容

学校根据课程理念确定课程结构:语言与艺术、生活与数学、科学与探索、运动与健康、阅读与赏析,将校本课程分解为符合学生特点的可供学生选择的选修课程。具体类别、课程目标、涉及主要学科及课程方向如下:

"七彩童梦",即红色理想课程、橙色灵动课程、蓝色智慧课程、紫色遐想课程、绿色探究课程、黄色韵律课程及青色体验课程。红色理想课程,带领着孩子们在一次次的实践活动中了解家乡、中国的历史文化,奇迹壮举;橙色灵动课程,让同学们动起来,玩起来,既强健体魄又增添快乐;蓝色智慧课程,它是语、数、英等课程的延伸,让学生们在知识的海洋里遨游;紫色遐想课程,它培养学生们的艺术兴趣,有唱歌、跳舞、书法、绘画、创意制作等等;绿色探究课程,它引领同学们带着问题走出课堂,走出校园,去探索奥秘;黄色韵律课程,它激发学生热爱运动,在运动中促进身心健康;青色体验课程,戴上红领巾,走进社区、走进村所,走进社会实践基地,进行体验活动……这"七彩童梦"正是在学校倡导的"用三原色绘就孩子靓丽的人生"办学理念指引下,结合解小办学实际,构架并开发的关乎学校培养目标关乎学校育人方向的一套具体的校本课程。

我们可以看到,学校这样的校本课程的设置是在对本校校情、办学理念、培养目标和学生的需求进行科学的评估,并充分考虑当地社区和学校课程资源的基础上,以学校和教师为主体,开发旨在发展学生个性特长的、多样的、可供学生选择的课程,这样的课程一定受到学生的欢迎。

问题 2:校本课程开发如何体现学校特色?

特色学校的形成是一种与时俱进的先进文化积淀和发展。一所特色学校的创建必须以课程为基础与保障,以课程展示学校独特的文化气质,以课程提供多样化、特色化的教育,以课程带动学生全面可持续的发展,以课程打造学校的教育品牌。因此,课程特色是学校特色的最重要元素,优质的课程体系是一所学校核心竞争力的关键所在。如何构建富有特色的优质课程体系,满足不同潜质学生的多样化发展需求,推动学校办学特色的创建,是当前学校教育教学管理者思考与探索的热点课题。

案例:牡丹文化课程开发(邬桥学校校本课程开发之课程特色)

传统名花牡丹象征着幸福、和平、繁荣、昌盛。牡丹雍容华贵,端庄典雅,国色天香,契合了人们祈盼美好、富贵的心愿和对平安、祥和的向往,是国人兴旺发达、吉祥如意、繁荣昌盛的象征。奉贤邬桥吴塘村有一株古牡丹,据市古树名木管理部门鉴定,这棵牡丹为上海地区目前最古老的牡丹,编入了"上海古树名木之最",誉为"江南第一牡丹"。

奉贤人说到邬桥就会联想到牡丹和牡丹文化。为传承邬桥牡丹文化,挖掘"自强不息　爱满人间"的牡丹精神,学校以"知识孕育能力,文化塑造人格"为办学理念,以"诚信、自强"为校训,以"文明和谐,务实进取"为校风,以"重道、善导、敬业、求精"为教风,以"博览、多思、勤学、善问"为学风,希望邬桥学校师生能够广泛阅读、善于思考、敢于拼搏、自强不息,争创自然和润有活力的校园。

牡丹系列课程开发坚持:灵活性原则,发挥教师的兴趣或特长,并根据学生兴趣、现实需要来自由选择合适的内容开发牡丹文化课程;体验性原则,根据学生的兴趣、社会生活的经验以及教师能力来决定课程,在实践体验中完成教育目标;校本性原则,牡丹系列课程开发,不仅要考虑学生的兴趣以及社会需求,还要考虑学校的资源配置等,所开设的课程要在学校所能承受的范围之内,并且符合学校的现实情况和牡丹特色。

牡丹系列课程开发以学生为基点,以牡丹精神为基点,以学生的体验、思考为基点,立足于学生的兴趣需求,关注学生的全面发展和个性特长的培养,开发适合学生个性化和多样化发展需求的牡丹文化课程,培养学生具有良好的实践思考能力,在诵、唱、舞、画、绣等体验中学习牡丹精神,践行学校"三风一训",养成优良品质。

牡丹系列课程的教学是建立在教师和学生兴趣的基础上,强调深度而不强调广度,讲究思维容量与实践体验,一学期上12课时左右。目前共开设12门课程,诵牡丹、线描牡丹、赏析牡丹、舞跃牡丹、国画牡丹、丝带绣牡丹、牡丹种植、牡丹地理、牡丹诗歌、牡丹思品、歌唱牡丹;通过中学部星期五第六、七节拓展活动课和小学部星期五下午快乐活动课落实,并在实施过程中不断完善。

问题3:如何通过校本特色课程深化学校传统项目?

带有学校鲜明特征的校本特色课程开发有助于促进学生有个性的全面发展,有助于促进教师专业发展水平的提高,有助于促进学校提高办学质量和形成办学特色。优秀的校本课程应该体现学校的办学思想,办学特色。那么,如何在特色课程开设中发展学校原有的传统项目呢?

案例:语文阅读课与校本特色课程"避险救灾"的融合(实验中学校本课程开发情况)

实验中学《避险救灾》是学校校本特色课程,旨在探索初中生避险救灾的相关操作策略和途径,提升学生的安全意识,防患于未然。该门特色课程已经滚动实施多年,成为实验中学特色办学项目之一。

新学期,实验中学蔡老师准备开设《语文阅读欣赏》校本课程,每周进行课外文学作品欣赏。她综合平时看到孩子们在学校逃生演练时吵吵嚷嚷,用时拖沓,缺乏生命安全意识情况,她想如何通过阅读欣赏,不断充实学校校本特色课程《避险救灾》。于是,她查阅了很多和安全有关的阅读作品,如《父与子》、《安全出没》等。

比如,在阅读欣赏课上,蔡老师在和孩子们一起学习《父与子》,引导学生从文中父亲、儿子、救火队长等不同人物的语言、动作入手,让学生通过阅读分析人们面对地震应采取的措施。另外,从父与子之间的情感体会,让学生读出人们的担忧、惊慌等情绪,了解地震可能造成的后果。在阅读中,让学生设身处地进行思考,认识到学校"避险救灾"课程及演练的重要性。在阅读课后,让学生查阅地震、发洪水时的真实记录、讲述灾难的故事,进一步进行生命教育。蔡老师将《避险救灾》课程的安全教育结合到《语文阅读欣赏》课程活动中,这样新开发的校本课程也丰厚着学校的原有特色课程。

问题4:如何将学校活动课、拓展课等发展为校本课程?

当前,很多学校的校本课程是在多年来开展的活动课、选修课和兴趣小组活动的基础上继承和发展起来的,具有浓厚的本土化色彩。但是,这样的校本课程往往停留于初级阶段,比较肤浅,更为突出的是,有的活动课、兴趣课甚至不能根据校情和学情开展活动,不能凸显学校的办学理念、培养目标,这样的校本课程就难以促进学校师生的发展。所以,在将学校原有活动课、拓展课发展为校本特色课程的过程中,我们要根据学校办学目标进行调整,更好地凸显学校办学理念。

案例:从生活走向化学　用化学指导生活(实验中学校本课程开发情况)

初中的孩子对科学探究有着浓厚的学习兴趣。实验中学张老师多年前曾经开设过《奇妙的科学世界》这一活动课。课上,孩子们对演示实验表现出浓厚兴趣,可是毕竟化学是一门初三刚接触的学科,仅仅凭借兴趣学习,凭借一些小实验就想将庞大复杂的化学知识体系在一年不到的时间内掌握好是不够的。

学校办学理念是"为每一位学生开启美好人生的金钥匙",张老师发现结合生活才能更好引发孩子们对学科探究的共鸣,从生活现象延伸到化学问题,孩子们才能最充分的发现这门学科的奥秘与魅力,并对他们终身学习产生影响。

于是张老师通过自己大量的学习研究,将初三的化学知识体系分解到生活中的科学应用,认真编制《生活中的化学》校本课程,编撰课程框架、梳理每一课的课程内容,每一课都希望从身边的事物出发,带孩子们穿梭在化学的知识海洋。同时,在课程中加入了课程的评价、生活中实验安全操作注意事项等。就这样,《生活中的化学》校本课程结合学生生活实际这个点,在化学活动课的基础上,在学生学习兴趣高涨的知识点上设计课程,很好地呼应了学校"为每一位学生开启美好人生的金钥匙"

的学校办学理念。

问题 5：课程实施中，如何持续激发学习兴趣，创新校本课程？

校本课程是以学校为基地，以学生的个体差异为基础，以教师为主体，以社区和学校教育资源为依托而开发的多样化的课程。然而，随着校本课程的滚动实施，我们也发现了一些问题，比如一些学校校本课程开发缺乏系统的规划，不能很鲜明地体现学校特色；一些教师在校本课程开发的时候，比较关注教师自身特长的发挥，对学生学习兴趣的关注比较欠缺，因此，有部分学生的课程选课存在被动选课的现象。更值得我们关注的是，随着课程一轮一轮地滚动实施，因教师缺乏不断改进课程建设的意识，有些项目缺乏创新、停滞不前……

如何整合校本课程资源，创新实施校本课程，形成课程资源开发的基本操作规范，使教师掌握课程资源整合、开发的基本方法，不断充实、创新学校校本课程，这是我们新一轮校本课程创新实施中所要关注的重点。

1. 从学生兴趣着手

校本课程资源丰富，作为学校，应该整合资源，有效挖掘，丰富和创设校本课程，最大限度满足学生个性发展的需要，激发学生学习兴趣。但是有的学校的校本课程开发只注重学生觉得有趣、开心，课程水平要求较低、难度较小。这些课程一哄而上，就必然导致校本课程价值取向的异化。

正如学者孙邦正所说,"教师若为了引起学生的兴趣,而把教室作业变成游艺会,那是一个严重的错误。"要是误解了兴趣的意思,在教学上单单利用外界的刺激,引起学生目前暂时的快乐,而不伴以儿童自发的活动及目的的观念,那是没有学习价值的。所以,我们应该更清醒地认识到:学生,尤其是小学生,他们的理智思维还不成熟,判断一件事情具有"瞬时"的色彩,更多的是基于自己有限的生活经验所做的暂时的选择。因此,学生的教育需求并不等于学生的直接需求,学生的直接需求需要经过教育学的过滤和转化,教师要认清兴趣的本意,正确利用学生"兴趣"所在,开发出真正符合学生需要的校本课程。

案例:让孩子的彩笔插上梦想的翅膀(校本课程开发之关注学生兴趣)

喜爱画画是孩子的天性,四团小学的沈老师,一位即将退休的老教师却能将孩子的兴趣合理引导,使许多学生在绘画学习中脱颖而出——

几年前,陆续有一些家长找到学校领导反映:自己的孩子很喜欢画画,家里的墙壁上都留下了孩子的"涂鸦",做家长的很希望让孩子在绘画方面有一技之长,但身处农村的孩子,不可能像城区里的孩子那样有机会上一些兴趣班,家长也没有条件送孩子到中心城区去参加艺术课程的学习。他们想求助学校能不能想想办法,让自己孩子的兴趣爱好能得到老师的指导?

学生有爱好、家长有需求,学校怎么办?领导就和美术教研组长沈老师商量,能不能成立一个兴趣小组,让这些喜欢画画的孩子得到较为系统的学习?对于学校领导的要求,沈老师虽然面有难色,但还是答应了下来。

沈老师是个极其认真的人,既然答应了学校领导,他就要把事情做好。他查阅了大量资料,整合了小学阶段的美术教材内容,在区美术教研员翁老师的指导下,逐步开发出了属于农村孩子的自编的校本教材。校本教材以观察为基础,提高孩子欣赏美的能力,提高对造型与色彩的认识,有意识的让学生多观察生活,多感受生活的多姿多彩。于是,四团小学校本特色课程《七彩之梦——儿童绘画》诞生了。

它以示范为重点,训练绘画技能,在教学中做到熟练的示范,详细的分步引导。它以空间组合为落点,训练学生构图能力。它尊重儿童的意愿,鼓励他们奇思妙想,引导儿童多练习,强化所学内容,从中自己探究所知,从练习中寻找更多有趣的美术技法,时间上,以快乐星期五的社团为主,再辅以周六半天的乡村学校少年宫活动时间。孩子们可高兴啦,报名人数太多,只能分两批进行。家长们也高兴,因为终于让他们实现了孩子不出四团镇,也能享受到优质教育资源的愿望。

功夫不负有心人,在沈老师的精心指导下,孩子们的绘画作品参加比赛屡屡获奖,有全国级的,有市级的,在参加"贤城古韵"奉贤区青少年绘画大赛优秀作品展中,四团小学包揽了一、

二、三等奖,孩子们以自己的视角诠释家乡的美丽"古韵",用自己喜欢的绘画方式,表达了对历史文化的传承意识和对古迹的保护意识。沈老师也有了"获奖专业户"的称号。《七彩之梦——儿童绘画》这个校本课程被评为"奉贤区百佳校本特色课程"。

沈老师的校本课程《七彩之梦——儿童绘画》让孩子们沉浸在绘画的世界里,用彩笔描绘着心中的梦想,用彩笔插上了梦想的翅膀。

2. 充分挖掘各类资源

教育家苏霍姆林斯基认为,用环境、用学生自己创造的周围情景、用丰富集体精神生活的一切东西进行教育,是教育最微妙的领域之一。所以学校、社区等等都是一笔笔校本课程的丰富资源。学校要充分挖掘周边的社区资源,丰富和完善课程教学体系,激发课堂教学的活力,提升办学思想、办学品位和办学水平。

案例:轴承的秘密(奉城二小校本课程开发之充分挖掘社区资源)

奉城第二小学地处奉城镇中心,奉城镇招商引资卓见成效。2014 年,人本集团在奉城镇区成立了分公司,和人本集团毗邻的奉城二小就利用这一资源开设了《轴承的秘密》校本课程。

学校主动寻求邻居人本集团的帮助。在公司专家们的指导下,在课程开发陈老师的认真钻研下,带领学生进入轴承的生产车间参观学习,把关键操作用视频形式记录了下来,在课堂上反复观看研究;课上,陈老师组织和引导学生小组合作探究轴承的拼装,在动手操作中就有了分析、选择过程;并协同美术老师开展研究,以超轻土为替代品,学习制作匀称光滑的滚动体,让孩子们感受轴承转动的奥秘,感受学习带来的快乐! 学校资源就是这样被挖掘和运用。

再如,很多学校都有各类"节"(体育节、艺术节、科技节、读书节、英语节……)活动,和这些"节"有关的活动也是很好的校本课程资源。

案例:不一样的读书新体验(奉教院附小校本课程开发之充分挖掘学校资源)

奉教院附小的"读书节"是学校的品牌活动之一,学校把读书节活动发展成了校本特色课程。比如在"我是书中人物体验活动"中,孩子们品读名著,穿越名著,全校师生打扮成自己喜欢的书中人物来到学校操场上,这边走来一群白雪公主,那边来了一帮哈利波特,孙悟空、柯南道尔、诸葛亮、爱莎、蜘蛛侠等中外故事书的人物纷纷登场。一个孩子一个角色,一个老师一个造型,附小操场上,已然成了书中人物的海洋。老师们、孩子们互相交流介绍自己所扮演的人物,操场上留下了串串笑声。

洋溢在师生脸上的微笑,校园里掀起的读书热,更证明了学校课程的设置一定要从学生实际出发,整合资源,这样才能达到学校课程开设的目的。

3. 鼓励教师发挥特长

校本特色课程开发的主要生力军还是教师。当前,不少教师把校本特色课程看得很神秘,其实,许多学校已开设的选修课、活动课就已经具有校本课程的性质,只是学校和教师对校本课程开发还处于无意识状态罢了。所以,基层学校要细心挖掘有特色专长的教师,鼓励教师大胆进行校本课程开发。同时,做好教师特色专长的衍生准备,在特色教师上课的时候安排有兴趣学习的老师紧跟其后,培育新的特色教师。

案例:《粉彩奉城》色粉画之缘起(校本课程开发之发挥教师特长)

奉城第二小学闫老师开发的色粉画校本课程《粉彩奉城》成为了区百佳校本特色课程。回首课程的开发历程,从开始的毫无头绪,学习上海宜川中学的色粉画兴趣课,到闫老师自行购买了大量色粉画书籍,上网搜索相关知识自学,之后制定教学实践探索计划。在实践中摸索教学方法、绘画技巧,还选取学生的优秀作品作为教材范例,琢磨研究小学生学习色粉画表现技法。期间,闫老师经历了许多坎坷与失败,在失败中积累经验,最终成功地编辑了色粉画校本教材,并被评为区特色课程。

奉城第二小学闫老师开发的色粉画校本课程《粉彩奉城》让我们看到了教师在校本课程开发中的热情,这过程需要教师的知识储备和技能准备,需要专家的引领和学校领导的大力支持,才会使广大教师不断增强学习的动力、课程开发的热情。

4. 进行教材的整合

随着基础教育改革的深入,对教材的应用,已经由原来的教"教材",转变为现在的"用"教材。用教材的过程就是要对教材内容进行系统的思考,进行深层次开发,也可以在此基础上形成校本教材。因此,我们要有计划地将校本课程资源进行系统整理,结合本校的传统和优势、学生的兴趣和需要,开发或选用适合本校的课程。

案例:当演员"累并快乐着"(实验中学校本课程开发之教材整合)

实验中学史地组付老师从事历史教学多年,她一直在探索着如何培养学生学习历史和探究历史的激情。在这一探索过程中,她尝试进行教材的整合,开发《历史课本剧表演》校本课程。

付老师试着让孩子们自主编、演历史课本剧,在特定的历史情景中,孩子们依据历史教材里的故事为依据,以教室为舞台,模拟历史场景和历史人物。在理解课文的基础上,把课文中描写人物活动的语句化作具体人物活动的话剧,与历史人物同呼吸共命运。孩子们在编演历史课本剧的过程中,体验历史、走进历史、感悟历史,慢慢消除对了历史的陌生感和距离感,更能深刻地了解历史、准确地评价历史。

5. 尝试学科整合

目前,各学科所进行的学科实践活动,实际上也是很好的拓展型校本教材素材。比如,数学实践活动中的方案设计,语文实践活动中的文字资料收集、调查报告,美术、音乐特色活动等等。但是,我们往往对这些丰富的资源缺乏系统整理,所以活动始终是活动,价值无法更大程度地体现。因此,我们要有计划地将学科实践活动进行系统整理,使其成为教材延伸的校本特色课程。

案例:给孩子的童年留下一袭花香(四团小学校本课程开发之学科整合)

四团小学的申老师是区探究学科中心组成员,承担探究课教学。为了探究花卉的生长过程,申老师带着孩子来到校园苗圃中,探究学习播种、浇水、扦插花苗。看着小花们一点点地长高、发芽、抽枝、开花……孩子们对花儿的爱更深了。感受着孩子们高涨的学习兴趣,申老师想能否整合学科教学,开发《奇妙的世界》校本课程,让一次次的探究活动成为一门课程?

于是,申老师从一至五年级的各科教材中选择了相同的主题,从目标、内容、实施方法三个层次上进行统整。例如,在一年级的"动物天地"主题中,将语文学科的《小乌鸦爱妈妈》、《小海马》、《小猪问路》,英语学科《The natural world》,美术学科的《我会画萤火虫》,自然学科的《饲养蚕宝宝》,音乐学科的《跟着动物走》,体育学科的《滚、翻、走和爬》等课程内容进行有机统整,开发了《奇妙的探究世界》这一校本特色课程,整个课程成为一个教师展示教学能力、学生探究未知世界的充满活力的过程。

问题 6：如何借助区域资源联盟、专家之力，提升校本课程品质？

1. 利用区域教育资源联盟体

为了优化资源联盟建设，统筹推进区域内外、校际之间优质教育资源的共享，奉贤区建立了多个"紧密型办学资源联盟体"。这些联盟体学校以学科同享、师生共赢为目的，充分挖掘校本课程资源，在因地制宜全面开设校本课程的基础上，建构学生快乐成长的课程体系，实现区域校本课程的"共享、共建、共生"。

案例：流动的纸艺（华亭学校校本课程开发之区域教育资源联盟体）

《创意折纸》由华亭学校美术高级教师王老师负责，在联盟体学校内推行开展的纸艺特色项目。如今《创意折纸》已经作为区级共享课程在区内（尤其是联盟体内）进行了 6 轮培训，共有近 130 多人次的教师参加。现在，联盟体内许多学校都开设了《折纸》课程，联盟体校际之间经常开展折纸的课程教学交流。

在折纸系列教学中，学生们凭借智慧的大脑和灵巧的双手，通过不断的学习、实践、尝试，不但学会了传统折纸的制作，而且逐步体验到了中国民间折纸艺术的博大精深。针对折纸过程中学习到的相关常识，学生们结合自己的作品，尝试进行创新，不断体验成功的喜悦，另外还把自己的作品布置到班级、家里，展示自己的才能。这样的活动形式，很好地推动了学校校本课程的发展。

2. 借力区教育研究中心专家资源

缺乏课程专家的指导，会在一定程度上存在课程开发的盲目性和随意性，这是学校校本课程开发走向科学、规范的瓶颈。因此，校本课程开发过程中，需要有专家的引领、指导，有条不紊地进行课程开发。

案例：让课程更环保（解放路小学校本课程开发之专家资源）

解放路小学《变废为宝巧手做》正是在区拓展教研员的支持和帮助下一步步成熟的。

四年前，区教研员来解放路小学指导工作，正巧看到学校科技辅导员李老师在用喝完了水的矿泉水瓶给女儿做手工艺品。看完李老师富有创意的设计，教研员一致建议李老师将环保理念和动手制作的技巧有机地结合起来，形成学生欢迎的校本课程。

受此启发，李老师跃跃欲试，立即启动了他的环保校本课程编撰活动。在编辑初期，他多方收集各种环保制作方面的资料，从网上寻找制作方法并进行归类。几夜的彻夜未眠，快速整理出了教材的目录大纲，又经过两个月的反复琢磨，第一版校本教材《巧手变变变》问世了。

当学校领导看到这本校本教材时，脸上露出了满意的笑容，继而又鼓励李老师趁热打铁申报区级优秀科目。同时邀请两位教研员对这本校本教材进行指导修改。

教研员王老师建议根据材料的不同将教材细分为多个系列，以满足今后慢慢扩充的需求。教研员孙老师也建议向低年级语文课本学习，用一些儿歌或是谜语作为导入，引出所要制作的主体。李老师不仅虚心地采纳了他们的建议，还向音乐老师讨教，在教材中加入了一些孩子喜欢的少儿歌曲，如《铃儿响叮当》、《新年好》等等；还求助于校内美术老师和劳技老师，比如，书本的配色应该选用哪种颜色，又如剪刀，胶水等工具的正确使用方法等等。除此之外，信息技术老师也主动帮助他，弥补了李老师电脑操作方面的不足。

通过一年多的潜心钻研，在各学科老师的大力帮助下，第二版校本教材问世了，还把名字做了更改——《变废为宝巧手做》，这样更贴近课程内涵。

教材编写好后，教研员王老师和孙老师又建议李老师在书目装订时采用活页形式，这样既能做到课程内容的不断添加，又能体现本课程绿色环保的理念，大家拍案叫绝。欣喜之余，两位老师又建议李老师申报区的特色课程，通过区域联盟体这个交流平台，将校本教材推广出去。经过又一次的教材修改、申报，《变废为宝巧手做》这一校本课程终于成功入选了区第二批特色课程，李老师也成为了学校特色教师。本课程被列为区"十大共享课程"之一，每月定期给区域学校的老师进行培训，让他们能在自己学校里开展类似课程的教学。

通过这本教材的编写,李老师深深地感受到了集体的力量与温暖,也体会到了区教研中心在培养校本课程教师方面的不遗余力。如果没有学校的支持,没有教研中心的支持,或许李老师只是个沉默在将手中的废旧物品巧妙制作的普通教师。

问题7:学校如何协同家长、社区等资源,丰厚校本课程的内容?

1. 挖掘家长资源

家长是学校开展活动的支持者和配合者。许多家长非常热心于学校的教育实践活动,乐于用自身具有的知识、特长,为学校的教育实践活动提供服务,成为我们课程建设可贵的资源。所以,我们应该充分利用家长的职业专长、业余爱好和特长,把家长的专长、兴趣爱好变成校本课程的资源。

案例:有魔力的安琪奶奶(教院附小校本课程开发之协同家长资源)

教院附小活跃着一批达人奶奶,她们俨然成为了附小校本课程实施的生力军。三(2)班潘同学的奶奶是全校闻名的家长讲师,她心灵手巧,平饺、波纹饺、燕饺、鸳鸯饺、葵花饺、蛤蜊饺……老人像个魔术师,一会儿就"变"出了八九种样式的饺子。她不但会做十几种花式水饺,还会做汤圆、粽子、重阳糕、月饼等各种中式点心,经常翻着花样给自己的孙女做不同的点心吃。

班主任发现了这位达人奶奶,学校提出聘请这位奶奶为家长讲师的想法,热心公益的奶奶爽快地答应了。于是,每到周五,一大早她就开始忙活,到菜场买菜买肉,到超市买面粉买调料,回家和面拌馅……中午,她早早地来学校,做好一切准备。下午"活力六十分"兴趣课时间,她就开始手把手地教孩子们做各式各样的小点心。听着孩子们围着她亲热地叫着"奶奶、奶奶",看着孩子们逐渐学会一种种的小点心,奶奶越干越有劲。两年下来,"小小点心师"成为学校最受学生喜爱的拓展课,最后奶奶也成为了学生喜爱的拓展课家长志愿者。

案例:家校携手,共享成长(实验小学校本课程开发之协同家长资源)

实验小学有一门特殊的校本课程——《和孩子一起准备》校本教材(家长版)。这一套特殊的教材集聚了教师、家长之合力,通过组织家长召开校级家委会,征询家委会成员意见,大家群策群力,甄选有意进行教材编写的家长,并对参与的家长举办了有关方面的培训、讲座,共同编著。

在校本教材的编写过程中,丰富家教经验,激发创造精神,发展家长优势和能力,体验家校合作,帮助一年级学生更好地适应幼小衔接,助力家长们帮助孩子尽快适应小学生活,养成良好的学习习惯,进而更好地促进学校、家庭、孩子的发展,达到家校合力育人的最终目的。课程编写过程不仅让家长们的教育观念有了新的转变,也让我们教育管理者对家校合作的新模式有了进一步的探索和尝试。

2. 整合社区资源

学校教育既要发挥学科教育的主渠道作用,更应积极开发校外教育基地、社区资源,有机结合,形成互动。

案例:走进乡情民俗的多元德育教育活动(解放路小学校本课程开发之整合社区资源)

多年来,解放路小学积极组织开发社区课程资源,充分利用社区内交警支队、派出所、野生动物保护站、环保局、居委会、社区福利院、消防队等资源,以及学校多家共建单位,有海洋局、驻奉部队、奉贤军干所、柘林新寺村、解放一居、奉贤水闸所、西渡经济园区上海和汇安全用品有限公司、奉贤敬老院、奉贤博物馆、消防站、社会救助站等校外教育实践基地,建立解放路小学少先队体验课程,与这些社区单位、学校共建单位建立有效合作机制,并将少先队社团引进学校校本课程建设、管理中。

学校根据孩子的年龄特点,梳理、构建序列化课程框架,采用走出去和请进来的形式,开设体验课程、实践课程、考章课程。如一年级上学期先分中队,请军休干部爷爷讲述革命传统故事,下学期就把部队官兵请进来对他们进行组织纪律教育,开设"小小军人半日训"活动;二年级请进来的同时也走出去,上学期以中队为单位请海洋局叔叔阿姨来讲述海洋的知识,下学期以年级为单位去部队实地开展"半日营"参观体验活动等;3～5年级,每周安排一个中队去档案馆参观学习,一个中队去社区清扫、宣传、慰问等,了解家乡的建设发展历史的同时也参与文明城区的建设。

除此以外,三年级以年级为单位组织参加部队一日营活动,参观部队、观看官兵队列表演、参加队列训练等,体验部队生活,促进少先队员组织纪律行的进一步养成,为"我十岁了"生日仪式作准备;四年级去水闸所、海洋局进行各种活动;五年级去新寺村学农活动和和汇公司开展珍爱生命活动。

问题8:如何开发乡土资源,增强校本课程文化积淀?

乡土资源,大多具体、直观且易于观察,而且是学生最为熟悉的家乡。发掘乡土资源,聚焦一个主题,构建系列活动框架,开展社会调查,走访亲朋好友,有利于弘扬传统民俗文化。寓教于德育活动中,创新课程资源,充实课程内容,从传统教育活动中发现新的教育资源,让德育活动走进乡情民俗。立足民族的、乡土的、传统的,就能根深蒂固地融进孩子们的心里。

案例:滚灯(胡桥学校校本课程开发之融入乡土资源)

舞滚灯在奉贤被叫作"跳滚灯",是奉贤特有的乡土文化。舞者多为男子,以单人和双人表演为主,为使其表演更具观赏性。现在发展演变到多人群体舞灯,亦有女子参加。滚灯表演在演变发展中日臻完美,揉进了许多现代体育和舞蹈动作,有白鹤生蛋、蜘蛛放丝、缠腰缠足半脱靴、金猴嬉球、日落西山、鲤鱼卷水草、鹁鸪冲天等一整套高难度的动作,集中了跳、滚、爬、窜、转、旋、腾、跃、甩等多种刚柔相济的体育舞蹈动作。豪放中有细腻,潇洒中含凝重,刚健中透柔美,其风格与桥乡独具韵致的汉族民风民俗相宜,既别于吴风之仪,又异于越风之态。

胡桥学校的校本教材《飞扬的滚灯》融进了诸多的乡土资源,探访"贤人、贤家、贤村",呈现了校本课程活动的多元化,传承了民间艺术文化,结出了累累硕果。2012 年 12 月和 2013 年 12 月"滚灯"课程代表奉贤区分别参加了上海市中学、小学校本课程展示活动;2013 年参加上海市七运会开幕式表演;2014 年 9 月参加上海市非物质文化遗产总决赛,获优秀表演奖,并在 9 月 24 日的《新民晚报》上登载,在 2014 年 9 月 29 日的上海戏剧频道《非常有戏》节目中播出……

问题 9:学校如何借助现代信息技术,凸显校本课程时代气息?

现代信息网络为校本课程的开发与应用提供了一个开放的资源载体。充分发挥网络技术优势,将校本课程资源网络化,构建生动科学、多向互动的教学环境,形成集学生的探究性学习和教师的创造性教学设计于一体的校本课程,凸显校本课程时代气息。

案例:汉服 DIY,追寻汉服饰文化的内在美(洪庙中学校本课程开发之巧用互联网资源)

洪庙中学唐老师开设的"汉民族传统服饰"的校本课程深受学生喜爱。不仅引导学生了解汉服的基本特征,同时也了解了汉服上溯炎黄,下至宋明,4000多年的悠久历史,还带领学生学习汉服的剪裁方法。唐文老师充分运用网络资源,结合学生对古装影视剧的浓厚兴趣和褒衣广袖的"古风情结",组织汉服DIY活动,孩子们借助网络,了解汉服的各种款式,了解汉朝穿衣的礼仪,了解冠帽、妆容、装饰物、鞋履等知识。强大的网络给予了孩子自由学习的空间,激发了他们学习的兴趣,凸显了校本课程的时代气息。

第二节 校本课程实施中的精细管理

综观教育改革,培养目标从"双基教学"到"学生三维目标的培养",及最近几年提出要培养基于学生发展的核心素养,不同年代的学生培养目标都是一个整体,都是育人目标和学科育人价值在不同阶段的具体体现。因此,校本课程作为学校课程的重要组成部分,发挥着全面发展学生素质的重大作用。

问题1:如何有效管理学校校本课程?

校本课程的开发与教学和学校管理应是一体的,不可割裂。对于校本课程的开发、实施、管理,我们要清楚地认识到:基于学生发展的核心素养的培养必须依赖于现实的载体,课程建设要为学生提供成长资源,课堂学习为学生提供成长平台,教师的专业发展为学生提供成长的保障。所以,校本课程的开发、管理、评价,一方面体现在对教学目标、方法和手段的导向,另一方面也要求开发、管理和教学评价适应课程开发的教育宗旨。通过校本课程多元化的评价,关注学生的多元发展,关注学生的需求,进行差异性教学,实现学生的和谐发展。

案例:构建"学校—家庭—社会"一体化的课程管理(古华小学校本课程之学校管理)

《节文化》是古华小学特色课程,它就像是一个婴儿,历经了孕育—诞生—成长—成熟的过程。

当这个课程诞生后,如何对它进行全员参与和有效管理,是学校遇到的一个难题,因为有效的校本课程管理才能使一门优秀的校本课程得以真正地有效实施,才能使它发挥出它应有的作用与光彩。

于是,学校尝试构建"学校—家庭—社会"一体化的课程管理体系,即:

学校层面:

为了使校本课程得以顺利开发和实施,学校成立了以校长为组长,德育主任为副组长,教导处人员、校本课程特色教师为成员的校本课程领导小组,负责统筹规划、课程评价、教材编写与管理、教师培训等工作,确保校本课程有效实施。负责领衔开发与编写的特色教师顾老师制定了课程实施的初步计划,在领导小组例会上进行交流,在讨论中结合学校实际情况进行修改,通过多次的讨论形成文稿。

学校利用六个传统节日中的一个节日，进行了课程实施试点，在试点中暴露了一些问题。为了避免闭门造车，学校聘请了专家组团队进行指导，上海师资培训中心专家、教育学院教育研究中心的教研员等，为学校制定课程计划作了有效的指导。在专家的点拨与指引下，课程实施计划进行了再一次的修正。如：在例会中对在课程实施中如何进行检查做了修改，巡课的基础上，对巡课人员的安排有了更改，由领导小组中直接参与校本课程编写的人员负责巡课。这样，在巡课过程中，对各班级课程实施进行针对性的指导，对在课程实施中教师遇到突发事件给予及时的解决。

在试点之后，学校也确定了利用午会、班队课组织教师在相应的民俗节日时间段落实，要求实施课程的班主任们采取年级组集体备课的形式，共享教案。德育组和教导处组织人员随堂听课，和实施教师一起研究教学，保证该课程的顺利实施，做好学生和教师教材使用情况的调查、反馈工作，组织上课教师研讨，教学过程中出现的问题及时收集整理，在此基础上逐渐扩展文本主题范围，确保校本课程的内容能不断更新、更加丰富。

家庭层面：

家长是学校课程建设的重要资源。每次的节日活动，学校都邀请家长与孩子、老师共同参与，如：做"龙舟"、包粽子等等，给了家长一展身手的舞台，也给了家长献言献策的机会。学校通过活动后的家长代表反馈会,听取家长的意见和对活动、对班级、对教师的评价,让家长参与到学校对校本课程的管理。同时在网络时代的背景下,建了各班的班级 QQ 群,家长在活动后都能在各班级群中发照片、发留言、发建议。德育主任盛老师还组建了《节文化》校本课程群,在群里各班实施课程的老师对每次教学活动进行汇报,写感想,谈困难,提问题,献建议,在轻松的聊天空间里取长补短、互帮互助。对家长反馈的情况,也会在这个 QQ 群中进行反馈,肯定成绩,提出建议。

社区层面:

校本课程的实施与管理有了社会的参与就更具有检测价值。学校既充分利用现有的人力、物力资源(如各任课教师、活动场地等),还进一步聘请校外的专业人士、外校教师,甚至网络资源来帮助解决;有时还请有经验及专长的家长支持与参与,邀请社区居民参加各项节文化的活动,与居委会一起举办活动。有了社会的支持、监督,学校的活动质量越来越高,策划能力越来越强。

同时学校还利用市调研、区验收的契机,邀请区教研员、区内骨干教师检验校本课程的实施与管理,促使实施与管理更趋成熟。

五年的《节文化德育探究》校本课程开发与实施,让学生更深入地了解传统节日文化,增强民族自豪感,传承中国节日文化,用经典浸润人生。与此同时,参与开发与实施校本课程的老师们也在这个曲折的过程中得以锻炼与提升。这是一个"共生"的过程。

问题2:学校如何支持校本课程开发,保障课程顺利实施?

校本课程开发的条件分为软件和硬件。硬件包括资金、人力、物资等,软件包括学校教育哲学和组织机构系统,教师的教育观念、专业技能、工作时间,社区的环境氛围等。为了使校本课程开发有效地进行,学校应排除各种干扰,为学校对外合作与交流提供帮助,协调学校与社区的种种关系,建立校本课程开发专题小组,赋予教师专业自主权,让教师有机会也有权利针对自己学校和学生的实际情况提出"我们应该教什么"的问题。因而校长要改变家长制的作风,把专业自主权还给教师,让师生在校本课程开发中获得发展。

案例:《阅读指导课程》的开发缘起(育秀实验学校校本课程建设情况)

阅读是育秀实验学校特色之一,为了让学生拓宽知识视野,丰厚人文底蕴,陶冶性情涵养,提高文学艺术修养和欣赏水平,学校以"爱读书、会读书、读好书"为宗旨,每年围绕一个主题开展一系列丰富多彩的全校性的读书节活动。学校给每班配备一个精巧的书橱,给每个书橱添置各种类型的好书,学生也将自己家里的书捐给或借给班级图书馆,与同学交流传看,使小小图书馆的藏书量、种类越来越多。久而久之,阅读成了育秀实验学校孩子的习惯。该怎么读? 读哪些书? 学生在课余自主阅读了大量的书籍,但缺少必要的阅读指导,不少学生看书喜欢囫囵吞枣,看过算过,脑子里留不下什么东西。在书籍的选择及阅读、分析、思维等各方面能力的提高,还需要教师的精心指导,传授学生正确的阅读方法。

于是,学校投入大量的财力、物力,鼓励学校特色教师——区语文名师徐老师牵头引领,开发学校校本特色课程《阅读指导》。学校每周一节以走班形式,由老师指导学生如何选书、如何阅读,帮助学生分析、讲解或介绍文章、书籍,让学生在潜移默化中学会阅读、爱上阅读,培养阅读的兴趣,养成阅读的良好习惯。几年来,学校阅读课程开发小组在原有的基础上不断补充、规范、延续和发展,不断总结反思,推陈出新,成就如今的《阅读指导课程》,很好地彰显了学校的阅读特色。

问题3:面对时代发展,学校如何及时跟进,有效调整课程内容?

案例:让校本课程焕发生命活力(弘文学校校本课程之管理经验)

学校原有的拓展课课程体系,面对校本课程建设的发展,如何调整? 这是个大问题。弘文学校在校本课程建设中,面对这样的现状,随即召开领导小组会议,商量一套切实可行的方案。大家各抒己见，最后一致决定：原有学科拓展累积了一定经验，但在形式和内容上要适应课改形势，要遵循趣味性、有效性的原则，符合学生的年龄特点和实际需求发展，作进一步的建设。

其实，若要解决现状问题，课程的实施者和参与者是最有发言权的。学校进行了师生的调查问卷，征询多方意见。于是，小学部的英语学科拓展改成了科普英语，中学部的改成了英语课本剧；语文学科拓展小学部改成了绘本阅读，中学部改成了古诗词诵读和课本剧；数学学科拓展中小学部都改成了数学思维工坊，内容也作了相应的调整。这些课程的开设受到了孩子们的热烈反响，纷纷报名参加，场面非常火爆，担任这些课程的老师也着实火了一把，成为了孩子们争相选择的对象。事实证明，只有符合学生内心需求的课程才是最有生命力的课程。

问计于需，相信只有鲜活、有趣、有益学生身心健康发展的课程才能收到孩子的青睐，才能真正体现课程的生命力。

问题4：如何借助校本课程平台，提升教师专业素养？

在课程资源的开发中，教师具有极大的智慧潜能，是一个亟待开发的巨大资源宝库。教师的知识、技能、经验与特长等都是校本课程资源开发中的重要财富。但是在校本课程建设中，因为职后培训的滞后，学校教师的跨学科素养薄弱往往制约着校本课程发展、创新。

　　学校如何借助校本课程平台,提升教师专业素养?学校不妨可以做些新的尝试。比如"STEM"课程,一个将科学、技术、工程、数学有机融合的课程组织方式正在国内外研究得如火如荼,学校可以借助 STEM 课程这一载体,拓宽教师的专业领域,提升教师专业发展。又如校本课程的开发通过团队协作方式进行,课程目标的设计,教学活动的组织,课程资源的选择,课程内容的处理,教学方法的选用等方面,都需要教师团队不拘于一种思想,不固守于一种方法,充分发挥集体的潜能来共同完成。教师的专业素养在交流中取长补短,才能共同提高。

　　案例:校本教材让教师有了新的生长点(古华中学校本课程之课程创新)

　　古华中学的《木刻版画》是学校一项特色课程,作为已经执教该课程十多年的钱老师在课程实施中,也一直苦恼,由于六、七年级的学生年龄低,力气小,如果操作不当还会受伤,让他意识到课程实施的安全隐患问题。面对学校即将全面推进版画校本课程建设的良好机会,他在积极地思考着:如果不实施木刻版画,又有什么既安全又方便的内容能替代的? 初中低年级的学生是不是只能制作简单的小版画(如纸贴版画、纸孔版画),能不能制作精美又复杂的版画呢?

　　受区中学美术教研员徐老师的启发,他尝试着用 KT 板制作版画,而且可以将剪纸、撕纸这些我国传统艺术与版画制作结合,这也符合版画校本教材编写组的要求:关注地方艺术特色和我国民间传统艺术。于是,在以钱老师为首的团队中,大家讨论决定,首先指导学生完成一副撕纸作品;其次将撕纸作品用胶水贴到掀掉保护膜的 KT 版上,等胶水干后,用漆制版;最后进行印刷。

如果把这些内容编写到新的版画校本教材中,一定适合低年级学生。校本课程的创新,让钱老师对自己的版画教材的编写有了很大的启发。那就是以木刻为"主秆",新材料和新方法为"枝叶"。不断充实校本版画教材的内容,设计更符合学生年龄特点和认知规律的教学内容,让学生愉快地学,安全地学。

问题 5:如何通过课程志愿者的招募,培育校本课程特色教师?

校本课程特色教师的不足制约着特色课程的发展。学校可以外聘有特色的课程志愿者,鼓励学校教师以跟进学习的方式,不断衍生课程特色教师。

案例:"百曲"·方圆的约定(思言小学校本课程之课程志愿者建设)

思言小学非常重视传统文化的教育功能,想让琴棋书画这四大文化艺术在教育园地上同放异彩。但是对于这所开办初期的学校,一个受学生欢迎的课程项目,唯独围棋这一项缺乏相关专业的教师作指导者,怎么办? 所幸在思言小学所在的徐里桥社区,有位围棋高手何老师。于是,学校诚恳聘请何老师担任学校围棋课的老师。为了保证这一校本课程的后续发展,学校决定让校内喜爱运动的小陈老师跟进学习。

于是,何老师的围棋课开始了。围棋的基本礼仪,入门小知识,"黑先白后,一人一子。交叉点处,可以着子。落子生根,不能移动"这些基本的走步方法……生动有趣的语言让课堂气氛活跃起来,同学们都踊跃发言并上台用自己的聪明才智,解决道道难题,纷纷争当小棋手,授课老师也通过与学生互动和对弈的方式,向同学们展示围棋的乐趣和魅力,其间常常掌声雷动,而一同学习的小陈老师更是不断虚心请教,刻苦钻研。

围棋益智教化、陶冶性情。如今,围棋已成为思言小学靓丽的一道风景线。放学后,周末,学生们常常聚在学校互相切磋,个个都不服输。想要技术好就得要好好学习,良性的竞争精神就是好学的因素。

问题 6:学校如何挖掘自身优势,助力校本课程的后续发展?

校本课程是以学校为基础开发的课程。学校要加强校本课程的实施调控,加强组织管理,制定相应的校本课程管理制度,保证校本课程的课时,整合课程资源,充分发挥评价的激励功能,促进教师与学生的发展。

案例:变废为宝大家来(解放路小学校本课程共建共享经验)

学校申报的区特色课程《变废为宝巧手做》又一轮课程实施开始了,在前两轮的实施中,课程主持人李老师精心设计,通过拓展性课程的开设,激发孩子们变废为宝的兴趣,培养学生的环保意识,低碳生活,从我做起。活动深受孩子们的欢迎。

随着课程的一轮轮滚动,瓶盖系列、光盘系列、瓶子系列、果盘系列……一个个系列的作品孕育而生。但是,随着课程的滚动,在几次"快乐星期五"巡视检查中,似乎发现科目显得不够活泼了,活动形式也有些单一,特别随着班级的滚动,年级滚动,好像上不出新意了。

面对现状,对于这门区级特色课程,是继续还是终止?是创新还是维持现状?作为学校课程管理者该如何让这些特色课程真正活起来、动起来?

11月,正值学校科技节即将开幕。学校以"科技、环保、创新"为主题,通过举办科普讲座、开展各类科技竞赛,如树叶爱拼贴、百米画卷画未来、"大自然真奇妙"摄影比赛、"童心飞翔"纸飞机大赛、"扮靓爱书"书衣制作大赛、"我爱学科学"知识竞赛、遥控车大赛等,活动丰富多彩,仅仅是一个开幕式就已经让整个校园嗨起来了!

由科技节这一活动中全校师生跃跃欲试的活动气氛,学校领导猛然想到,如果《变废为宝巧手做》校本课程的开发仅仅局限在特色教师——李老师,那么课程容易受到局限,往往会失去生机和活力,而如果发动全校师生,为课程寻找环保资源,创新开发理念,那么这门课程仍将深深地根植于全校师生心中。

于是,教导处和学校科技组商议,本届科技节增设"变废为宝大家做"这一项目:

1. 全校动员,寻找身边的环保资源

全校师生寻找身边的废旧物品,集聚在学校环保特色教室,为我们的环保特色课程增加课程资源,同时,对于集点多的孩子给予环保制作的小礼物奖励,激发孩子环保的意识;

2. 汇集智慧,为学校环保献一计

美丽解小,美丽校园;绿色解小,绿色生活。在科技节中,开展"我为学校环保献一计"、"寻找校园环保金钥匙"等项目,用浓厚的科技创新意识,不断创新的环境文化载体和孩子们喜闻乐见的形式,将环保意识扎根于孩子们的内心,洗涤他们的心灵,为我们的环保课程拓宽课程内容,激发学生环保意识。

3. 师生互动,为幸福工程助力

小小的环保创意坊中一下子热闹了,学校团员青年们用塑胶板制作相册,开创课程塑胶板制作系列;用孩子们用完的笔芯、废旧学习用品制作小飞机等艺术品,为课程增设废旧学习用品系列;用废旧报纸制作环保时尚靓衣,把课程引向开发报纸系列……

一时间,全校师生寻找环保废旧物品,巧手制作环保小作品,为学校环境保护献计献策,而在这过程中,老师们真正意识到只有让学校的特色课程《变废为宝巧手做》根植于全校师生心中,才能让它历久弥新!

问题7:在校本课程的实施中,如何提升课程育人价值?

在现代学校建设中,课程建设至关重要。培育学生核心素养,需要重构和完善学校课程体系,全方位地统筹协调各个学科教学和各种活动的开展,共同培养全面发展的人。而校本课程的开发和实施,更可以将学校特色或教师的特长转化为优质的教育资源,为学生发展提供更多的选择性,将课程建设与学校的办学理念紧密融合,以育人价值主导课程建设,有利于促进学生特长发展,提升校本课程的育人价值。

案例:走出校园,触摸奉贤的温度(洪庙中学校本课程之管理经验)

洪庙镇有一座新建的"中国人民志愿军"广场,占地36亩。整个广场分为纪念墙、纪念馆、纪念林、紫金山四个部分组成。纪念墙总长约100米,分为五块组成:一、纪念墙铜像由著名雕刻家严友仁雕刻,原南京军区空军副司令员韩德彩中将题词——"中国人民志愿军纪念广场"。二、大事记记载了整个抗美援朝的各大战役。三、著名散文作家、小说家魏巍所作的"谁是最可爱的人",让人们永远记住英雄们的名字。四、迟浩田将军所题的"燃烧的岁月、永恒的丰碑",让我们永远把这个历史牢记。五、志愿军签名墙上，当年和英烈们在一起战斗过的战友们的签字，让他们继续把英雄的故事代代相传。

志愿军老战士为纪念馆捐赠的实物全部放入纪念馆内展览。一件件有年代感的物件，一个个感人的故事，一张张震撼的图片，述说着当年中国志愿军展示的不朽诗篇。洪庙中学孙老师在散步时，看到这中国志愿者纪念馆开馆的消息后，心中一个机灵：学校贤文化课程不正在思考如何向纵深推进吗？这不就是一个很好的方向吗？

不久，中国人民志愿军纪念馆正式成为该校德育实践基地，为校德育活动、校本课程、拓展课的开展提供了很好的资源。基地里建有13308平方米的志愿军纪念馆、纪念广场、纪念墙、徐特立纪念馆、贤人文化园等场所。通过宣传抗日战争、解放战争、抗美援朝、和平年代各个时期军人代表形象，对广大青少年进行了爱国主义教育。

洪庙中学的德育校本课程是集课堂教学和实地探访为一体的课程，让学生在老师的带领下走进洪庙中学附近的社区资源。单周周五最后一节课设定探访方案，收集相关资料，做到心中有数，脑中有想法，双周周五最后一节课，去实地探访，如奉城镇镇政府木雕陈列室、赵天鹏烈士雕像、四团神仙酒厂、奉城古城墙等都是课程探访的重点区域。结合前期准备的材料，观察、思考、记录，完成探访记录表。记录表包含追探访过程、实践感悟、活动评价等主要内容。

实地探访,在亲身体验过程中感悟,进而将书面的知识立体化。在实施的几年间,课程开发老师带领学生走进洪庙中学周边的名胜古迹、爱国主义遗址、纪念馆等,留下了自己探寻足迹,记下了有关的历史资料,同时也询问了当地居民有关于对这些古迹的保护措施的问题。组员间分工协作,细心认真地写文章、拍图像,做好资料的记录保存,还在古迹处对当地居民进行宣传,希望引起人们对古迹的重视、保护。

中国人民志愿军纪念馆、赵天鹏烈士雕像等一批爱国主义教育场所的实地走访,让学生认识一群可爱的人,一群为我们今日生活付出鲜血和生命的人,让学生真切地感受到了什么是英雄？什么是家国情怀？让学生把对家乡的热爱,对古迹的关注,对历史的触摸,对未来的憧憬之心化在脚踏实地的行动中,这或许是校本课程实施中的最大收益之所在。

问题8:学校如何进行校本课程的多元评价？

校本课程开发是学校自主进行的,学校之间各不相同,上级部门很难也不可能采用统一评价标准来检测各个学校课程与教学的实际成效。从这个意义上讲,校本课程开发需要学校建立自己的评价体系和评价制度,以确保校本课程开发的健康顺利运行。

校本课程的评价应该以学校课程资源为基点,以开发与实施过程为主线,以学生发展为目的。既要评价校本课程开发的程序和内容,又要评价教师和学生在课程实施过程中的行为和体验,还要评价校本课程作为教育信息载体在学校发生的作用。因此,校本课程评价的过程即是校本课程开发与实施的整个过程的内容,可以表述为:校情——目标——方案——实施——效果。而在这校本课程效果的评价过程中,评价的方式是多元的、多样的,也是综合的。当然更应该高度重视评价的主体——教师和学生的发展。

1. 课程评价。校本课程的评价内容可以是丰富多彩的。对于课程的评价,可以是学校课程开发委员会对校本课程的评价,主要是对校本课程开发的情境与目标和校本课程方案进行评价,避免校本课程开发的粗制滥造与盲目模仿;可以是教师对校本课程自我反思性评价,强调的是教师对于自身已有的课程理论与假定的质疑与批判;也可以是学生对校本课程的评价。学生是教师教学最直接的感受者,他们最有权对教师的教学进行评价。学生对教师教学的评价信息可以通过召开座谈会和问卷调查等形式来获取;甚至可以发动家长,由家长参与学校的课程评价。

2. 教师评价。教师是校本课程的开发者与实施者,也是校本课程的管理者与评价者。所以,教师评价,一方面是学校对教师进行校本课程开发与实施的评价;另一方面,也是教师对校本课程的开发与实施的自我反思性评价。学校对教师的评价,应该指向教师开发与实施校本课程的教育理念和能力、教学手段和方法以及由此达成的教学效果。教师的自我评价,应该是对自己的教育思想、教学方法、教学过程和效果进行的反思。通过评价与反思,促进教师的业务水平进一步提高。

案例:金钥匙课堂用心来打造(实验中学校本课程之课堂教学)

"为每一位学生开启美好人生的金钥匙"是实验中学的办学理念,在这一理念的引领下,老师们着力构建"教师欣赏学生、学生尊重教师、个体主动发展、同伴真诚合作"的金钥匙课堂。其中,老师们也别出心裁地创设了丰富多彩、各具特色的校本课程。

实验中学语文教师陶老师参与开发了学校校本课程《古诗文鉴赏》,和所有老师一样用心用智慧打造具有实验中学特色的金钥匙课堂。通过游戏激发学生学习的兴趣,通过读古诗,悟诗情,画画等创意形式,点燃学生诗歌创作的激情,用心打造的金钥匙是一个充满活力和快乐的课堂,一个充满生机与新意的课堂,一个充满关怀与温情的课堂,一个师生相互尊重、平等和谐的课堂。

3. 学生评价。学生是校本课程实施的参与者,也是教学过程的直接感受者。所以,学生评价,既指教师对学生的评价,又指学生对课程和教师的评价。教师对学生的评价,可以从学生对校本课程的参与度、学生在教学过程的行为表现来进行。例如,某一门选修课,学生都不愿意参加,或者虽然参加了却没有积极性。那么,这样的课程是显然不受欢迎的。值得强调的是,学生是学习的主人,他们最有权力对校本课程的建构和教师的教学行为进行评价。作为学校和教师,应该充分重视学生对课程和教师的评价。学校可以设计一些调查问卷,让学生对课程和教师进行评价,以便获取第一手评价资料,调整和改进工作。

案例:红领巾奏响"快乐星期五"最强音(解放路小学校本课程之课程评价)

解放路小学的校本课程《少先队体验课程》将校本课程的学生评价与少先队争章活动紧密地结合起来。学校大队部根据开设的情况设计校本章,如"我爱社区"参与社区保洁,志愿者服务的孩子争"贤人章",协同家长参加社区福利院、社会救助站献爱心的争"爱心章",参加学校体验课程到柘林新寺村、少年军校体验活动的孩子争"松树章"等。

一枚枚章目从章徽的设计,争章的要求,考章的形式都是以红领巾社团形式开展,并向全校师生进行展览和公开评选,获奖的优秀学生还颁发雏鹰争章特别奖章,提升少先队员和儿童团员参与校本课程活动的积极性。而争章结果,都会在《上海市小学生成长记录手册》中的雏鹰争章活动一栏内逐一体现,并保存在孩子的成长档案袋中。学校也将他们在解放路小学学习和活动的成果全部保存,待到毕业时作为礼物送给他们,充分体现校本课程的评价的多元性。

问题 9：在校本课程实施中，如何转变家长唯分数论的思想？

校本课程建设的有效探索为校园带来了生机，为学生打造一片健康快乐成长的教育新天地，让童年重现情趣与光彩。然而，伴随着"不能让孩子输在起跑线上"等功利主义思想的蔓延，社会、家长常常把分数作为了衡量孩子的唯一标准，本该还孩子轻松、快乐的课程，被家长的一句"学这些有什么用？"本该纯真、美好的童年被书山题海所充斥，一个个隐藏于硕大书包后的小小身躯令人心痛而又无奈。那么学校在校本课程实施中，如何转变家长唯分数论的思想？

南桥小学行进管乐队的组织和比赛过程，就是经历了从家长的反对，理解到支持的认识蜕变过程：

案例：金奖背后的故事（南桥小学校本课程建设经验）

2013 年 9 月南桥小学开设行进管乐队课程，组建行进管乐队，零起点招收三年级学生，特聘请上海的专业教师来校指导。

开班初始，家长们积极配合，踊跃报名。经过严格的面试挑选，学校共招收了 50 多位学生。招兵买马之后，乐队便开始紧张的训练，基本的站姿训练，分组进行吹奏教学。但一学年之后，随着训练难度的增加，乐队训练时间开始增长，次数也增加，从原先的一周双练，慢慢增加到一周五练，时间也延长到了五点半，双休日还要加练，再加上升入四年级，学业负担逐渐增大。

久而久之,不少学生和家长以训练影响了孩子的休息时间和考试成绩为理由,开始打退堂鼓了。一时间,各种要求退团的理由此起彼伏,有的家长直接向指导教师请求退出。此外,班级任课老师也因为乐队的训练影响了学生日常的作业和考试成绩,出现了一些反对声。

参加训练的人数不断在减少,很快剩下不到40名队员了,眼看刚成立不到一年的行进管乐队面临解散的危险,情况万分紧急。乐队团长匡老师急得团团转,经常亲自跑到班级里喊队员参加训练,到教导处反映情况,希望得到老师们的配合。

乐队不能散。在得知这一情况之后,学校领导立刻参取了一系列措施。一方面加强与家长的沟通,校长室和德育处联手召开了几次家长见面会,希望他们支持学校的工作,同时征求他们的想法和意见,了解他们的担心。经过交流获悉,家长们主要是担心孩子的学业问题和身体健康。针对家长的担心,学校作出了承诺和相应的安排,训练时间上进行调整,避免学生回家太晚;给学生购买小点心,作为训练时垫饥。另一方面,教导处与全体三年级任课老师沟通,要求他们大力支持乐队的训练工作,同时做好对这些学生的补习工作,尤其是学习成绩不过硬的,更是要多关心和辅导,教导处派专人配合训练管理和监督。

匡老师也特地针对这批学生开展了《小学器乐教学中学困生学习习惯矫治的实践研究》的课题研究,并被立为区级课题,着力研究器乐教学对孩子,尤其是学困生学习习惯的帮助。他给每个孩子建立了观察档案表,不断从任课老师处获取学生们的学习信息,记录观察,经常和成绩出现波动的学生进行沟通交流。四年级第一学期的期末调研,这些队员中学优生的成绩依然名列前茅,个别学困生的成绩也没有发生下降。

经过学校、老师们的共同努力,渐渐打消了家长们的顾虑,队伍稳定了下来。一些原本已经退出的队员又重新回到队中,人数达到了44人。每天放学之后,整个校园里又响起来一片吹打声。虽然曲调感觉尚不那么悦耳,但明显整齐响亮了很多。在学校几次大型活动,六一、元旦等活动展示中,行进管乐队都承担了表演的任务,积累了大量的舞台经验和自信心。

在得知将参加7月在香港举行的首届室内行进管乐队比赛的消息后,队员们的训练更认真,更刻苦了,谁都不想放弃这一机会,谁都不想白费近两年的努力,同时,他们也不想让学习成绩成为他们参赛的绊脚石。家长们也特别支持,训练时,不少家长一直陪在旁边。

7月头,队员们怀着兴奋的心情踏上了去香港的飞机。在踏入比赛会场的那一刻,每一位队员都全神贯注,精神抖擞,步伐一致,以几乎零出错的表现赢得了评委们的一致肯定。很多一起陪同前往的家长在第一时间用微信或QQ的形式向亲戚、朋友发出这一喜讯。9月,队员们回到校园,学校特意举办了一个全校性的表彰大会,表扬所有为之付出努力的队员们。

一个课程不仅能满足一个孩子的学习需求或特长,更能提供他成长过程中不可或缺的自信和满足。如果当初,没有学校的坚持,没有跟家长的沟通,没有家长和老师们的支持,这条路恐怕早已经走不下去了。

问题 10:如何指导家长成为校本课程的志愿者?

家长是学校开展活动的支持者和配合者。许多家长也非常热心于学校的教育实践活动,乐于用自身具有的知识、特长,为学校的教育实践活动提供服务,成为我们课程建设可贵的资源。那么作为学校,如何充分利用家长在不同的行业中所具有的职业专长、家长的业余爱好和特长,为学生的全面发展提供丰富的教学资源呢?

案例:汇聚家长力量 创生课程资源(思言小学校本课程之共建共享经验)

思言小学位于南桥新城,在校本课程建设中,学校为了挖掘更多的家长资源,学校成立了家长资源中心。这是个集中家长人力资源中心、亲子课程资源中心、社会信息资源中心为一体的多功能互动中心。同时,为充分调动和最大限度发挥家长的作用,可更好地发挥教育的效果,使学校课程资源更多元与丰富,还组建了家长课程资源库,安排家长课程,设计《家长课程资源调查表》,有针对性地进行家长课程资源调查和排摸;同时进行了《家长课程资源可行性分析》,从调查中遴选有益的课程资源,进行归类,合并相同或相近的主题,并且根据学校的育人理念、调查学生需求、家长课程资源持续性,确定开发主方向,结合学生的学习心理要求和学校的特色与条件进行创造性的转化,努力使之成为一个能够服务学生学习的学习化课程序列。

于是,在330课程时间、快乐星期五拓展课时间、还有双休日的小言子少年宫等等时间,校园里就会多出一些孩子们熟悉的陌生"老师"。在这里,家长是主角,他们是课程的"知情者"、"参与者",还是课程的"执行者"和"评价者",更是课程的"开发者"和"策划者"。如研究植物的家长,与教师一道,开发校园周围花草树木研究的主题活动;做旅游业务的家长,协助教师指导开发与旅游相关的主题活动;具有琴棋书画等方面技能的家长则开发出各种器乐、棋类、书法、绘画等相关的怡情活动;对京剧、武术、皮影戏等中国传统文化有专长的家长,与老师一起开发相应的课程活动资源。

第三节　校本课程共享中的联盟推进

当前,学校联盟体、教育集团这样的教育运行模式能很好地树立公共治理的理念,整合学校资源和社区资源,加强学区和集团内校际间教育资源的共享、教师的专业发展和教育教学的科学研究。构建起学校、家庭、社会一体化的区域教育体系,分享管理经验,促进课程的联动,做到内涵攻坚、共建共享,有利于实现各个学校在校本课程联盟的舞台上百花齐放，百舸争流，让"和而不同，各美其美"成就教育的公平和均衡发展。

问题1：如何通过联盟体共享校本课程？

案例：当好《节文化》课程推进的使者（古华小学校本课程之共建共享经验）

2013学年，古华小学顾老师作为区探究中心组成员、《节文化》校本课程的开发者和具体实施者，承担起课程推进的职责，实现资源联盟体校际间师资流动、课程走动，促进优质课程资源联盟间的共享。

刚到资源联盟体的青村小学支教，几所联盟学校的校长、德育主任就一起开了个会，决定先抓课程解读。因为古华小学在2010年开发了《节文化》校本课程，主要以班主任为课程实施群体。顾老师在这次推广指导过程中，重点是抓课程培训，促使青村、头桥学校等教师了解这门课程，熟识每个主题的目标，做到心中有谱，脑中有思路。培训分三个层次：一是邀请区教育学院的两位教研员为三所学校的相关教师开设课程内容与教学理念的专题讲座，提升教师的课程理念；二是由分管领导盛老师向资源联盟学校的班主任介绍"节文化"校本课程实施方案及校际联盟活动方案，让大家对《节文化》课程有整体的认识，尽快走进课程；三是由顾老师具体指导教师"如何解构节文化教材，开展有效教学活动"，帮助大家解读"节文化"教材，尽快走进教材。

在青村小学支教的日子里,顾老师担任的是三年级的语文及探究教学,她发现城乡学校间的差异还是比较明显的。这里几乎都是外地打工族的孩子。同样三年级的学生识字量、阅读量明显比城镇学生弱,语言表达能力也不强。家中经济条件普遍较差,班级中有电脑的没有几家,打印机几乎没有,所以搜集信息是他们的薄弱点。但是也有可挖掘的资源,班级学生来自全国各地,汇集起了丰富的地方习俗。

于是她选择了《春节》中《家乡的春节习俗》这一活动内容,相信这堂课一定能上出与古华小学不同的风味。她的这个想法马上得到了教研员、几位校长的支持,称赞这就是示范引领。顾老师亲自向青村小学、头桥小学等学校的领导、老师展示"节文化"课程,并且通过一起听一听、议一议,老师们逐渐把握了课程中将传统文化的教育与探究能力培养紧密结合的特点。

上完示范引领课后,几所学校开展联动教研,围绕"解构节文化教材,开展有效教学活动"进行专题研讨,根据培训教师所任教年级,分低中高三个小组,指导教师解构教材内容。顾老师利用自己的区优秀解构案例做样例让大家初步了解解构教材的一般步骤,尝试解构节文化教材。几个年轻老师还提议建立了一个"节文化资源联盟 QQ 群",各种活动也方便通知了,还可以开展网上研讨。同时,利用奉贤区第十八届教学节这个契机,开展一次资源联盟体的《节文化》校本课程建设与共享展示活动。

2013 年 12 月 17 日，青村小学特别热闹，全区中小学的德育主任以及校本课程负责人都来了。整个会场洋溢着浓浓的春节氛围，大家品尝着孩子们和民间艺人一起做的汤圆、饺子、蒸糕；观赏着头桥小学的中华鼓；青村小学的舞韵莲湘；古华小学的魔幻空竹；尝试着写对联、做灯笼、编香袋；听着三校年轻老师执教的"节文化"课程……这个活动让大家大开眼界，得到了大家的赞赏，获得了区教育局领导、市教研员的高度评价。

通过这个现场会，"节文化"校本课程在区里的知名度大大提高了，第二学期重点抓青年班主任群体，通过青年教师先行，以点带面的方式推进课程实施。因为青年教师富有大胆创新的精神，可塑性比较强，正符合"节文化"课程的实施特点。青村小学的胡老师就在顾老师一个办公室，平时言传身教无意中跟她交流较多，她热情高、领悟力强，在她的带动下，青村小学的一些班主任由起初的旁观逐渐进入角色，能自觉地在相应课程中进行实施。对头桥小学班主任的指导，除联合教研活动外，借助网上指导不失为最佳的选择。顾老师向她们推荐优秀教案供参考，了解教师在实施过程中存在的问题，不厌其烦地进行解答、指导。

老师们走进"节文化"课程了，孩子们也加入进来了。班会、午会、黑板报是进行传统文化教育的阵地；拓展课是"节文化"渗透的主战场，把汤圆、蒸糕等加入青村小学的"舌尖上文化"拓展活动，把元宵宫灯、端午香袋等小制作参与到"布一样的生活"活动中,孩子们学会了包汤圆、做水饺、做香袋、扎中国结等,同时学会了跳格子、踢毽子、跳绳子等"弄堂小巴辣子"的传统游戏。家长也跟着参与进来了,课程从课内走向课外。在这个"节文化"校本课程的推进中,三所学校各有自己的亮点,但共同的一点是学生、老师、家长都积极参与到"节文化"共享课程中来了。特别是孩子们充分享受到了课程带给他们的快乐。

问题2:如何整合多方资源,建立大课程体系?

学校的教育理念、目标、态度、质量和特色等内涵发展本质上都必须通过学校课程得以体现和实现,课程是实现学校教育目标的基本保证。在学校校本课程建设中,学校应整合多方资源,组建由学校管理者、教师、学生、家长、社区、文明共建单位等组成的"课程建设共同体",共同开发、实施开放的、多元化的、动态生成的大课程,着力构建学校、师生、家校以及教育环境、教育资源等诸要素和谐共振的育人模式。

案例:我们和社区有个约定(解放路小学校本课程之共建共享经验)

解放路小学的高老师是学校大队辅导员,结合红领巾大队部活动,开发了《解放路小学少先队体验课程》。

这一课程,深受孩子们的喜爱,而课程的由来源于一次少先队社区服务活动:

每周三中午是学校每个中队进解放二居服务的时间。正值期末复习阶段,四(3)班的队员们早已按捺不住兴奋的心情,队员们早早走出教室,排好队,来到社区,为社区89岁的孤寡老人周国平爷爷打扫。

"周爷爷,你想听笑话吗? 让我们班的笑话大王金可儿说给你听!"

"周爷爷,你腿脚不好,平时,是谁给你买菜买米呢?"

"周爷爷,你没有孩子,以后我们来陪你,好吗?"

孩子们一句句关切的话,让周爷爷的内心温暖了,站在一旁的高老师不禁在想,如今的孩子们大都是独生子女,她们往往以自我为中心,缺乏对生活的感恩和独立的精神,今天看到走出课堂的孩子们那么乖巧,那么懂事,那么会照顾人,为什么我们少先队建设就不能以社区资源为载体,创建我们的少先队课程满足学生成长的需要,开阔学生的"生活世界",与大社会、大自然零距离的接触,促进学生的综合发展?

于是,她走遍了学校附近的三个居委会,以及社区派出所,军干所、档案馆等地,联系课程内容,将学校特色实践体验活动纳入课程体系,并将它们序列化,形成了独特的少先队体验课程的框架。根据孩子的年龄特点,采用走出去和请进来的形式开展。

通过在实践中总结,总结中改进,改进后再实践的反复提炼,学校的"少先队体验课程"开展逐步走上轨道。尤其是在少先队体验校本课程的基础上,进一步在"快乐课程"项目的开设形式、活动内容、活动形式、评价体系等方面作进一步的探索,将少先队课程与社区资源更有效地整合,真正为学生提供自主活动平台,实现在活动中感受认知,在认知中享受快乐。

问题3:如何加强联盟体校本课程共享的管理?

案例:泥巴又"活"起来了(实验小学校本课程之共建共享经验)

基于孩子"玩泥巴"的天性,基于有一位擅长陶泥制作的张老师,奉贤区实验小学开设了《让泥巴"活"起来》校本课程,建设了陶艺教室,通过多年的实施,硕果累累!该课程代表奉贤多次参加市级展评,也获得奉贤区首批特色课程的荣誉,张老师在这个特色课程的孕育、发展与成熟过程中发挥着很大的作用,成长为区域小有名气的"玩泥巴达人",学校领导对张老师的课程也是一百个放心。

然而,两年过去了,"张老师的泥巴课程怎么一直这些作品……","是呀,张老师近来好像对这个课程不怎么起劲了……"又是一学期期末校本课程作品展评活动,学校课程领导小组的成员正在打分评议。

"看来,张老师的这个课程遇到瓶颈了,我们一起找找原因,千万不要让这个课程的牌子砸了,学校一定要搭建更高的平台,让这样的老师有新的高峰可攀,让这个课程重新'活'起来!"金校长的话结束了其他的老师的议论。

正在此时,教育学院向基层学校发出了"区级共享课程申报的通知",学校征求张老师的意见,他欣然答应,于是学校向教育学院进行了申报,没多久就得到消息,这个课程入选了。现在张老师作为区级共享课程主持人,通过示范上课、开设讲座、作品展评等形式每月为全区对陶艺教学有兴趣与特长的老师进行培训,为了做好这个项目主持人,张老师写讲义、做视频、做作品,又忙得不亦乐乎。

实验小学作为区紧密型资源联盟盟主学校,承担着为资源联盟成员学校培育课程、培养教师、指导教学的职责。为此学校成立了"名师指导团",定期为联盟内成员学校开展上门指导活动,作为学校的特色教师,学校吸收张老师为"名师指导团"的成员,与学校其他学科的名师一起送教上门,张老师把自己的课程资源毫无保留的分享给兄弟学校,得到联盟体成员学校领导的高度肯定。

学校的陶艺教室是张老师的工作室,配置了陶艺制作的基本设施设备,由于资金的问题还未达到理想的状态,张老师为此也很烦恼,例如,电窑比较陈旧,最高温度只能达到1200度,只能烧制一些陶艺作品,对温度要求较高的瓷器就无法满足,张老师"望窑兴叹"。

这时,校长带回好消息,教育局为落实《奉贤区推进教育综合改革实验区项目方案》,在教育系统内实施"星光灿烂计划",设立"学校自主发展专项",这个项目的启动为陶艺教室的重建提供了资金的保障,在学校的申请下,实验小学的"乐陶陶　陶艺坊"成为首批项目,在不到半年时间里,崭新的陶艺室建设完成,张老师带领孩子们在泥巴的世界中乐哉乐哉,以前不能烧制的瓷器可以烧了,孩子们在张老师的带领下,连"青花瓷"都能做了。

张老师在年度工作总结中这样写道:"学校领导对我的工作给予了很大的支持,新建的陶艺教室为我的陶艺教学打开了新思路,作为区级共享课程的主持人,我还需要不断学习、不断提高,才能带领其他老师一起进步……"

参考文献

1. M:吴刚平著《校本课程开发》,四川教育出版社,2002.

2. A:高水林,廖国森,《深圳市碧波小学校本课程开发指南》,《走进校本课程》,深圳市碧波小学《走进新课标》系列丛书,《实践与思考》第4页.

3. M:吴刚平,《中小学怎样理解和开发校本课程》,《校本课程开发》,四川教育出版社 2002.11 月版.

4. J:崔允漷,《校本课程开发的探索与思考》,《校本课程开发:理论与实践》,教育科学出版社,2000.9 第 134 页.

5. M:崔允漷,《校本课程开发:理论与实践》,北京教育科学出版社,2000.151.

6. J:徐玉珍,《学校本位的课程设计:原则和策略》,上海教育科研,2002(6).

7. J:周军,《试论影响校本课程开发的因素》,教育发展研究,1999(12).

8. J:薛静尧,《要在校本课程实施中提高学生的学习兴趣》,中国教育学刊.

9. J:《现代教学》,校本课程专辑,2014/7AB 合刊.

后　记

　　奉贤区教育研究中心以"全面课程、校本特色"的课程观聚焦区域课程的校本化建设:一是全面落实国家、地方课程;二是指导学校发掘资源,开发适合学生健康成长和全面发展的校本课程。

　　教育的根本宗旨是立德树人,如何把学生综合素养培育融入课改过程,为区域学校提升课程品质提供理论引领、实践支持? 我们以《区域中小学校本课程管理与指导的实践研究》市课题、《区域中小学校本特色课程共享平台与体验式培训基地建设》市项目为引领,历经四年时间,研究区域课程管理与指导的问题、机制、策略,促使学校重视校本课程建设、努力提升教师的课程素养,逐步形成了一批适合学生创新素养培养、探究能力发展的高品质校本课程及相关配套资源。但是,目前中小学最广泛应用的课程模式还是分科教学模式。然而,要让学生为未来的职业发展做准备,他们必须超越学科的界限进行学习。

　　正值课题研究深入进行之时,伴随高中招考制度改革的全面开展,对学生跨学科综合素养的要求带来的课程与教学的影响,波及了中、小、幼各学段,基础教育的课程教学理念和组织架构都不得不随之重组。

一、区域 STEM 教育立项背景

在课程方面,STEM 教育代表了课程组织方式的重大变革。STEM 教育是科学、技术、工程、数学等跨学科、跨领域的综合,是国际教育领域中新兴的教学模型与方法。在当今急需创新型人才的情形下,STEM 教育逐渐成为各国提升综合国力的重要教育战略。在美国,STEM 教育已被写入《美国竞争力法》,从国家法律的层面确定 STEM 教育的战略地位,并将工程与技术教育的内容明确在 2013 年发布的《美国新一代科学标准》之中。

中国《国家中长期教育改革和发展规划纲要(2010—2020年)》中提出:建立创新人才培养模式,以适应国家和社会发展需要……创新教育教学方法,探索多种培养方式,形成各类人才辈出、拔尖创新人才不断涌现的局面。《2015 年地平线报告:K12 版》提出:"STEM 学习的崛起"将成为"未来技术驱动 K12 教育的重要趋势",我们的教育会"由学生作为教育的消费者向学生作为教育的创造者的进行转变"。教育部出台的《关于"十三五"期间全面深入推进教育信息化工作的指导意见》中明确指出"有条件的地区要积极探索新技术手段在教学过程中的日常应用,有效利用信息技术推进'众创空间'建设,探索 STEAM 教育、创客教育等新教育模式,使学生具有较强的信息意识与创新意识,养成数字化学习习惯,具备重视信息安全、遵守信息社会伦理道德与法律法规的素养。"

我区在《奉贤区推进教育综合改革实验区项目方案(2015—2020年)》中提出"要加强跨学科综合课程和校本特色课程建设,推动学校建设一批跨学科综合课程,加快推进校本课程的特色化向区域性、品质化发展。要试点引进和试验STEM课程,依托驻奉高校以及区内外先进企业、现代农业园区等资源优势,共建'创新实验室',推进创新人才培养"。

2015年起我们在《区域中小学校本课程管理与指导的实践研究》课题研究基础上,结合《奉贤区推进教育综合改革实验区项目方案》要求,开展STEM教育研究,我们向市教委成功申报了《奉贤区STEM课程建设与开发实践研究》、《奉贤区STEM创新实验室》两大项目。

我们集结了自然、科学、物理、数学、劳技、探究、信息、幼教等学科的13位教研员,成立了奉贤区STEM项目研究组,通过"立足校本特色·改造STEM课程"、"注重区域特色·开发STEM课程"、"整合学科教学·组织STEM教研"、"蹲点指导教研·提炼STEM经验"、"搭建展示平台·积累STEM资源"等策略研究、实践,指导教研员、学校管理者、教师推进校本课程改革。

在我区,大力推进STEM教育旨在进一步培养创新型教师,提升学生的跨学科素养和创新技能,助推"自然、活力、和润"的南上海品质教育区建设。

2016年5月成功举行了奉贤区STEM教育推进大会,在中小幼四个学段全面拉开STEM教育的大幕。STEM项目研究得到了各级领导及相关部门的支持,时任副区长倪闽景对如何开展研究提出了指导性意见:要有国际视野并主动寻求资源支持,要把STEM项目推进与每个学校的特色建设联系在一起,项目实践要与奉贤的企业建立深度合作……

如何让这颗创新的种子在奉贤的土壤上实现落地、生根、发芽? 我们努力探索着……

二、区域 STEM 教育研究实践

(一) 取经问道促成长

为了开阔视野,2015年9月,课题组赴东南大学进行学术交流活动。参加了东南大学"国培项目"培训,参观了"做中学"科学教育改革实验项目及STEM课程资源成果展,与研究中心主任叶兆宁教授领衔的团队就STEM课程建设与开发进行了互动交流。此后,项目组认真梳理学习成果,在教育学院大会上作《在区域STEM项目推进中成长》的主题发言,提高了教育学院教职员工对STEM教育的认识。

2015年10月,项目组赴无锡市进行课堂观摩、创新实验室体验。观摩了四年级学生《能听会说的温度计》一课,南湖小学以物联网为平台,结合STEAM教学模式将现场听课老师角色转变为互动说课——《感知留言机》。在比特实验室公司创始人曹伟勋博士的带领下参观了比特公司,进一步了解物联网技术对教学和学生综合素质提高的重要作用,体验了比特创意作品所带来的冲击和震撼,也为教育学院建设 STEM 教育创新实验室提供了依据。

这一期间,项目组相继参加了一些科研机构、教育公司组织的考察学习:

○ 2015.11 月参加由教育部教育信息化技术标准委员会、华东师范大学主办的第三届"上海智慧教育论坛"活动。

○ 2015 年 11 月参加上海诺凡特教育科技有限公司组织的《设计·领跑·未来》大型展示活动;

○ 2015 年 12 月参加上海成鼎科技教育有限公司组织的市优质学校 STEM 创新实验室展示活动。

○ 2016 年 2 月参加上海南洋科技有限公司组织的参观易教"未来 STEM 教室"活动。

○ 2016 年 3 月,副区长倪闽景、上海科学教育中心主任陈红等来到区教育学院进行项目研讨。

○ 2016 年 3 月参加上海市教委基教处、新优质学校研究所、上海市史坦默国际教育研究中心组织的 STEM + 课程校本开发与实施展示交流活动

○ 2016 年 4 月赴上海 STEM 云中心考察学习活动

○ 2016 年 4 月上海市史坦默国际教育研究中心相关专家

到教育学院与项目组成员进行交流互动。

○ 2016 年 5 月参加天闻－培生 STEM 项目学术研讨会暨张家港实验小学试点项目成果汇报展示会。

……

我们在参观学习中不断积累经验,在取经问道中不断完善思考……

(二) 师资培训奠基础

1. 与高校等合作培训课程教师

通过学校推荐、教研员推荐相结合方式,2015 年遴选出首批 14 所试点学校及 50 名 STEM 教育志愿教师。项目组与南京东南大学合作开展课程培训,项目分为三期集中培训和一期网络研修培训。2015 年 11 月 16 日,奉贤区首批 STEM 课程培训启动大会在南桥小学恒贤校区举行,教育局领导、教育学院领导、教研员,区第一批 STEM 教育试点学校校长、中小学教导主任、学员参加了启动仪式。

东南大学叶兆宁教授作《创新教育与 STEM 教育》专题报告。之后,专家带领项目组和培训班学员分 8 组体验了 STEM 课程——太阳能热水器、快递薯片等活动,并以小组为单位结合生活实际以海报形式尝试设计 STEM 课程,积极实践在活动中融合科学、技术、工程、数学等学科思想的理念。教师们设计实验方案,测量、归纳实验结果,培训过程既有专家评议又有同行评测,充满创新与挑战。第一阶段的课程培训后,学员们进入了为期5周的《设计与发现》网络研修课程。网络研修由浅入深地带领学员们走进了设计的世界,掌握工程设计的10个流程,课程中提供的大量与生活密切结合的实际案例和活动设计深受学员欢迎。

为了提高学员的课堂实践能力,2016年1月,项目组教研员带领培训班教师前往东南大学参加了课程实践培训。学员们体验了STEM课程——机械手、做纸飞机、利用简易器材搭建桥梁等活动。在小组合作、分享、交流中,对STEM课程的特征有了更清晰的认识,也领悟到探究式科学教育的重要性及具体实践方法。

经宣传发动,我区各中小幼学校积极报名参与STEM课程试点,纷纷推荐骨干教师参加培训。到目前为止,中小幼四个学段两百多名教师及教研员完成了东南大学116课时的STEM课程专项培训,通过聆听讲座、考察学校、实践体验、设计课程方案等,感受跨学科课程教与学的方法。

2015年至今我们还进行了与青岛尤尼公司的3D打印技能课程、上海师范大学的Arduino创客之路课程、比特实验室的创客课程、国腾教育的理科实验课程等专项技能课程的合作培训,先进的STEM理念及具有启发性的活动案例为学校教师在后期跨学科教学和科技创新活动中奠定了基础。

3. 学科融合探路径

《奉贤区STEM课程建设与开发实践研究》项目组由多门

学科的优秀教研员组成,在研究团队中,彼此信任、互补长短。教研员们充分利用教研活动,向学科教师进行 STEM 教育理念、STEM 案例分析等方面的培训,引导教师挖掘学科资源,将 STEM 教育理念有机融入学科教学的实践活动中。例如:

在科学学科教研中开展了"制作降落伞"、"探究水果的秘密"、"制作过滤柱"等 STEM 教学方案交流活动,结合科学教材中降落伞设计比赛组织学生开展课堂实践活动,并编写成学生 STEM 小课程。

在劳技学科教研中组织各年级教师梳理劳技教材中能渗透 STEM 教育理念的活动,如七年级的框架结构、高中的寻迹小车和风筝的制作等内容,开发成适合不同年级的 STEM 小课程。

在探究、拓展型课程中举行"微生物和 STEM、探究果蔬保险"课例研究活动,通过备课、试教、展示课,引导中心组和骨干教师整理全过程资料,梳理出实验探究的"关键技能"和"规则意识",积累和总结比较成熟的课程案例,使更多的教师对 STEM 教育有了新的认识。

在小学数学区教研活动展示中开设了《问题解决》一课,该课围绕生活中的问题:凌乱的阳台如何整理? 通过运用小学五年级数学长方体与正方体相关知识,通过设计多功能储物架,让学生经历了提出问题、设计方案、制作产品过程这一主题的学习,将科学、技术、工程、数学等相关知识进行了有机地整合,激发了学生的思维能力与创新精神。

项目组教研员充分利用学科教研活动、视导检查、蹲点活动等时间,指导不同学科教师集结组成创新教研组,组织 STEM 主题教研活动,创设不同学科背景的教师在 STEM 教育理念、内容和方法等方面的现场碰撞与交流机会,促进教师对 STEM 教育的认识、实践,探索不同学科学习内容、学习方式以及学习结果等方面的融合。

4. 平台建设助实践

推进 STEM 教育,项目研究、师资培训、实践体验、作品展示等必须要有实践、交流的平台。首先需要建设 STEM 教育创新实验室。在创新实验室中,教师可以充分发挥自己的聪明才智,进行设计、制作、探究,实现自己的创意。结合《区域 STEM 创新实验室建设与开发》市级项目,2015 年 12 月—2016 年 3 月间,经广泛地与多家公司展开洽谈,2016 年 3 月顺利通过招标方案,在教育学院着手打造 STEM 教育创新实验室,目前已正式投入使用。

2016 年 11 月 16 日由奉贤区教育学院注册的"奉贤区 STEM 教育"微信公众号正式开通,该微信平台包括课程培训、基层动态、课程资源三个栏目,其中课程培训中包括培训通知和培训报道,基层动态中包括活动报道及实践探索,课程资源包括他山之石、教育资讯、最新动态。仅半年时间关注人数已达千人,为后续区域 STEM 教育研究积累了丰富的课程实践信息。

5. 课程开发谋自主

通过前期的考察观摩、师资培训等活动,项目组教研员及教师对 STEM 教育有了初步的认识,部分教师在自然学科教研员的带领下围绕"纸"为主题开展了课程开发与实践活动。纸对于学生来说,是再熟悉不过的学习用品,它也是一种开展 STEM 项目很好的基础材料。项目组以"纸"进行系列活动的设计,经过学员们的商讨、尝试,在众多的选题中选择了更适合开展 STEM 教育的主题:纸船、纸飞机、纸塔、纸凳、纸袋、纸绳,成立了 6 个小组进行活动方案设计。每个主题设计不少于 6 个活动方案,在多次商讨与修改后,由试点学校进行实验。

项目组紧紧围绕 STEM 教育培训教师,指导他们结合学科、结合校本课程项目再度开发 STEM 课程。其中《蔚蓝的天空》、《城市生态文明》等已经入选成为上海市中小学专题教育网络课程。目前我区大部分学校都有体现自己特色的校本课程。这些特色鲜明、易于实施、具有普适性的校本课程经过改造、提炼也将是我区开展 STEM 教育研究最丰富的资源。

项目组积极帮助基层学校寻找 STEM 课程开发点;与试点学校校长就 STEM 课程开发实施作互动交流:到奉教院附小指导上海市提升中小学(幼儿园)课程领导力行动研究项目——"全方位学习"综合主题课程设计的实践研究;指导江山小学开展"桥"的 STEM 项目研究;指导实验中学教师结合校本课程(玩转魔方)寻找 STEM 教育的结合点;指导肖塘小学开展"纸

绳拖重"的 STEM 活动;指导泰日学校开展 3D 打印作品设计培训活动;指导海湾小学利用"创意模型"的原型材料进行 STEM 活动的设计——《STEM 融入大型建筑模型制作实践体验活动的研究与实践》;指导肖塘中学结合"中草药百草园基地"自主开发《中草药百草园》STEM 课程;指导奉贤中学、致远高中等学校将 STEM 教学有机融入创客教育中,成立 STEM 课程组。奉贤中学的《科技创新思维与技能训练》、无人机技术与设计制作、Maker studio、激光雕刻设计与制作等课程取得显著效果,今年 5 月奉贤中学和汇贤中学在"DI 全球赛"中喜获双冠军。

……在广泛的调研指导中,让更多的教师、学生通过制作、测量、记录,感受 STEM 课程,并对 STEM 教育产生浓厚兴趣。

三、区域 STEM 教育推进思考

(一) 区域层面(顶层设计、指导管理)

1. 确立区域 STEM 教育发展目标,形成系统的符合区情又具有前瞻性引领作用的管理机制和运行策略。

2. 进一步引进高端的指导团队,有效指导区域 STEM 课程建设,有序开展教师培训。

3. 引进国内外相关课程,在与高校、培训机构合作培训基础上,逐步凸显区域 STEM 教育特色。

4. 有效结合区"星光灿烂"计划、创新实验室工程,指导学校结合校本特色课程、师资特点,开展 STEM 课程研究。

5. 有效指导学校与区域企业建立产学互动关系,探索具有区域特色的课程实践活动模式。

6. 在学科(科学 S、技术 T、数学 M)基础上,创设工程 E 的平台,研究跨学科整合,学段间逐渐实现课程的系统衔接。

7. 借助区域绩效工资方案指导学校营造有利于校本课程改革的评价。

(二) 学校层面(资源配置、课程设置、经费投入、团队建设)

① 结合市教委十三五规划要求,建设基于 STEM 教育的创新实验室,为师生学习提供实践平台。

② 合理设置校本课程,有效融合自然、科学、劳动技术、信息技术、数学、物理、化学、艺术、拓展型、研究型等课程师资,形成研究团队。

③ 依据学段特点、传统优势、校本特色开展 STEM 课程建设,逐步实现课堂教学转型,在创新实践中构建发展学生核心素养的课程体系。

奉贤区 STEM 教育的推进将根据上海市教委十三五规划要求,在区教育局"自然、活力、和润"的南上海品质教育区建设目标引领下,结合校本课程推进,在 3—5 年时间至少为每校培训 3~5 名课程教师,指导学校构建起具有自身发展特色的 STEM 课程和 STEM 创新实验室,推进区域校本课程的特色化向品质化发展。

项目组将梳理学校课程建设、实施、管理、评价以及保障中

存的普遍问题,研究校本教研、校际教研、区域教研的模式,形成
"奉贤区 STEM 课程区域管理与指导"指导手册,构建起奉贤区
STEM 课程共建共享的机制和资源平台。结合区教育局绩效工
资改革,形成特色课程评审、特色教师评审、"合格、优秀、示范"
三级校评审等区课程综合评估方案和评估指标体系,推进区域
STEM 教育特色、规范开展。

　　区域 STEM 项目推进将紧紧围绕奉贤区积极创建"东方美
谷"的区域目标,借助多方资源,打造具有郊区特色的绿色生态
的 STEM 教育,实现奉贤课程改革的"弯道超车"。我们期待在
教育局、教育学院领导下,在相关高校、专业机构的指导、帮助
下,与区域各级学校共同携手努力,早日实现这一目标。

孙赤婴

2017.5

图书在版编目(CIP)数据

全面课程　校本特色:校本课程的区域管理与指导/孙赤婴主编.
—上海:上海三联书店,2017.
ISBN 978 - 7 - 5426 - 6105 - 0

Ⅰ.①全…　Ⅱ.①孙…　Ⅲ.①基础教育—教学研究　Ⅳ.①G632.0

中国版本图书馆 CIP 数据核字(2017)第 253109 号

全面课程　校本特色
——校本课程的区域管理与指导

主　　编　孙赤婴

责任编辑　钱震华
装帧设计　汪要军

出版发行　上海三联书店
　　　　　(201199)中国上海市都市路 4855 号
印　　刷　上海昌鑫龙印务有限公司

版　　次　2017 年 6 月第 1 版
印　　次　2017 年 12 月第 2 次印刷
开　　本　640×960　1/16
字　　数　265 千字
印　　张　26.5
书　　号　ISBN 978 - 7 - 5426 - 6105 - 0/G·1474
定　　价　68.00 元